高等学校城市地下空间工程专业规划教材

地铁与轻轨工程

曾润忠　李艳凤　主编

内 容 提 要

本书以地铁与轻轨工程的建造过程为主线，以地铁与轻轨的规划设计、施工、到运营管理为序，系统地介绍了地铁与轻轨工程的基本知识，重点介绍地铁与轻轨系统的组成子系统与各部分的特点，力求让读者对地铁与轻轨交通有一个系统、全面、概括的了解，为后续课程的学习打下良好基础。

本书可以作为城市地下空间工程专业的教学用书，也可作为从事地铁与轻轨交通工程相关的勘察、设计、施工、运营管理等工作的参考用书及其它相关专业的教材。

图书在版编目(CIP)数据

地铁与轻轨工程/曾润忠．李艳凤主编． — 北京：人民交通出版社股份有限公司,2016.6
高等学校城市地下空间工程专业规划教材
ISBN 978-7-114-12779-3

Ⅰ.①地… Ⅱ.①曾…②李… Ⅲ.①地下铁道—铁路工程—高等学校—教材 ②轻轨铁路—铁路工程—高等学校—教材 Ⅳ.①U23

中国版本图书馆 CIP 数据核字(2016)第 109668 号

高等学校城市地下空间工程专业规划教材

书　　名	地铁与轻轨工程
著 作 者	曾润忠　李艳凤
责任编辑	张征宇　赵瑞琴
出版发行	人民交通出版社股份有限公司
地　　址	(100011)北京市朝阳区安定门外外馆斜街 3 号
网　　址	http://www.ccpress.com.cn
销售电话	(010)59757973
总 经 销	人民交通出版社股份有限公司发行部
经　　销	各地新华书店
印　　刷	北京鑫正大印刷有限公司
开　　本	787×1092　1/16
印　　张	13
字　　数	300 千
版　　次	2016 年 6 月　第 1 版
印　　次	2022 年 4 月　第 4 次印刷
书　　号	ISBN 978-7-114-12779-3
定　　价	28.00 元

(有印刷、装订质量问题的图书由本公司负责调换)

高等学校城市地下空间工程专业规划教材

编 委 会

主 任 委 员：张向东

副主任委员：宗　兰　黄　新　马芹永　周　勇
　　　　　　　齐　伟　祝方才

委　　　员：张　彬　赵延喜　郝　哲　彭丽云
　　　　　　　周　斌　王　艳　叶帅华　宁宝宽
　　　　　　　平　琦　刘振平　赵志峰　王　亮

序　言

近年来，我国城市建设以前所未有的速度加快发展，规模不断扩大，人口急剧膨胀，不同程度地出现了建设用地紧张、生存空间拥挤、交通阻塞、基础设施落后等问题，城市可持续发展问题突出。开发利用城市地下空间，不但能为市民提供创业、居住环境，同时也能提供公共服务设施，可极大地缓解城市交通、行车、购物等困难。

为适应城市地下空间工程的发展，2012年9月，教育部颁布了《普通高等学校本科专业目录》（以下简称专业目录），专业目录里将城市地下空间工程专业列为特设专业。目前国内已有数十所高校设置了城市地下空间工程专业并招生，而在这个前所未有的发展时期，城市地下空间工程专业系列教材的建设明显滞后，一些已出版的教材与学生实际需求存在较大差距，部分教材未能反映最新的规范或标准，也没有形成体系。为满足高校和社会对于城市地下空间工程专业教材的多层次要求，人民交通出版社股份有限公司组织了全国10余所高等学校编写"高等学校城市地下空间工程专业规划教材"，并于2013年4月召开了第一次编写工作会议，确定了教材编写的总体思路，于2014年4月召开了第二次编写工作会议，全面审定了各门教材的编写大纲。在编者和出版社的共同努力下，目前这套规划教材陆续出版。

这套教材包括《地下工程概论》《地铁与轻轨工程》《岩体力学》《地下结构设计》《基坑与边坡工程》《岩土工程勘察》《隧道工程》《地下工程施工》《地下工程监测与检测技术》《地下空间规划设计》《地下工程概预算》等11门课程，涵盖了城市地下空间工程专业的主要专业核心课程。该套教材的编写原则是"厚基础、重能力、求创新，以培养应用型人才为主"，体现出"重应用"及"加强创新能力和工程素质培养"的特色，充分考虑知识体系的完整性、准确性、正确性和适用性，强调结合新规范、增大例题、图解等内容的比例，做到通俗易懂，图文并茂。

为方便教师的教学和学生的自学，本套教材配有多媒体教学课件，课件中除教学内容外，还有施工现场录像、图片、动画等内容，以增加学生的感性认识。

反映城市地下空间工程领域的最新研究成果、最新的标准或规范，体现教材的系统性、完整性和应用性，是本套教材所力求达到的目标。在各高校及所有编审人员的共同努力下，城市地下空间工程专业系列规划教材的出版，必将为我国高等学校城市地下工程专业建设起到重要的促进作用。

高等学校城市地下空间工程专业规划教材编审委员会
人民交通出版社股份有限公司

前　言

　　本书是高等学校城市地下空间工程专业规划教材中的一部,根据新的教学大纲及城市地下空间工程专业的教学需要编写。

　　本书系统地介绍了地铁与轻轨的设计、建设、运营等基础知识。全书共八章,主要内容包括绪论、地铁与轻轨的路网规划、地铁车站与轻轨车站及区间的设计要点、地铁与轻轨涉及的轨道工程、地铁与轻轨所使用的车辆供配电设备及控制系统、地铁与轻轨土建工程的施工方法及施工技术、地铁与轻轨的灾害防护、地铁与轻轨的运营及管理。编者力求使读者能够通过本书的学习建立起对地铁与轻轨的整体认识,了解地铁、轻轨的组成及建造过程。本书对地铁与轻轨各专业的设计、施工、管理不作过细的讲授,以免与专业课的相关知识重叠。

　　本书编写过程中努力做到理论知识与实践案例相结合,常用工法与新技术并重,注重拓展读者的专业视野,培养解决实际工程问题的能力。为使读者更好地掌握各章节内容,每章后均附有复习思考题。

　　本书由华东交通大学曾润忠主编。参加编写的有华东交通大学曾润忠(第五章第三节、第六章、第七章第三~五节)、沈阳建筑大学李艳凤(第二章、第八章)、金陵科技学院毛昆明(第一章、第三章)、南京工程学院韦有信(第四章)、南昌轨道交通集团周诚华(第七章第一、二节)、华东交通大学罗世民(第五章第一节)、华东交通大学许期英(第五章第二节),全书由曾润忠负责统稿。

　　本书的编写得到辽宁工程技术大学张向东教授的帮助,在此表示感谢。

　　由于时间仓促,水平有限,书中难免有不足和错误,恳请专家和广大读者批评指正。

编　者

2016 年 5 月

目 录

第一章 绪论 ... 1
第一节 城市轨道交通概况 ... 1
第二节 城市轨道交通发展现状及前景 ... 5
思考题 ... 10

第二章 地铁与轻轨的路网规划 ... 11
第一节 路网规划的内容与原则 ... 11
第二节 地铁与轻轨路网规划的规模 ... 12
第三节 路网规划方法 ... 15
思考题 ... 22

第三章 地铁与轻轨车站 ... 23
第一节 概述 ... 23
第二节 地铁车站结构与设计 ... 24
第三节 轻轨车站结构与设计 ... 31
第四节 区间隧道设计 ... 33
思考题 ... 37

第四章 地铁与轻轨的轨道工程 ... 38
第一节 概述 ... 38
第二节 钢轨 ... 39
第三节 扣件 ... 49
第四节 轨下基础 ... 55
第五节 道岔 ... 61
第六节 无缝线路 ... 67
思考题 ... 71

第五章 地铁与轻轨的设备及控制系统 ... 72
第一节 轨道车辆设备 ... 72
第二节 供配电及牵引系统 ... 88
第三节 通信及控制系统 ... 107
思考题 ... 126

第六章 地铁与轻轨土建施工 ... 127
第一节 地铁明挖施工法概述 ... 127
第二节 地铁暗挖施工法概述 ... 136
第三节 地铁盾构法施工概述 ... 144
第四节 地铁其它施工方法简介 ... 153
第五节 高架结构施工概述 ... 159

思考题 ··· 166
第七章　地铁与轻轨的灾害防护 ·· 167
　第一节　地铁与轻轨工程的灾害概述 ·· 167
　第二节　地铁与轻轨的防灾设计 ·· 168
　第三节　地铁工程的火灾防护 ··· 173
　第四节　地铁工程防水 ·· 179
　第五节　地铁与轻轨其它灾害的防护 ·· 183
　　思考题 ··· 187
第八章　地铁与轻轨的运营及管理 ·· 188
　第一节　地铁与轻轨交通运输工程管理体系 ······································· 188
　第二节　地铁与轻轨票务系统 ··· 190
　　思考题 ··· 195
参考文献 ··· 196

第一章 绪　　论

第一节　城市轨道交通概况

城市轨道交通是城市公共交通系统的一个重要组成部分,在国家标准《城市公共交通常用名词术语》中,将城市轨道交通定义为"通常以电能为动力,采取轮轨运转方式的快速大运量公共交通的总称",它包括地铁、轻轨、市郊铁路、有轨电车以及磁悬浮列车等多种类型。当今世界范围内人口向城市集中,城市化步伐加快,大中型城市普遍出现人口密集、住房紧缺、交通阻塞、环境污染严重、能源匮乏等所谓的"城市病",城市道路交通已经难以满足城市交通的需求,城市轨道交通以其用地省、运能大(轨道线路的输送能力是公路交通输送能力近10倍)成为城市公共客运交通中起骨干作用的现代化立体交通系统,城市轨道交通已被称为"城市交通的主动脉"。

城市轨道交通是指以轨道交通运输方式为主要技术特征,在城市公共客运交通系统中具有中等以上运量的轮轨交通系统(有别于道路交通),主要为城市公共客运服务,是一种在城市公共客运交通中起骨干作用的现代化立体交通系统。城市轨道交通主要包括以下几类:有轨电车(Tramway)、地下铁道(Metro)或称为快速轨道交通(Rapid Rail Transit,RRT)、轻轨交通(Light rail Transit)、独轨交通(Monorail)、自动化导向交通(Automated Guideway)、磁浮交通系统(Maglev System)、缆索轨道交通(Cable Railway)等。

下面将目前国内外城市通常采用的主要轨道交通系统简单介绍如下。

一、地下铁道

地下铁道简称地铁,主要指在大城市的地下修建车站和隧道,并在其中铺设轨道,以电动快速列车运送大量乘客的城市铁路系统或捷运系统。在城市郊区以及人员车辆较少的地方,地铁线路也可延伸至地面或高架桥上。地铁运输几乎不占用街道面积,也不干扰地面交通。

地铁交通车辆大部分采用动力分布式(即动车组),而不采用动力集中式。另外,部分较为先进的系统已开始引入列车自动操作系统,如伦敦、巴黎、新加坡和我国的台湾、香港地区等地车辆通常都不需控制列车。更先进的轨道交通系统正在向无人操控的全自动方向发展,例如,世界上最长的自动化 LRT(Light Raid Transit)系统——温哥华 Skytrain,整个 LRT 系统所有的车站及列车均实现了"无人管理"。

在交通拥挤、行人密集、道路又难以扩建的街区,以地铁代替地面交通工具,具有许多优点。其主要表现在以下几个方面:

(1)地铁交通具有安全、快捷、方便、准时的特点,可为乘客赢得效益,乘坐地铁通常要比利用地面交通工具节省 1/2~2/3 的时间。它以车组方式运行,载客量大、准点率高、安全舒适。对于多条地下铁道立体交叉的情况,在交叉节点处设有楼梯、自动扶梯或垂直电梯,换乘极为方便。同时,由于地铁的行驶路线不与其它运输系统(如地面道路)重叠、交叉,因此行车受到的交通干扰较少,可节省大量通勤时间。

(2)修建地铁可以改造地面环境。一方面地铁建于地下,可以减小对地面环境的噪声干扰;另一方面,地铁列车是以电力驱动,相对于以石油为能源的汽车,地铁交通没有废气的排放,大大降低了对地面生活环境的影响。

(3)地铁可节省地面空间。通过地铁建设建立起城市立体交通系统,能保护城市中心区域有限的地面资源,完善城市的交通服务功能。

(4)地铁可以带动周边经济发展。地铁会带动沿线地产、商业的增值,加速人口的流动,乃至拉动区域、城市的发展。从这点上来说,建设地铁可以为城市在其它方面带来长期丰厚的回报。

(5)城市地铁具有一定的防御战争和抵御地震破坏的能力。由于地铁位于地下,比较隐蔽,所以在战争状态下一般不易成为轰炸的目标,且地铁在修建时已经充分考虑了人防要求。另外,由于地铁隧道在地下围岩的约束下与围岩变形协调,所以在地震作用下能够很好地抵御地震的灾害作用。从近些年来的地震情况来看,地铁所遭受的破坏程度相对桥梁等地上建筑来说比较轻。

因此,对于大城市,尤其是对国际化特大城市来说,建设地铁是非常必要的。从目前已建成地铁的城市来看,一般认为,当城市人口超过100万时就有考虑修建地铁的必要性。

同时,城市地铁建设和运营中还面临着很多问题,主要表现在以下几个方面:

(1)地下铁道的建造和运营成本高。由于地下工程的复杂性和不确定性,地下建造成本要远高于地面建设。一般来说,地铁工程的每千米造价在4亿~7亿元,且车辆每辆的造价动辄高达数千万元。此外,地铁的运营维护成本也很高,即使搭乘人流再大,所收票额也仅供日常运营开销。地铁修建所投入的高昂成本很难通过售票等措施的收入收回。目前,世界上除中国香港、新加坡等少数城市的地铁系统能够实现真正意义上的盈利外,其它地铁没有一个不是靠政府的补贴下修建和维持运营的。

(2)地下铁道的建设周期长。地铁建设过程包括挖掘地下洞室、铺设铁轨、安装设备以及进行各种调试工作,地铁从开始动工到投入运营需要很长的时间。

(3)前期准备时间长。由于需要规划和政府审批,甚至还需要试验,建设地铁的前期准备时间较长。从开始酝酿到破土动工需要非常长的时间,短则几年,长则十几年都是有可能的。

(4)运营中的安全性有待提高。虽然地铁对于雪灾和冰雹的抵御能力较强,但是对水灾、火灾和恐怖活动等抵御能力很弱。考虑到地铁的构造,极易导致因为这些因素而发生悲剧。

①水灾。由于地铁内各系统所处高程低于地平线,而导致地上的雨水容易灌入地铁内。因此,地铁在设计时不得不规划充分的防水排水设施,即便如此,依然有可能发生地铁站淹水事件。为此,在发生暴雨之时,地铁车站入口的防潮板和线路上的防水闸门都要关闭。一个知名的例子是台北捷运在"纳莉"台风侵袭时曾经发生淹水事件。北京地铁一号线也曾因暴雨积水关闭了数小时。就在2014年,美国纽约因暴雨导致地铁运输系统瘫痪,不仅使得地铁被淹,还造成一名女子死亡。这名女子的车围困在洪水中,被另一辆车撞上发生了事故。

②火灾。以前,人们不太重视地铁站内的防火设施,而车站内一旦发生火灾,瞬间就会充满烟雾,从而引发严重的灾祸。1987年11月18日,英国伦敦地铁 Kings Cross 站发生火灾,造

成32人死亡、100多人受伤，经济损失严重。大火是从一自动扶梯的底部开始烧起来的。地铁站的自动扶梯是古老的木质电梯，极为陈旧，已有40多年的历史。大火的火势迅速蔓延，浓烟滚滚，当时地铁站候车的乘客乱作一团，中央售票大厅到处是混乱奔跑的人。人们咳嗽、流泪，陷入无比的恐惧之中。地上横七竖八地躺着人，有的人已被烧得面目全非，受惊人群夺路而逃。地铁站的大火烧了4个小时才被扑灭。这次伦敦地铁大火，是有史以来世界地铁系统发生的第一次大火。对于这次大火的起因众说纷纭。据伦敦警方调查，大火是由堆积在电梯下面的垃圾被电梯发动机所打出的火星点燃而引起的，也有人说是由于被丢弃尚未熄灭的烟头而引起的。所以大火以后，英国地铁系统全面禁止吸烟。伦敦地铁发生大火以后，许多国家迅速做出反应，普遍加强了地铁的消防工作。

但是地铁火灾仍然不断发生。如2003年2月28日，韩国大邱市的地铁车站因为精神病人纵火而产生火灾，12辆车厢被烧毁，192人死亡，148人受伤。这次火灾产生如此严重死伤的原因除了车厢内部装饰采用可燃材料之外，车站区域内排烟设施不完善也是重要因素，加上车辆材质燃烧时产生了大量的一氧化碳等有害物质，而导致不少人中毒死亡。再如2010年11月28日，土耳其伊斯坦布尔市海达尔帕夏火车站因为焊接火花以及电线短路导致起火，幸无人员伤亡，但部分建筑损毁。

③恐怖活动。由于地铁的空间狭小、人流量大、单位空间内人员密度大，发生灾难引起的伤亡大且救援困难，且引起的社会反响较大，所以地铁往往也容易成为恐怖分子袭击的目标。1995年3月20日，日本邪教组织"奥姆真理教"在东京地铁内施放"沙林"毒气，造成12人死亡，5000多人中毒。2002年5月11日，身份不明的恐怖分子在意大利米兰大教堂地铁站点燃了一个30千克重的巨型燃气罐，试图制造爆炸，但所幸被警方及时发现后扑灭，地铁被迫关闭约半小时。米兰著名的哥特式大教堂就在地铁站的正上方。2002年11月，英国军情五处（MI5）挫败了一起试图用"山埃"毒气袭击伦敦地铁的阴谋，3名据信来自突尼斯和摩洛哥的男子被捕，此事疑与"北非阵线"有关。而"北非阵线"又和基地组织有着密切关系。2004年2月6日，俄罗斯莫斯科一列地铁列车在运行中发生爆炸，造成近50人死亡，130多人受伤。2004年8月31日，莫斯科里加地铁站附近发生恐怖爆炸事件，造成10人死亡，51人受伤。2010年3月29日早晨7点50分左右，莫斯科市卢比扬卡地铁站内一节车厢发生爆炸。其后，莫斯科地铁文化公园站发生爆炸。随后又发生第三起爆炸事故，地点位于和平大街地铁站。此次事件被称为莫斯科地铁连环爆炸案。

二、轻轨交通

轻轨交通是在有轨电车的基础上发展起来的以电力驱动车辆与列车在特定保护下，但不一定与城市道路立体交叉的轻型、便捷的城市客运方式。其输送能力为1.5万~3.0万人次/小时。它的车辆轴重较地铁轴重轻，因此，施加在轨道上的荷载相对于城市铁路和地铁的荷载来说要小一些，因而称之为轻轨。

轻轨交通是城市轨道交通的一种，是目前缓解城市交通压力的主要形式之一。因为它具有诸多优点，而越来越被人们所认可，成为当今世界上发展最为迅猛的轨道交通形式。它的主要优点有：

（1）相对于普通的城市公共交通而言，它具有运量大、噪声小、污染小、速度快、安全性高

以及正点运行的优点。

(2)相比地铁等其它城市轨道交通来说,它的灵活性更高,而且投入的成本要小很多。一般情况下,地铁的平面曲线半径不小于300m,而轻轨一般在100~200m之间,转弯能力和与其它建筑的协调能力比地铁要灵活得多。

三、独轨交通

独轨交通又称单轨交通,是指车辆在一根轨道上运行的轨道交通系统,通常区分为跨座式和悬挂式两种:跨座式是指车辆跨坐在轨道梁上行驶;悬挂式是指车辆悬挂在轨道梁下方行驶,其重心处于轨道梁的下方。因其轨道比较窄,仅为85cm,故对城市的景观及日照影响较小。我国第一条独轨运输系统是重庆市较新线跨座式独轨运输系统,整个工程的一期工程于2004年底建成通车,线路共18个车站,全长18.878km。

独轨交通,不单是所占的地面面积小,垂直空间亦较小。独轨铁路所需的宽度主要由车辆的宽度决定,与轨距无关,且独轨铁路多数以高架兴建,地面上只需很小的空间建造承托路轨的桥墩。但相比其它高架铁路,独轨所占的空间较小,亦不大影响视线,能有效利用道路中央隔离带,适于建筑物密度大的狭窄街区。独轨使用橡胶轮胎在混凝土或者在钢轨上行走,噪声污染小。独轨铁路的爬坡能力强,拐弯半径小,一般正线最大坡度60‰,最小曲线半径100m,适合复杂地形。

但是,独轨交通也有运能小、速度低、能耗大、粉尘污染等缺点。此外,由于橡胶轮与混凝土轨面的滚动摩擦阻力比钢轨大,所以,其能耗要比普通钢轮钢轨的轨道交通约大4000;橡胶轮与轨道间的摩擦会形成橡胶粉尘,对环境有轻度污染;列车运行在区间发生事故时,面积狭小的轨道梁难以安设救援设施,造成疏散和救援工作都比较困难。因此,尽管独轨交通已经经历了一个多世纪的发展历程,但它在世界范围内却并没有得到广泛的应用。

四、有轨电车

有轨电车是一种公共交通工具,简称电车,通常采用地面线,有时具有隔离的专用路基和轨道,列车只有单节,最多亦不过3节。旧式的有轨电车由于与其它公共汽车及行人共用街道路权,且平交道口多,因而其运行所受的干扰多、速度慢、通行能力低,单向运输能力一般在1万人次/小时以下。现代有轨电车与运量较低的轻轨交通已很接近,只是车辆尺寸稍小一些,运营速度接近20km/h,单向运能可达2万人次/小时。

有轨电车自1879年在柏林博览会上首次尝试使用以来,已有100多年的历史。它在城市交通体系中具有自己的优点,主要包括:对于中型城市来说,路面电车是便宜实用的选择;无须在地下挖掘隧道;相较其它路面交通工具,路面电车能更有效地减少交通意外发生的概率;路面电车以电力驱动,车辆不会排放废气,是一种无污染的环保交通工具。

但有轨电车也有缺点:效率比地下铁路低。路面电车的速度一般较地下铁路慢,除非路面电车行驶的大部分路段是专用的(主要行驶路面电车的专用路段一般称为轻便铁路)。路面电车每小时可载客约7000人,但地下铁路每小时载客可达12000人。路面电车路轨占用路面,路面交通要因路面电车而改道,并让出行车线。如采用槽形轨,汽车和有轨电车可以共用一条马路。有轨电车需要设置架空电缆。超级电容供电和地下轨供电还处于试验阶段。

五、磁悬浮交通系统

磁悬浮列车利用电磁体"同名磁极相互排斥,异名磁极相互吸引"的原理,让磁铁具有抗拒地心引力的能力,使车体完全脱离轨道,悬浮在距离轨道约1cm处,腾空行驶,创造了近乎"零高度"空间飞行的奇迹。

由于磁悬浮列车具有快速、低耗、环保、安全等优点,因此前景十分广阔。常导磁悬浮列车速度可达400～500km/h,超导磁悬浮列车可达500～600km/h。它的高速度使其在1000～1500km之间的旅行距离中比乘坐飞机更优越。由于没有轮子、无摩擦等因素,它比目前最先进的高速火车少耗电30%。在500km/h速度下,每座位/千米的能耗仅为飞机的1/3～1/2,比汽车也少耗能30%。因无轮轨接触,振动小、舒适性较好;可是颠簸大,对车辆和路轨的维修费用也要求极高。磁悬浮列车在运行时不与轨道发生摩擦,发出的噪声较低。磁悬浮列车一般以5m以上的高架通过平地或翻越山丘,从而不可避免开山挖沟对生态环境造成的破坏。磁悬浮列车在路轨上运行,按飞机的防火标准实行配置。

磁悬浮列车虽然具有这么多的好处,但世界上只有上海浦东磁悬浮铁路真正投入商业运营。尽管日本和德国已经有了实验路线,尽管2005年上海浦东机场到市区30km长的线路已经投入正式运营,但磁悬浮列车要想如同现今的普通轮轨式铁路那般成为民众日常交通工具,似乎还遥遥无期。那么,究竟是什么原因呢?

首先是安全方面。由于磁悬浮系统必须辅之以电磁力完成悬浮、导向和驱动,因此在断电情况下列车的安全就不能不是一个要考虑的问题。此外,在高速状态下运行时,列车的稳定性和可靠性也需要长期的实际检验。还有,则是建造时的技术难题。由于列车在运行时需要以特定高度悬浮,因此对线路的平整度、路基下沉量等的要求都很高。而且,如何避免强磁场对人体及环境的影响也一定要考虑到。

第二节　城市轨道交通发展现状及前景

一、世界城市轨道交通发展趋势

1863年1月10日,用明挖法施工的世界上第一条地铁在伦敦建成通车,列车用蒸汽机车牵引,线路全长约6.4km,区间隧道断面为矩形双线断面,宽度为8.69m,高度为5.18m。1890年12月,伦敦首次用盾构法施工,建成另一条线路,由电气机车牵引,线路长约5.2km,区间隧道断面为圆形断面。虽然城市轨道交通诞生已有一百多年,但受到重视并大规模修建城市轨道交通系统则是在第二次世界大战结束以后。20世纪下半叶以来,伴随着世界范围内的城市化进程,大城市逐步形成了以地下铁道为主体,多种轨道交通类型并存的现代城市轨道交通新格局。

自19世纪60年代伦敦建成世界第一条地铁以来,轨道交通的投资、建设、运营和管理不断变化并走向成熟和完善。目前,世界城市轨道交通呈现以下三大发展趋势。

1. 投资多元化

最初,轨道交通投资主体比较单一,或由私人主体来投资,或由政府财政直接投资。随着轨道交通规模的越来越大,为了解决资金问题和提高轨道交通的效率,很多城市轨道交通都由政府和社会资本等共同投资。投资主体的多元化已成为世界轨道交通的发展趋势。

(1)通过多元化投资来解决资金不足的问题。随着轨道交通的建设规模逐步增大,所需资金越来越多,政府和社会资本一般都不可能独资建设。通过由政府独家投资变为面向社会筹资而形成多元化的投资格局,可以解决资金问题,也可减轻政府的财政压力。东京都的地铁建设在前期主要由政府投资,但在地铁网络形成规模、地铁经营走向私有化后,1991年后的新线建设部分所需巨额资金则大部分依靠企业债务筹措,即主要来自政府长期贷款、政府无息贷款、民间资金和政府补助金。

(2)轨道交通的准公共产品性质要求投资主体多元化。轨道交通是一种准公共产品,政府在投资中起着重要的作用,但是轨道交通又可以带动沿线进行商业开发和商业化经营,因此决定了轨道交通投资需要政府和社会资金共同参与。也就是说,只有多元化投资才符合这种准公共产品的运行特点。实际上,许多城市政府积极鼓励社会资本介入轨道交通的投资,而政府只是投入少部分起导向作用的资金。

(3)投资多元化可以提高轨道交通的运行效率。投资主体的多元化可以发挥各个投资主体的优势,同时又可以相互监督和约束,从而使轨道交通更有效率。实际上,私人资金的介入不但能弥补政府资金不足的问题,更大的作用在于促使轨道交通经营效率的提高。欧洲城市早期轨道交通建设的资金来源比较单一,如伦敦世界第一条包括后来的几条轨道交通线均由私人来投资。现在,为了提高轨道交通的效率,欧洲城市轨道交通投资多元化趋向明显,其投资来源除了政府的财政支持外,越来越趋向于吸引私营公司的资金参与轨道交通建设,其结果自然提高了运行的效率。又例如,为提高轨道交通运营效率,东京市政当局根据不同路段的资金投入和回收情况,在投资环节尽可能地鼓励私人资金介入。

2. 经营市场化

轨道交通在历史发展的进程中,有的采取完全的国有垄断经营模式,有的采取市场化经营模式,有的介于这两者之间。现在,很多城市充分发挥市场作用以提高轨道交通的运行效率,在轨道交通运营上引入市场机制已成为一种发展趋势。

(1)打破垄断以促进经营市场化。随着市场经济发展和轨道交通运行实践的变化,政府垄断经营或者政府干预太多使建设和运营成本相对较高而效率却很低,结果导致亏损越来越大。为了使轨道交通更有效率,有关部门改变政府或其它组织独家经营的方式,尽量通过市场化的方式,想方设法打破垄断。

(2)引入市场竞争机制推动经营市场化。很多城市轨道交通通过招投标等多种方式引入竞争机制,促使轨道交通经营主体通过相互竞争提高运营效率。日本和东京市政当局在轨道交通的建设和运营中尽可能地引入竞争机制,除了鼓励私人资本参与市郊铁路的建设,日本铁道公司也吸收了很多私人股本。即使是国有的市区地铁线路,也分成两家主体进行管理,使之相互竞争。

(3)运用市场化经营放大资金的乘数效应。政府资金毕竟有限,通过市场化的经营,可以带动更多的社会资金积极参与,这些社会资金在追求利润最大化的前提下能够更好地经营,其结果必然放大了政府资金的乘数效应。

(4)通过经营市场化提高轨道交通的运行效率。市场化的经营方式充分考虑到了市场经济规律,能够根据市场信号做出较好的反应,最终可以提高轨道交通的运行效率。很多城市的轨道交通由专业化的经营公司按商业化原则来经营,借助市场的力量来提高经营效率。伦敦采取了收支两条线的经营管理方式,东京则是在可经营的市郊铁路上积极引入私铁的概念,香港更是借助了市场的力量,从资金管理、建设成本控制、运营管理等全方位提高效率,为全世界提供了商业化运作的楷模。相反,纽约轨道交通由于没有形成合理的竞争机制等原因,导致目前轨道交通的服务质量和运行效率不高。

3. 管理法制化

由于早期建设的规模较小和限于当时的社会经济条件,规范轨道交通管理的法制开始并不够完善。现在,很多城市轨道交通实行全面法制化管理以规范各方行为和维护各方利益,以法制化的管理来保障轨道交通持续、稳定和高效的运行。轨道交通的全面法制化管理也是世界轨道交通发展的重要趋势。

(1)实行轨道交通全面的法制化管理。很多城市随着轨道交通的发展其轨道交通的法律所规范的范围越来越广,涉及投资者、经营者、管理者、消费者之间的关系以及各自行为的诸方面。香港当局通过制定全面、详细的轨道交通方面的法规来规范企业的权利、义务、行为,形成了稳定、透明的法规体系。1975年制定了《地下铁路公司条例》,此条例有关地铁公司在建设与管理方面的规章相当齐全,香港地铁公司就是依据此条例成立的。2000年这个条例被《地下铁路条例》所取代,适应形势变化,其就地铁公司的专营权、财产、法律责任、管理职能等作了新的界定。

(2)利用法制来规范各方行为和维护各方利益。通过法制来规范政府、企业和市民的行为,使政府、企业和市民均在法律的约束下投资轨道交通或使用轨道交通。同时,当政府、企业和市民的权利受到侵犯时,通过法律来维护各方的利益。如日本《帝都高速营团法》对营团地铁线路的运营制定了详细规定,包括地铁服务水平、企业监督报告、检查手续、就业人员资格等,以此规范有关人员和组织的行为,同时也维护其利益。

(3)运用法制化管理来降低不确定性和风险。轨道交通的投资、建设、运营和管理等方面都存在一些事先无法预测的因素,但是如果投资者事先已经知道法律的有关规定,就可以适当加以防范,部分降低不确定性和风险。如香港特区政府制定了《地下铁路条例》,多年来,不论其董事局如何换届,董事局主席如何更替,该公司均有法可依、有章可循,保障了香港地铁公司管理和运营的持续性和稳定性。纽约通过了《公共交通法》,规定政府不仅要在财政上保证对公共交通的投入,而且在技术上扶持城市公共交通的发展,以此部分降低轨道交通的风险。巴黎的法规也规定,城市交通设施的基本建设,中央政府投资40%,其余由地方政府和有关部门投资。

(4)通过法制化管理来保证公平和公正。最初很多城市轨道交通管理带有随意性和盲目性,导致公正性和公平性较差。随着轨道交通的建设规模越来越大,轨道交通管理逐步建立在整个社会的集体契约基础之上,对轨道交通的建设和运营的管理也有专门性的立法来规范。轨道交通的法制化管理可以使公平、公正原则得到较好的体现。实际上,现代发达国家十分重视在城市轨道交通的投资、管理和经营上通过法制来维持公平和公正。

二、我国城市轨道交通发展现状

我国城市轨道交通建设起步较晚,自 1965 年开始建设北京地铁一期工程,截至 2012 年底,已有北京、上海、天津、重庆、广州、深圳、武汉、南京、沈阳、长春、大连、成都、西安、昆明、苏州、杭州、佛山共 17 个城市,累计开通 70 条城市轨道交通运营线路(含试运营线路),总运营里程达到 2064km。其中地铁 1726km,占 84%;轻轨 267km,占 13%;现代有轨电车 41km,占 2%;磁悬浮 30km,占 1%,具体见表 1-1。预计 10 年内我国还将新建城市轨道交通运营里程约 5000km。到 2020 年,预计全国城市轨道交通总里程将达到约 6100km。

2012 年全国已开通城市轨道交通线路运营里程统计表 表 1-1

序号	城市	运营线路（条）	形式及运营里程(km)				车站数（个）	总里程（km）
			地铁	轻轨	现代有轨电车	磁浮		
1	北京	16	442.0	—	—	—	275	442.0
2	上海	13	425.1	—	9.2	30.0	295	464.3
3	天津	5	76.9	52.3	7.9	—	96	137.0
4	重庆	4	55.8	75.3	—	—	91	131.1
5	广州	8	220.9	—	—	—	137	220.9
6	深圳	5	178.6	—	—	—	131	178.6
7	武汉	2	27.7	28.8	—	—	47	56.6
8	南京	3	81.6	—	—	—	57	81.6
9	沈阳	2	49.9	—	—	—	41	49.9
10	长春	2	—	47.5	—	—	49	47.5
11	大连	4	—	63.4	23.4	—	57	86.8
12	成都	2	41.0	—	—	—	36	41.0
13	西安	1	20.5	—	—	—	17	20.5
14	苏州	1	25.7	—	—	—	24	25.7
15	昆明	1	18.0	—	—	—	4	18.0
16	杭州	1	48.0	—	—	—	31	48.0
17	佛山	1	14.8	—	—	—	11	14.8
合计		70	1726.3	267.3	40.5	30.0	1399	2064.0

但我国城市轨道交通只有 40 多年的发展历史,回顾我国城市轨道交通的发展历程,尽管轨道交通发展取得显著成就,但也存在诸多突出问题,对轨道交通系统整体功能的发挥产生了较大影响。主要问题有以下几点:

1. 城市轨道交通建设起步晚

我国轨道交通起步普遍较晚,尤其是上海、广州等特大城市轨道交通建设起步发展稍晚,国际同类特大城市通常在城市人口 400 万左右即快速建设轨道交通。北京虽然起步较早,但初期发展缓慢,1965 年始建至 2001 年的 36 年时间仅建成 42km。而随着社会经济的快速发展,小汽车快速进入家庭,城市交通面临巨大挑战,因此造成几个特大城市近些年超速建设轨道交通，带来不少安全问题。同时由于前期工作不够充分，给后期工作造成很多隐患，如北京、上海普遍出现的换乘不便问题。

2. 城市轨道交通整体系统功能不完善

与国际大都市相比，我国的大城市基本均未形成以地铁为主、辅之以轻轨、有(无)轨电车和公共汽车、多层次的立体交通网络。突出表现为轨道交通网络不完善，系统内换乘不便，而且与其它交通方式的接驳不便，严重影响了整体效能的发挥，对居民出行的吸引力有待提高。

3. 部分线路建设时序安排与城市发展缺少协调

城市轨道交通线网中哪条线路先建，哪条后建，一条线路中哪些区段先建，哪些区段后建，都有建设时序问题。线路建设时序安排应与城市土地利用开发相协调，形成互动发展，否则难以发挥规划引导作用。如广州地铁4号线作为规划提出的"TOD"线路，目前41km线路日均客流量只有3.4万人，这主要是由于线路建设与城市规划不同步，经过的部分地区没有按照设想的发展，衔接配套措施相对滞后，交通引导城市空间发展目标的实现还有待时日。

4. 轨道交通的投融资缺少创新机制

我国在交通建设投资上开始实现由单一的政府投资向多元化和市场化转变，初步形成了"政府引导，社会参与，市场运作"的投资格局。在投资渠道上，现有轨道交通建设投资来源以财政渠道居多，取之于市场机制的较少，大多城市轨道交通建设需要依靠政府多方筹措资金，制订长期计划，逐步组织实施，缺少创新机制。在投资方向上，整体投资意识不足，在轨道交通建设投资对提高城市交通系统总体发展水平的作用上缺乏综合性系统评价。在资金分配上，应急建设、应急投资的现象十分普遍，而不是根据城市经济发展状况，制定出相应的轨道交通发展规划，导致轨道交通建设资金难以到位，规划和建设不相协调的矛盾比较突出。

因此，我国轨道交通发展需要做到以下几点：

1. 政府政策保障

轨道交通的建设能够推动国民经济的发展，能够解决城市的交通问题等，是国家重要的基础设施。发展初期需要政府政策的支持，如制定相应的法规，明确国家和地方的投入比例，对前期建设和运营的费用给出保障措施。通过法规的制定，保证轨道交通建设发展的刚性需求。在轨道交通进入快速发展期后，可探索以资本市场为平台，拓展轨道交通产业的多元化融资渠道，以产权为纽带，引入市场化体系，发展轨道交通产业。在此阶段，可探索多种融资模式，如BOT、PPP等项目融资，股票及债券融资，信贷，租赁，信托等多种方式进行融资模式创新。进入成熟期后，轨道交通所需的资金主要用途是改造和维护现有路网。进入此阶段后，应该能够形成较为完善的投资建设法律法规体系，能够形成较为合理的投融资模式，轨道交通产业的市场化应更加明显。

2. 科学运营

我国轨道交通的发展起步晚，发展时间短，尚未形成网络化运营，且在站场布局上与各种运输方式的衔接性较差，无统一的规划和协调。目前，我国轨道交通系统的规划虽然也考虑到其它交通方式，但是由于其它交通方式存在已久，不能够合理地进行统一规划，在整体上未呈现出布局的系统化、集成化和高速化。在对国外及我国香港等地区较为先进的运营模式进行学习后,各地应积极探索有自己地方特色的运营模式。

3. 提高设备国产化率

在轨道交通产业中,技术装备投资最大的是车辆、牵引供电、通信信号,占到总造价的30%~35%。目前,如何在保证使用安全性的基础上降低技术装备的成本是降低轨道交通总造价的关键。比如地铁车辆,我国生产的地铁车辆价格仅为外国车辆的1/4~1/2。在广州地铁、上海地铁、南京地铁和北京地铁也已经运用了一批可靠的国产设备。在制定规范、统一技术标准的同时,加强国产设备的运用率,既可降低成本,又可带动轨道交通产业链的快速发展。

三、城市轨道交通发展前景

从20世纪发达国家发展城市轨道交通正反两方面经验来看,优先发展以轨道交通为骨干的城市公共交通来解决城市的交通问题,已成为世界各国的共识。21世纪将是发展中国家城市轨道交通成网的世纪。在新的世纪,随着城市轨道交通的发展,对城市轨道交通功能的认识上,将由解决城市交通拥堵的基础性功能转变为引导城市结构优化、建设生态城市的先导性功能。

随着世界人口的增加和经济的发展,地下空间的开发利用将是历史发展的必然趋势,城市轨道交通将会得到空前的发展。而为了克服轨道交通建设投资巨大的困难,各国纷纷进行投融资的体制改革,城市轨道交通建设将大量吸纳民间资本。新世纪,科技的发展也将使城市轨道交通的全自动化技术日益成熟,可以预料到,全自动运行将成为21世纪城市轨道交通的一大技术特征。

思考题

1. 简述地下铁道与轻轨交通的区别和特点。
2. 结合自身感受,谈谈我国应该怎样发展城市轨道交通。

第二章 地铁与轻轨的路网规划

第一节 路网规划的内容与原则

随着城市交通拥堵等问题的不断恶化,路网建设工程提到日程上来已经迫在眉睫。路网建设工程代表的是一个城市基础性设施,是一项投资大、建设时期长的系统工程。路网的布局合理与否,不仅关系到城轨是否能在城市交通中发挥重要的作用,还关系到基本建设费用能否尽可能降低以节约经费,也关系到能否有效地、方便地为居民生活服务。反之,如果路网规划不够合理的话,则会影响城市的长远建设和发展。由此可见,路网的形成和建设与城市建设的各个方面有着不可或缺的联系,而且它对整个城市的形成和发展以及人们的生活方式都产生着深远的影响,因此对路网规划应有很高的要求,这一点具有战略性的意义。

城轨路网规划与城市的用地规划具有紧密联系,因此在城市轨道交通建设中就必须在总体上对城轨路网规划心中有数。经验证明,地铁与轻轨建设只有形成了一定的网络才可以吸引更多的客流。早期交通建设中的地下铁路并没有统一规划,通常根据某一地带某一时期客流量需要进行逐步地建设,但是这样一条条叠加起来的线路,往往无法形成一定统一格局的路网,如巴黎、纽约、伦敦的路网等。目前,由于我国很多路网规划的不合理,常使得路网规模十分庞大,仅上海、北京、成都、广州、济南、天津这6座城市的总规模便是现有亚洲地铁总规模的2~3倍。网络规划的不合理,极有可能会带来很多负面效应。例如:负荷不均匀的客流、换乘不方便等现象时有发生。再以伦敦地铁的建设和莫斯科地铁的建设相比较,莫斯科地铁的负荷强度大于伦敦地铁的负荷强度,莫斯科路网密度却低于伦敦地铁的路网密度。究其根本原因在于:伦敦的地铁缺乏较好的规划,结果便导致伦敦的路网布局极其不合理,产生了如路网过于庞大、不均匀负荷等负面效果。因此,城市路网规划的好坏直接影响着后期的经济效益和社会效益。

地铁路网规划一般是在对城市客流需求与城市结构、土地利用的空间分布特点和线路工程实施的可行性进行相关定性与定量分析的基础上,进而形成多个备选方案。在此基础上,再对备选方案进行必要规划。总体来说,规划的内容包括以下几点:

(1)应估算各条线路的客流量,再进行初步客流分析;
(2)确定线路的主要经由和走向;
(3)规划方案的评价和分析路网形态;
(4)合理地布局主要换乘站(内部)及其与其它交通方式的换乘(外部);
(5)对车辆进行检修的整备基地(车辆段)的设置方案;
(6)建设第一条轨道交通线和发展序列的必要性论证;
(7)分析规划路网对城市各种发展问题的适应性;
(8)宏观效益分析和投资估算。

当确定推荐的路网以后,再重新进行推荐方案的客流预测,进一步对地铁路网进行综合评价。路网在规划范围上应以城市总体规划为主要依据,还必须保持与城市总体规划的协调性。由于路网规划是根据人们的经济水平和认识等因素的变化而变化的,因此在路网的规划编制完成之后,要根据具体实施情况再进行不断修正。路网规划的原则如下:

1. 充分考虑城市经济的动态发展

地铁与轻轨是城市交通的骨干,规划年限远远超出城市总体规划年限,这使得规划中的基本数据难以获得,从而增加规划的难度。轨道网的总体走向应与城市的远期发展方向一致。

2. 规划实施应当考虑分阶段可持续发展的特性

正因为城市的未来发展并不十分确定,这就要求轨道网规划是一个滚动的规划:一方面适应城市的发展,另一方面满足自身的可持续发展要求。在满足网络基本骨架的基础上,根据城市后期发展来完善和加强网络功能。

3. 对中心区交通问题的解决应予充分重视

世界各国轨道网规划的根本目的还是针对城市交通问题,其中区际联系和中心区交通缓解是轨道网布设的两个重要因素。这说明,将区际联系和中心区交通问题的解决作为规划的原则是合理的。

4. 协调路网规划、系统能力选择、实施策划

降低地铁与轻轨建设造价的最关键环节是规划阶段,而规划阶段的关键是路网规划和系统能力选择及实施策划,三者相协调的最终目的是实现合理规模。

第二节 地铁与轻轨路网规划的规模

目前,在规划轨道路网时遇到的首要问题便是到底该修何种规模的轨道路网。这个问题不仅是规划者所关心的,对市政当局来说也是一个极其重要的投资依据。此外对超级大城市和一般大城市,轨道路网规划有哪些不同? 这些问题都可归纳为轨道路网规划的宏观总体控制问题。

一、规划轨道网的合理规模含义

首先应探求规模的含义,再看合理规模。规模主要是从交通运输系统供给的角度来说的,合理规模则具有系统接口含义的。轨道路网规模的实质是轨道交通整个系统总体的构成量,它包括轨道路网经营管理、系统能力和路网密度。其中经营管理是规模中的软性一面,系统能力、路网密度是规模的硬性一面。规模应是上述三者的统一结合。从路网系统能力和轨道路网密度来说的四种性质规模度量,如图2-1所示。

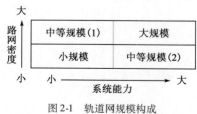

图2-1 轨道网规模构成

合理规模应该是一个具有目标性质的量。由于对消费者、运营公司及市政当局各自利益的不同则存在不同的规模量。合理规模与路网系统能力、轨道路网密度的关系(图2-2)。有:

$$S = f(D, C, T)$$

式中：S——合理规模；
D——路网密度；
C——路网系统能力；
T——运营管理。

当 $\frac{\partial S}{\partial D} = \frac{\partial S}{\partial C} = \frac{\partial S}{\partial T} = 0$ 时，达到合理规模。

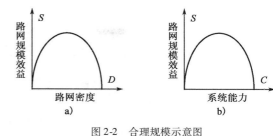

图 2-2 合理规模示意图

二、推求合理规模

1. 从地铁公司角度来考虑

规划模型如下：

　　　　运营的收入 ≥ 运营的支出（这是最低的要求）
　　　　运营的收入 = 客运量 × 平均乘距 × 票价率
运营的支出 = 固定资产总金额 × 综合折旧率 + 车站数量 × 每站平均日耗电 ×
　　　　电价 + 每车公里可变支出 × 客运量 × 平均乘距 /（每车定员 × 平均满载率）

式中：　票价率——每位客的公里收费（元/客位·km）；
　固定资产总金额——建设投资的总额度（元）；
　综合折旧率——考虑各项地铁设备、地铁设备金额及每年设备折旧率之后的总折旧率（%）；
　每车公里可变支出——地铁列车的每节车运行每公里所需人员、牵引电力、管理、地铁系统维修等费用支出（元/车·km）；
　平均满载率——客运的周转量与客位的周转量之比值。

2. 从以往经验考虑

对于世界 82 座城市的轨道交通现状，可以利用"柯布—道格拉斯生产函数"对轨道交通的客运量与城市人口及线网长度关系做出描述。

$$SV = \alpha POP^{\beta} RL^{\eta}$$

式中，α、β、η 取值可参考文献。

3. 从居民出行的特征考虑

经营者所期望合理线网的长度：首先考虑最大实现可能性，在主出行经路上，扣除了自用车和自行车出行之后，70% 客流将会转向轨道交通出行，则可采用下面计算步骤（图 2-3）。

（1）应用 OD 矩阵概念。交通起止点的调查又称 OD 交通量调查。OD 交通量是指起终点间交通的出行量（"O"源于英文 ORIGIN，指的是出行出发地点，"D"源于英文 DESTINATION，是指出行目的地）。OD 矩阵调查结果通常采用一个二维表格表示出来，为 OD 表，又称为 OD 矩阵。

（2）消费者的期望合理出行线网长度。在选择公交出行的主出行经路上都有地铁可坐。

算例：某市的城市轨道交通路线网长度合理规模的计算。

①经营者所期望合理线网的长度：

a. 出行预测所得到

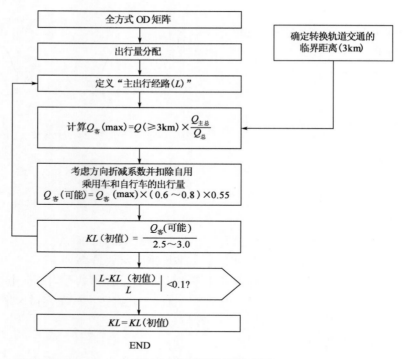

图 2-3 合理规模计算流程图

当出行距离≥3km 的出行量占总的出行量的比例为 46.9%；
当出行距离≥3km 的采用自行车的出行量占出行总量的比例 14.81%；
当出行距离≥3km 并采用自用乘用车的出行量占出行总量的比例 6.21%。

b. 当扣除自行车和自用车出行

$$\frac{0.0621 + 0.1481}{0.469} = 0.448,\ 1 - 0.448 = 0.552 \approx 0.55$$

c. 定义"主出行经路"

当单向高峰每小时流量≥2 万人次时的经路，其长度为 68km，此时：

$$\frac{Q_{主总}}{Q_{总}} = 0.71$$

d. 计算 $Q_{客}(可能)$

$Q_{客}(可能) = 1233.34 \times 0.469 \times 0.71 \times 0.6 \times 0.55 = 135.52$ 万人次／日

e. 再计算 $KL(初)$

客流的密度 2.5 万人次/公里，$KL(初) = 135.52 / 2.5 = 54$ km

f. 判断

$$\left|\frac{68 - 54}{68}\right| = 0.205 > 0.1,\ 否$$

g. 重新定义 L

单向高峰每小时流量≥3 万人次/时出行经路，其长度为 49km，此时，$\frac{Q_{主总}}{Q_{总}} = 0.6$

h. 重新计算 $Q_{客}(可能)$

$Q_{客}(可能) = 1233.34 \times 0.469 \times 0.6 \times 0.6 \times 0.55 = 114.53$ 万人次/日

i. 重新计算 $KL(初)$

$$KL(初值) = \frac{114.53}{2.5} = 45.8 \text{km}$$

j. 判断

$$\left|\frac{49-45.8}{49}\right| = 0.065 < 0.1$$

所以 $KL(初值) = 45.8 \text{km}$

②消费者们所期望的线网长度：调查的出行距离≥3km 的公交出行占出行总量的比例 24.52%，总的出行量为 1233.34 万人次/日，并设定客流密度是 2.5 万人次/公里。有：

$$\frac{1233.34 \times 0.245 \times 0.6}{2.5} = 72.58 \text{km}$$

由此可得，该城市的轨道路网合理线网规模应为 45.8～72.58km。

4. 总结

在保证路线网络的基本骨架前提下，可以通过不断完善路线网络来达到合理规模。

三、轨道网的布局形式

纵观世界各国的城市轨道网，有的城市或地区多达 30 条（纽约），有的则只有三四条。例如，伦敦的地铁建设百年有余，已达到 11 条 423km。轨道路网布设是百年大计，在 21 世纪的中叶，我国也将步入中等发达的国家水平，届时我国城市的交通结构将是什么形式，很大程度上取决于我国城市公共交通的状况。一个城市的布局有集中、分散等多种形式，交通路网布局是受城市土地利用布局影响的，相应的道路网有放射形、环形等多种形式。那么轨道路网应是什么样的形式，它的结构不应是路网的简单再重复，也不会是哪里人多就修到哪里的盲目扩建。规划轨道路网应区分城市的发展水平，区分标准是城市的城市布局、城市规模和客流空间分布。而且城市现有建设的地铁网布局也不能是一概而论，只有支持城市用地发展方向和城市布局体现出城市特色轨道网布局才是理想的形式。轨道路网基本的构成有放射形线和环形线，放射形线作用在于方便分散和汇集客流，环形线作用在于大型路网中可方便减少路网的换乘次数。放射形线的集中区域和方向反映出轨道网整体布局。它的布局决定于用地发展方向和城市布局，并受城市交通的发展战略影响。轨道路网放射线所集中的区域位置和大小是轨道路网布局中的一个关键环节，它起到了支持区域中心的作用，但也受到居民平均使用中心次数和区域中心的工作岗位数的影响。从中心角度看，汇集在中心放射线的多寡意味从中心至市区各个部分方便的程度。对于轨道路网的布局应首先分析区域中心交通构成来明确交通的需求；其次通过分析不同轨道网布局支持的出行构成，最后要明确各轨道网合理配置来满足客运需求。

第三节　路网规划方法

一、路网规划基本步骤

路网规划目的是为城市营造一个高效率的运输网络系统，因此城市路网规划需要综合地协调城市中道路网及对外的交通网络,其中包括国铁及公路网。各种网络要形成整体,轨道路网作用是为了完善充实整体网络,并引导城市更好发展。对轨道路网本身而言,想要形成满足乘客需求,而且还要易于后期扩展的基本构架。基于轨道路网和公交路网规划的基本要点,提出轨道路网规划流程图,如图2-4所示。流程图与其它网络规划相比,其不同之处在于以下几方面:

(1) 轨道路网规划没有初始的路网作为规划反馈过程中的原始输入;
(2) 轨道路网规划必须确定其系统的类型。

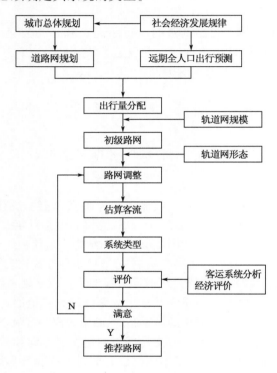

图 2-4 轨道网规划流程图

规划基础是对道路网规划和远期人口出行预测。生成初级路网的方法有出行方向法、集散点连线法、主出行经路法等。方法选用是以解决瓶颈路段交通及集散点出行为主要原则。路网调整阶段的主要工作是处理路段的改变对整体的网络影响,以及对并线、环线及分歧的设置。系统的类型确定实质上是对轨道路网的运输能力研究,并涉及运营和工程后期的扩展等内容。系统能力还要视客流情况,而决定是否采用高峰时最大断面流量。评价阶段主要是对财政可承受性、轨道网达成目标及对环境影响的评估。最终路网是否满意的原则有:沿线商贸及土地开发、投资效益、客运系统结构合理化、居民出行质量改变等。可归纳为"为满足居民的合理需求和审慎的商业原则"这个主题思想。

二、初级路网的基本概念和主要作用

初级路网是经轨道网和公交网规划类比后而提出的。初级道路网所提出的本意是在道路网规划上,根据轨道路网规划的目标,再考虑若干的因素,提出一个初始路网来作为后续工作的基础。

初级轨道路网是轨道网中用于规划路网的调整、评价之前的初始路网。初级路网规划是以覆盖主要出行经路和主要人流集散点为目标。初级路网的规划工作基础在于城市道路网规划的分配结果和出行分布。它得到的轨道路网可作为核心路网,根据出行分布和分配的输入数据调整可以检验轨道路网的核心路网稳定程度,有助于轨道路网规划从定性向定量发展。

三、初级路网的规划方法

轨道路网设计主要有两种研究途径:一为解析法或正推法,是依据城市的人口、相关土地资料,运用运筹学的方法,通过修正目标函数,选出线路走向;二为验算法,是根据城市的交通现状和土地发展方向规划线网或线路,用交通规划方法对轨道交通流量预测,并确定方案的优劣。

加拿大的卡尔加里大学土木系曾使用分析方法先建立车站选址模型再估算车站数目,采用最小生成树对概念优化,达到地铁隧道建筑的费用和运营列车费用之和最小化,以解决地铁选择放射线路这一特殊的情况。

在20世纪80年代末,天津的综合交通规划研究所在当时道路客运交通流量图上,将客流最大和较大的路段,通过人为判断的合理走向连接起来,来规划地铁线网。

在1997年,北京城市建设设计研究院为广州做的城市轨道路网规划是基于城市的交通系统综合模型TRIPS和START软件,并结合实际经验得到的。

每个城市的最终路网规划方案都是各具特色,例如纽约地铁的并线运输特色,巴黎地铁充当了"市内公共汽车",东京地铁将市内地铁线和市郊铁路线连接等。这些不同除了表现在城市布局和发展方向的不同之外,另一个主要原因是规划原则和目标不同。轨道交通路网规划是一个多目标优化的过程,对于最终方案的形成要视规划者对不同目标赋予不同的权重。因此形成最终规划方案可采取反复调整,但生成初级路网规划是优化的基础。

初级路网规划方案的生成为后续规划工作提供了可比较与评价的基础,最优化客运系统是其优化目标。从轨道交通运输方式的特性来说,它是怎样吸引客流以达到缓解交通拥挤目的?首先,它为居民的出行提供多种选择。由于居民出行主要呈链状特征,在出行链中有轨道交通这一方式(出行经路有地铁存在),则乘行地铁就可能为居民所选。其次,当客运需求被运输供给抑制,轨道交通将完全改变居民的出行链特征,最终达到改善居民出行的质量。还存在地铁改变沿线用地的特征,并诱发出行因素。轨道交通应解决城市集散点出行及出行主经路上交通问题。生成初级轨道路网可采用下面方法:

1. 寻找主要集散点及出行主经路

(1)搜寻主要集散点目的是将城市交通主要发生源与主要吸引源纳入地铁网内。可通过以下步骤寻找:

①先对远期OD矩阵进行处理。
a. 对角线上的诸元素设0,剔除掉交通小区之内出行;
b. 各行列分别进行求和后得到小区的区外发生量和区外吸引量;
c. 按各区区外出行量进行排序;

d. 取前 10~20 位（也可按小区总数的 10% 左右）为主要集散点。

②对主要集散点处理。先通过定性分析后，按城市规划中的重要程度和非主要集散点的区位来判定是否遗漏若干主要集散点。

（2）寻找出行主经路，是为了把道路网的瓶颈路段归入地铁网内。再将远期 OD 矩阵根据距离最短路分配到远期的道路网上得出出行期望经路图。

①按路段上出行量的大小排序得出出行主经路路段。

②按路段上流量统计出出行主经路路段上相关路段号和 OD 号。

通过前述可得到主要集散点及出行主经路路段。在成网时应贯彻主要集散点并覆盖主要出行主经路路段原则。以最短路网长度覆盖到最多出行主经路段，解决了主要集散点出行。集散点法流程图如图 2-5 所示，出行主经路方法流程图如图 2-6 所示。

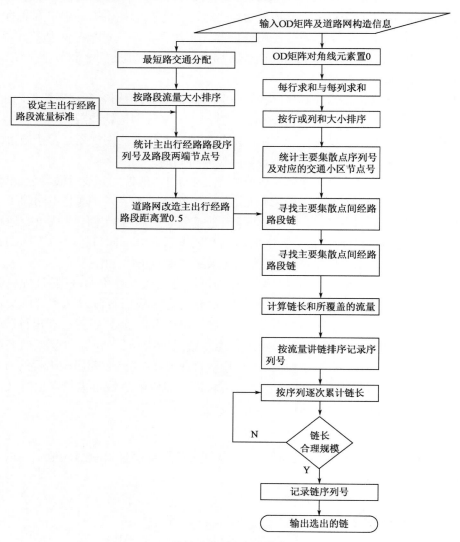

图 2-5　集散点法流程图

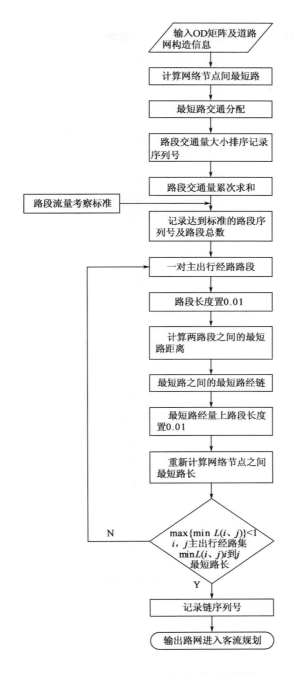

图 2-6 出行主经路法流程图

2. 出行主经路法相关路段分析

路段相关法流程图见图 2-7。

几条地铁线路实质上对城市客流做出几个分类,同一线路负担的客流间关系最为密切,换乘线路的客流是两类客流之间交换量。以系统论观点,整个网络是一个大的系统,由若干子系统而组成,子系统组成的元素是路段上所负担的客流,子系统之间交换量是各路段之间相关流量。分析路段之间相关性就得到网络的构成,通过修改得到初级轨道路网,这是路段相关法的本质。任何路段上流量都不应是孤立的,路段之间会存在一定交换,这是交叉口设计的基本理论。

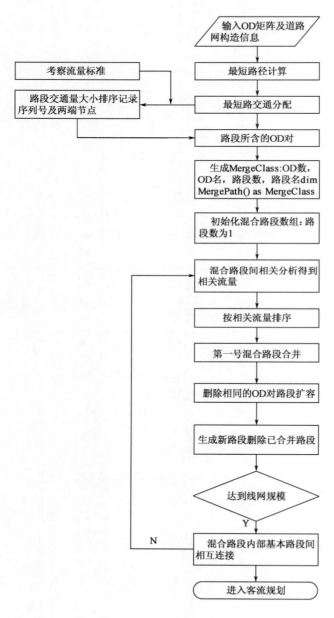

图 2-7 路段相关法流程图

出行主经路段分类用来判别哪些路段在轨道交通线上是需要解决的问题。通过出行主经路路段上的流量对若干 OD 的分配的结果进行相关分析。

设有 I、J 两段路,其交通量分别是 V_I 和 V_J,V_I 和 V_J 是若干 OD 分配并经其它路段导流得到。有

$$V_I = \sum_i V_i, \quad V_J = \sum_j V_j$$

式中:V_i——I 路段第 i 个流量构成;

V_j——J 路段第 j 个流量构成。

V_i 和 V_j 按图相关树所示关系编码。

编码为(111)(110)(101)(100)(011)(010)(001)(000),第一位为 O 点是否相关码;第二位是 D 码;第三位是路段码。可见存在四种关系及流量(图 2-8)。

完全相关:(111)

强相关:(110)(101)(011)

弱相关:(100)(001)(010)

不相关:(000)

按相关流量大小及在本路段交通量中所占比例便可判定 i、j 相关对应关系。当出行主经路段相关时,其合并成一个新路段。新合成路段则继续寻找与其相关路段,直至覆盖主要集散点时止。

3. 生成初级路网

在上面已判别的那些出行主经路段划分同一类作为一条轨道交通线,这一类中出行主经路段是离散型,需连接成线。由于单一路段不但是其它路段载体,且其自身也达到吸引客流的目的。连接标准为:在剩余的路段中挑选这样路段,其相关的 O、D 点在已统计相关的 OD 中时个数最多。这样可保证已相关路段依旧是相关的,并且还增加新增路段相关的 OD 量,来达到覆盖最相关 OD 量的目的。对于未覆盖集散点和已生成的线路间按最短路连接。

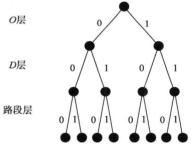

图 2-8 路段相关示意图

四、对比初级路网的方法

路段相关法、集散点连线法、出行方向法及出行主经路法的分析对比。

(1)路段相关法。综合集散点连线法及主出行经路法,它的特点主要是通过路段之间相关分析,而推定路段之间相关度,以保证轨道网对出行链覆盖最大化。相关度分析是通过对路段编码实现的。它是综合集散点法和出行经路法的特点。

(2)集散点连线法。对居民出行 OD 阵分析得到了城市主要集散点,集散点间进行配对,用最短路线连接起止点。通过考虑轨道交通解决城市 CBD 区及大型客流的集散点功能。

(3)出行方向法。基于出行是带有方向和大小的向量。从各个集散点发出出行必定要走一个方向,从市中心最大集散点开始,通过流量最大方向进行逐点向两端延伸,至市区边缘。

(4)出行主经路法。基于道路交通分配得到主出行经路进行交通选线。

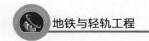

思考题

1. 路网规划的内容主要包括哪些？
2. 路网规划的原则是什么？
3. OD矩阵的概念及应用。
4. 路网规划基本步骤是哪些？
5. 初级路网的基本概念和主要作用？
6. 轨道路网设计主要研究方法有哪些？
7. 路段相关法、集散点连线法、出行方向法及出行主经路法的区别是什么？

第三章 地铁与轻轨车站

第一节 概　　述

车站建筑设计必须满足客流的需要,保证乘降安全、疏导迅速、布局紧凑、便于管理,并具有良好的通风、照明、卫生、防灾等设施,为乘客提供舒适的乘车环境。具体有以下5个原则。

1. 适用性

地铁车站与轻轨车站是人流相对集中的交通建筑,在设计中必须有序地组织人流进出站或方便地换乘,满足客流高峰时所需的各种面积规定及楼梯、通道等的宽度要求;上下楼梯位置的设置能均匀地接纳客流,另外要有足够的设备用房和管理用房,以满足技术设备的布置及运行管理的要求。

2. 安全性

地铁车站和轻轨车站的建造,对工程结构的安全性、可靠性提出了很高的要求,一旦出问题将危及千百人的生命。在建筑设计上,特别是地铁车站建筑设计要给人们带来安全、可靠的保证,如有足够明亮的照明设施以减弱人们身处地下的不安心;有足够宽的楼梯及疏散通道,在突发事件时能在安全时间内快速疏散;有明确的指示标及防灾设施等。

3. 识别性

城市轨道交通是一种定时快速的公共交通,站间运行速度很快,而到站至发车的间歇时间又很短,因此车辆、线路及车站都必须有明显的特征和标志,以免旅客误乘和错过站。如车辆按运行不同的线路标示不同的色带,车站有特殊的造型和不同的色调,在关键部位设有详尽清晰的指示标牌,都能够使乘客快速获得信息,做出正确的行为判断,引导人们的走向。

4. 舒适性

以人为本的设计原则已成为世人的共识,无论是车辆内部环境还是车站的内部环境都必须体现这一设计原则。目前我国城市轨道交通引进了部分国外的车辆,具有内部舒适的环境和现代的视觉观感,有利于提高我国车辆设计生产的观念。作为大量客流集散的车站,如自动扶梯数量的配置,环控的设置,车站内各种服务设施如公用电话、自动售票、残疾人通道、公厕、座椅、垃圾筒等,在经济条件许可下,也应尽量从以人为本的出发来考虑设计标准。尽管人们在车站内逗留的时间是短暂的,但还是要创造一个满足人的行为所需的场所,使人们在生理和心理上得到舒适感。

5. 经济性

城市轨道交通建设的投资相当大,根据我国已建的轨道交通项目,城市高架轻轨交通平均每公里造价约为4亿元人民币,城市地铁的造价平均每公里为6亿~7亿元人民币,其中车

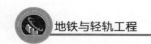

站土建工程的造价约占总投资的13%,因此在车站建筑设计时,在满足功能的前提下,应尽量压缩车站的长度及控制车站的埋深或车站架空高度,以降低造价,节约投资。

第二节 地铁车站结构与设计

一、地铁车站的选型与车站组成

地铁车站具有地下建筑的特征:第一,为了有利于结构、施工及节约投资,它的形体必须简单、完整;第二,没有自然光线照射,必须全部靠人工采光;第三,有庞大的空调设施,以保证地下空间的舒适环境;第四,有众多鲜明的指示标牌和消防设施,以保证客流安全、顺畅、快捷地进出;第五,有一定长度的地下通道与地面出入口连接,在地面有较大体量的风亭建筑。

地铁车站的选型按线路走向可分为侧式站台车站与岛式站台车站;从结构的类型可分为矩形箱式地下建筑和圆形或椭圆形的隧道式建筑;从建筑布局的形式可分为浅埋式和深埋式。

从线路走向区分的侧式站台候车和岛式站台候车具有不同的优缺点,从功能上比较,岛式站台候车便于客流在站台上互换不同方向的车次,而侧式站台候车客流换乘不同方向的车次必须通过天桥才能完成,一旦乘客走错方向,会给换乘带来很多不便,但侧式站台候车方式带来的轨道布置集中,有利于区间采用大的隧道或双圆隧道双线穿行,具有一定的经济性在城市地下工况复杂的情况下,大隧道双线穿行反而又缺乏灵活性,而岛式站台候车方式的两根单线单隧道布线方式在城市地下工况复杂情况下穿行则具有较大的灵活性。

按照建筑布局形式不同划分的浅埋式车站,由于车站的埋置深度浅,带来一系列经济效益,如土方减少、技术难度减小、出入口通道客流上下高度减小等,甚至它的售检票大厅也可直接建于地面,大大节约车站在地下的建设投资。这种车站的建设前提是,地面以下没有各种城市管线通过,也不在城市主要道路下,并得到地下铁道线路走向的允许。

深埋式车站因受周边环境的影响和线路走向的制约,必须较深地建于地下,带来深基坑的技术难度增加、土方量增加、投资的加大和客流上下高度的增加。

上述这些车站建筑形式必须结合各城市特有的发展规划、地理条件及经济状况,因地制宜地考虑选型。目前,我国地铁车站模式基本采用矩形的箱式结构,分上下两层,上层为站厅层,以集散客流、售检票,设置主要的设备管理用房为主;下层为站台层,主要功能为列车停靠、客流候车及少量的设备管理用房。

二、地铁车站结构设计

地下工程所处的环境和受力条件与地面工程有很大的不同,沿用地面工程的设计理论和方法来解决地下工程问题,显然不能正确地说明地下工程中出现的各种力学现象,当然也不能由此做出合理的支护设计。地下结构埋设于地层之中,其周围受到地层的约束,所以,地层不仅对结构施加荷载,即所谓地层压力或称围岩压力,同时又帮助结构承受荷载,减小结构的内力。这种结构与地层共同作用机理与地面结构完全不同。

理论研究和工程实践都证明,这种共同作用的效果主要取决于地层条件以及结构与地层的相对刚度。在稳固地层中,结构的刚度比地层的刚度大,这时地层的约束作用小,甚至可以忽略不计,表现出较大的地层压力。

在进行地下铁道结构的静、动力计算时,必须很好地考虑结构与地层的共同作用,才能得到比较符合实际的结果。然而,影响结构与地层共同作用的因素很多,而且变化很大,有些因素很难甚至无法完全研究清楚。加之地下结构的受力特性在很大程度上还与地下工程的施工方法及施工步骤直接相关,这些问题的存在使得一些地下结构的计算结果,无论在精度上还是可靠度上都达不到设计的要求,很难作为确切的设计依据。所以,目前在进行地下结构的设计时,广泛采用结构计算、经验判断和实测相结合的所谓信息化设计方法。

用于地下结构静、动力计算的设计模型随结构形式和施工方法而异。用于理论计算的力学模型可归纳为以下两种:

(1)作用与反作用模型:如弹性地基框架、全部支承或部分支承弹性地基圆环等,这种模型亦可称为荷载—结构模型,或简称结构力学方法。

(2)连续介质模型:包括解析法和数值法。解析法又可分为封闭解和近似解,目前它已逐渐被数值法取代。数值法中以有限元法为主。这种类型亦可称为地层与结构模型,或简称为连续介质力学方法。

还有两种主要是用于设计的模型,如:

(1)以工程类比为依据的经验设计法。

(2)以现场量测和室内试验为主的实用设计法,如以隧道洞周围岩变形量测为依据的约束与收敛法。

根据我国地铁建设发展趋势,仍以建设浅埋地铁为主。在这种情况下的地铁结构大多埋设在第三、第四系的软弱地层中,结构与地层共同作用较弱,荷载较为明确,根据我国多年的地铁设计经验,应主要采用荷载结构模型。对于深埋或浅埋于岩层中的地铁结构物,除采用传统矿山法施工的结构仍可采用荷载—结构模型外,其余可采用连续介质模型。但在设计中,主要是采用以工程类比为基础的经验设计法,不作结构计算。

线路设置于地下的地下铁道与轻轨结构物的主体是钢筋混凝土车站和隧道建筑结构,这些结构物根据其在地下线路中的不同功能,形状也有所不同。尽管结构形式和功能不同,但是它们几乎都为钢筋混凝土结构。因此,地下结构的设计与地下钢筋混凝土结构的设计在原理上是一致的。如浅埋地下铁道结构多数采用钢筋混凝土矩形框架结构,在进行结构设计时,框架节点视为刚性节点,在外力作用下结构是高次超静定结构。力矩分配法是地下铁道结构较适用的内力计算方法。根据弹性力学的基本原理,可视其为平面应变问题,计算时可沿隧道纵轴方向取1,作为计算单元。除双线区间隧道结构以外,车站采用明挖法施工时大多采用多层多跨的复杂矩形框架结构。其计算可按自由变形框计算,地基反力假定为直线分布。图3-1为浅埋车站矩形框架结构的计算简图。

在设计地下铁道结构物时,与其它地面结构的设计相比,具有以下特征:

(1)在城市繁华区域,地铁线路主要设置于地下,因地质条件和水文地质条件的不同,设计所采用的施工方法也会不同,因此所采用的施工方法决定了结构的设计方法。

(2)地下结构物大多采用框架或拱形超静定结构。

(3)由于隧道和车站在线路纵向的长度远大于横断面的尺寸,因此还要考虑地下水的作用,同时要求结构必须具有防水性。此外,地下结构物一旦建设完成后,在运营期间进行改建是很困难的,因此在规划与设计时必须详细考虑结构的形式和功能。

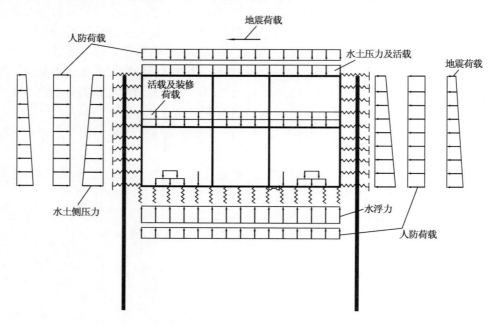

图 3-1　浅埋车站矩形框架结构的计算简图

在进行地下铁道与轻轨设计时,首先应完成线路的平面和纵断面的技术设计,在此后即可进行具体的结构设计与计算。所应遵循的设计流程为:

(1)选定设计断面。首先根据结构用途、建筑限界、线路平面、纵断面、道床尺寸等决定结构内部空间尺寸。再根据结构高度和宽度的关系、荷载状况,参照类似的已有结构假定横断面,选定计算的结构形状和尺寸,并确定合理的计算模型。

(2)荷载计算。设计地下结构时,计算可考虑的荷载较多,其中主要是路面活荷载、垂直和水平土压力、地下水压力、结构自重力,结构内部荷载以及考虑人防和地震的特殊荷载等。计算时应结合构造形式、地质条件和施工方法等因素综合考虑。

(3)框架内力计算。当框架及荷载均为对称时,可取结构的一半进行计算。内力计算采力矩分配法或有限单元法,先求出各个节点的弯矩 M、轴力 N 和剪力 Q,然后绘制出弯矩 M 图、轴力 N 图和剪力 Q 图。

(4)结构配筋计算。根据弯矩图、轴力图和剪力图,按钢筋混凝土结构设计基本原理和现行钢筋混凝土设计规范,进行结构及构件的配筋计算。

(5)设计图绘制。根据配筋计算的结果,绘制结构的配筋图,并计算出工程材料数量。

(6)根据车站和区间隧道所处的环境,以及计算的结构变形、内力状况,绘制指导性的施工方法框图。

进行地下铁道结构静、动力计算时,首先确定作用在结构上的荷载量值及分布规律。现行地铁设计规范按荷载作用状况将其分为永久荷载、可变荷载和偶然荷载 3 大类,如表 3-1 所示。

作用于地下结构上的荷载分类 表 3-1

荷载分类		荷载名称	结构类型	
			隧道结构	高架结构
永久荷载		结构自重力	+	+
		地层压力	+	
		隧道上部和破坏棱体范围的设施及建筑物压力	+	
		静水压力及浮力	+	+
		混凝土收缩及徐变影响力	+	+
		预加应力	+	+
		设备重力	+	+
		地基下层影响力	+	
		侧向地层抗力及地基反力	+	+
可变荷载	基本可变荷载	地面车辆荷载及其冲击力	+	
		地面车辆荷载引起的侧向土压力	+	+
		地下铁道车辆荷载及其冲击力	+	+
		地下铁道车辆荷载的离心力即摇摆力		+
		人群荷载	+	+
	其它可变荷载	温度影响力	+	+
		施工荷载	+	+
		风力		+
		车辆加速或减速产生的纵向力		+
偶然荷载		地震荷载	+	+

注:表格"+"表示荷载存在。

永久荷载即长期作用的恒荷载,如地层压力、结构自重力、隧道上部或岩土破坏棱柱体内的设施及建筑物基底附加应力、静水压力(含浮力)、混凝收缩和徐变影响力、预加应力以及设备重力、地基下沉影响力、侧向土层抗力和地基反力等,在其作用期内虽有变化但也是微小的。

可变荷载又可分为基本可变荷载和其它可变荷载两类。基本可变荷载,即长期且经常作用的变化荷载,如地面车辆荷载(包括冲击力)和它所引起的侧向土压力、地下铁道车辆荷载(包括冲击力、摇摆力、离心力)以及人群荷载等。其它可变荷载,即非经常作用的变化荷载,如温度变化、施工荷载(施工机具、盾构千斤顶推力、注浆压力)等。

偶然荷载即偶然的、非经常作用的荷载,如地震力、爆炸力等。

对于各项荷载标准值的取法没有明确规定,原则上要求根据相关规定或实际情况决定荷载大小,并考虑施工和使用过程中发生的变化。

结构的计算荷载应根据上述 3 类荷载何时存在的可能性进行最不利组合。一般来说,对埋于地下的铁道结构物以基本组合(仅考虑永久荷载和可变荷载)最有工程实际意义。只有在特殊情况下,如 7 度以上地震区,或有战备要求等才有必要按照偶然组合即将 3 类荷载都进行考虑来验算。在设计当中,以对结构整体或构件可能出现的最不利荷载组合进行计算。

三、地铁车站结构设计例题

下面以图 3-1 的为例,简单介绍地铁车站设计过程。

地铁车站为长通道结构,横向尺寸远小于纵向尺寸,可简化为平面问题,采用荷载—结构相互作用模型进行分析。弹性抗力按 winkler 理论确定,计算时分别用水平弹簧、竖向弹簧来模拟土体对墙体(底板)水平位移和垂直位移的约束作用。弹簧只能受压,且注意弹簧的计算反力不应大于地基的承载力。立柱按刚度等效的原则换算为沿线路方向设置的矩形截面墙考虑。

采用平面杆系有限单元法计算,车站主体结构按底板支撑在弹性地基上的平面框架进行内力分析,取纵向 1m 的标准段为一个计算单元,采用有限元计算软件 SAP2000 进行计算。

1. 荷载计算

1) 永久荷载

结构自重力:钢筋混凝土重度 $\gamma = 25 \text{kN/m}^3$。

覆土重力:覆土重度取 $\gamma = 19 \text{kN/m}^3$。

侧向水土压力:施工阶段采用朗肯主动土压力,对于砂层,采用水土分算的土压力值,其余土层采用水土合算的土压力值。使用阶段采用静止土压力,水土分算。

设备荷载:设备区按 8kN/m^2 考虑,并考虑设备吊装及运输路径的影响。

静水压力和浮力:水重度为 10kN/m^3。

2) 可变荷载

路面活载:按 $q = 20 \text{kN/m}^2$ 取用。

人群荷载:取 $q = 4 \text{kN/m}^2$。

施工活载:考虑施工时可能情况的组合;其中车站两端均为盾构始发井,由于盾构拼装引起的临时地面超载按 35kN/m^2 考虑。

列车活载:根据车辆轴重、编组和制动力计算。

计算中计及温度应力的影响。

3) 偶然荷载

(1) 地震作用。设防烈度为 7 度。

(2) 人防荷载。按 6 级抗力等级的人防荷载进行结构强度验算,并做到各个部分抗力协调。

4) 荷载组合

(1) 永久荷载 + 可变荷载;

(2) 永久荷载 + 可变荷载 + 地震作用;

(3) 永久荷载 + 可变荷载 + 人防等效静荷载。

荷载分项系数如表 3-2 所示。

荷载分项系数表　　　　　表 3-2

序号	荷载组合验算工况	永久荷载	可变荷载	偶然荷载	
				地震荷载	人防荷载
1	基本组合构件强度计算	1.35/1.2	1.4		
2	构件裂缝宽度验算	1.0	0.6		
3	构件变形计算	1.0	0.6		
4	抗震荷载作用下构件强度验算	1.0	0.6	1.3	

续上表

序号	荷载组合验算工况	永久荷载	可变荷载	偶然荷载	
				地震荷载	人防荷载
5	人防荷载作用下构件强度验算	1.0			1.0
6	构件抗浮稳定验算	1.0			

注：①重力荷载代表值仅在地震荷载作用下构件强度验算中采用，括号内数字表示该荷载对结构有利时的分项系数取值。
②"/"前表示永久荷载起控制作用时取值，"/"后表示可变荷载起控制作用时取值。
③可变荷载组合时还需要考虑设计使用年限调整系数，50 年采用 1.0，100 年采用 1.1。
④对结构设计使用年限 100 年的工程，楼面及屋面活荷载设计年限调整系数 $\gamma_L = 1.1$。

2. 结构截面尺寸及工程材料

车站主体为两层双柱 3 跨框架结构，标准段主要构件的结构尺寸如表 3-3 所示。

主要构件的结构尺寸　　　　　　表 3-3

构件名称	尺寸(m)	构件名称	尺寸(m×m)
顶板	0.8	顶纵梁($b \times h$)	1.0×1.8
中板	0.4	中纵梁($b \times h$)	0.8×1.0
底板	0.9	底纵梁($b \times h$)	1.0×2.2
侧墙	0.7	柱($b \times h$)	0.7×1.1

混凝土强度：内部结构钢筋混凝土顶板（梁）、中板（梁）、底板（底梁）及内衬墙（包括壁柱）为 C35，框柱为 C45。

3. 标准段断面内力计算

由于弹性地基梁及超静定计算比较复杂，一般用软件进行计算，图 3-2 ~ 图 3-4 是采用有限元计算软件 SAP2000 进行计算的内力包络图（图中弯矩单位：kN·m，力单位：kN）。

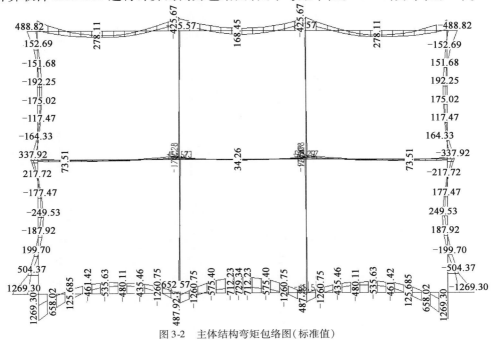

图 3-2　主体结构弯矩包络图（标准值）

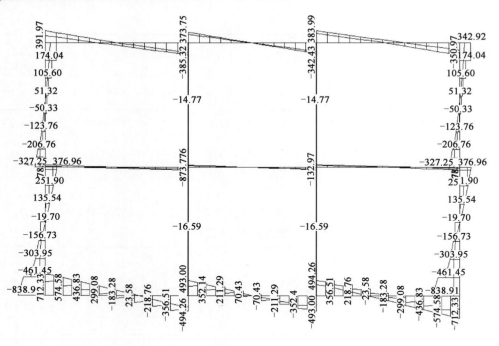

图 3-3　主体结构剪力包络图（标准值）

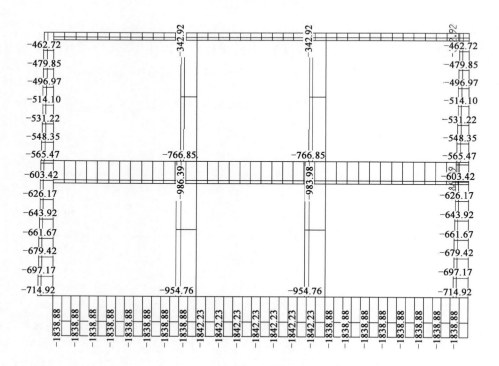

图 3-4　主体结构轴力包络图（标准值）

4. 结构内力计算结果及配筋设计

根据内力包络图,运用混凝土结构设计原理进行抗弯、抗剪、抗压(拉)情况下的配筋计算及抗裂验算,结果如表 3-4 所示。

结构内力计算结果统计表(每延米)　　　　表 3-4

构件		计算内力(标准值)		构件尺寸（mm）	配筋	配筋率（%）	裂缝宽度（mm）	备注
		弯矩（kN·m）	轴力（kN）					
顶板	端支座	489	343	800	C25@150 + C25@150	0.82	0.31	
	跨中	279			C25@150	0.41	0.063	
	中间支座	638			C25@150 + C25@300	0.54	0.146	
中板	端支座	86	984	400	C20@150	0.52	0.041	
	跨中	74			C20@150	0.52	0.045	
	中间支座	171			C20@150	0.23	0.040	
底板	端支座	1270	1842	900	C32@150 + C25@150	0.96	0.193	
	跨中	730			C32@150	0.46	0.211	
	中间支座	458			C32@150	0.60	0.044	
站厅侧墙	上端	489	463	700	C25@150 + C25@150	0.94	0.059	
	跨中	193	515		C22@150	0.36	0.059	
	下端	345	568		C25@150	0.78	0.146	
站台侧墙	上端	345	568	700	C25@150	0.78	0.146	
	跨中	250	662		C22@150	0.36	0.102	
	下端	1270	715		C25@150 + C32@150	1.23	0.190	压弯
中柱		—	9320	700×1100		2.2	—	轴压比0.77
连续墙		873	—	800		0.92	0.197	

第三节　轻轨车站结构与设计

一、轻轨车站的建筑设计

轻轨车站一般位于地面之上,人们必须上行才能到达车站的站台,因此车站具有一般地面建筑的特征及强烈的交通建筑的形体,但与大型交通枢纽的车站建筑相比又有其自身的特点。轻轨交通的车站客流以城市上班族及城市居民为主,车次较密且时间一定时,客流在车站停留候车的时间较短,具有城市地面公共交通的特征,因此不需要设置大量的候车面积,车站主要解决在短时间内安全、顺畅的集散客流,车站建筑基本以线状布置。

另外,为了节约用地并减少对城市建设的影响,轻轨线路往往结合城市交通干道,与城市

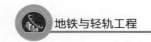

地面交通叠合建造,因此,在车站两侧建有过街的人行天桥。

轻轨车站平面设计与地铁车站有相似之处,但也有其不同的特点。相同之处在于站台候车方式、站台长度(根据车辆编组确定)、售票检票方式等;不同之处在于一个一般在地下,一个一般在地上,客流行进的方向和站厅站台的组织顺序正好相反。轻轨车站的站台层在最上层,客流向上经站厅层检票后到达站台层候车。由于车站建于地面以上,具有开敞空间的条件,不需设置庞大的空调机房而大大缩小了设备用房的面积。车站位置因线路走向的不同,有设于城市交通干道中央的,也有设于城市交通干道一侧的。车站站台的候车形式同样有岛式和侧式两种,一般以侧式站台候车为主,以利于城市架空桥道铺设。

设于城市干道中央的车站,客流需经道路两侧的人行天桥或地道进入车站的站厅层,其人行天桥和地道可兼作过街的通道。车站的站台宽度、疏散楼梯、自动梯的计算方法与地铁车站相同。车站长度取决于该线路的列车编组数量,一般轻轨的车辆比地铁车辆略短稍窄,列车编组数量也少,车站的长度也相应缩短。

车站本体分为站厅层和站台层两层,在站厅层设置客流出入大厅及售检票厅,利用回栏分隔付费区及非付费区。其过街人行天桥及地道的出入口必须设于非付费区内,管理及设备用房尽量设置于一端。由于站台候车方式的不同带来站厅楼梯位置及组合方式的不同,同时也影响到管理用房的布置及检票口的位置设置。

由于车站位于地面或架空于地面上部,因此车站形体及立面设计对周边环境及城市景观有一定影响。反之周边环境及城市景观对轻轨车站的造型、立面均提出了一定的制约条件。

轻轨车站的造型基本上由其功能决定,车站沿着轨道线路走向形成长条的形体,有时车站建在轨道曲线段上,车站也形成了弧形的条状体。从车站本体来说,基本上属于两层的车站建筑,但由于线路高程的高低差别造成了车站建筑的不同层数。为了不影响城市周边的其它交通,在车站的两侧不可能有过多的外凸体量,车站只能以其简洁、明确的形体充分体现其内部功能,形成城市轨道交通建筑的一大特征。以上海轨道交通明珠线一期工程为例,沿线 19 个车站绝大部分车站的形体和立面处理统一于车站基本功能所形成的三段式,顶部是架在钢筋混凝土框架上的轻型屋架,金属屋面板及条形采光板,中间是体现站台和站厅的车站主体围护墙体,下部绝大部分是架空层,形成了明珠线一期工程车站建筑形体的共性,然后根据各车站所处的线路位置(高、低、曲、直)、周边环境等不同情况,对车站建筑的立面造型作不同的处理,形成各自的个性。造型设计中的基本处理手法有以下几点:

(1)车站造型、立面形式与内部功能有机结合。结合车站各层功能,有的可开设窗户,有的只需设置通风百叶(如电缆夹层),有的可作半开敞空间处理,使立面形式充分反映内部功能。

(2)充分利用顶部轻型屋架构成的不同形式,形成车站外部的不同造型。

(3)在立面处理上除考虑窗户大小、比例、对位关系以外,还必须考虑设置车站名牌、标志的实体墙面。

(4)车站下部架空处理或入口大厅等尽量处理成虚的空间,或向内收进,使车站建筑轻盈地浮于上空。另外,利用过街人行天桥的轻快处理,增添车站的现代交通观感。

二、轻轨车站的结构设计

高架车站的设计与桥梁设计类似,本书不作过多介绍,但在结构设计时必须考虑以下几点内容：

（1）高架结构的造型要与城市景观相协调。高架区间的桥梁高跨比既要经济，又要美观；高架车站的造型要有地区特色，简明大方而不追求豪华。区间高架桥梁要注意防水、排水、伸缩缝、栏杆、灯柱、防撞墙等配套构件的功能和外观。

（2）高架桥在必要地段需设置隔音屏障以减轻车辆运行的噪声，桥上应设置养护、维修人员及疏散旅客的安全通道。

（3）当高架桥跨越铁路、公路、城市道路时，桥梁孔径及桥下净空应满足有关规范的限界规定。上海城市轨道交通线规定桥下最小净值高对一般道路为5m，城市主要道路为5.5m，国铁支线为5.7m，国铁和电气化铁路为6.75m。

（4）当高架桥跨越一般河流时，桥梁孔径应保证设计洪水频率，并满足流水及其它漂浮物或船只安全通过的要求。

（5）高架结构的主要技术标准除采用1435mm的标准轨距外，其它尚未有统一的标准。上海轨道交通明珠线规定的技术标准为：区间直线地段线间距不小于3.6m，站内直线地段线间距为3.6~4.0m；线路区间最小曲线半径为300m，车站站台在困难地段可设在半径不小于800m的曲线上，车场线路最小曲线半径为150m；线路最大纵坡，区间正线为3‰，其它线为3.5‰，车站站台在困难地段可设在0.5‰的坡道上；线路竖曲线半径一般为5000m，困难地段为3000m。

（6）高架桥上的护轮设施，在直线及 $R>400m$ 的曲线地段，应设钢筋混凝土护墙结构；在 $R<400m$ 的曲线地段，应设安全护轮轨。

（7）高架结构的施工应考虑到尽可能避免对城市交通和市民生活的干扰。施工现场，应不中断原有市内交通，设法降低噪声，特别要避免在临近原有建筑物附近采用打入桩；对地下管线要调查探明，若对结构基础有干扰，要采取适当的处理措施。

第四节　区间隧道设计

区间隧道是连接两个地下车站之间的建筑物，工程投资所占份额较大，所以区间隧道设计得合理与否，将对整个工程产生很大的影响。

区间隧道的设计是在线路平、纵断面设计基础上，根据沿线地形、地貌、水文地质、工程地质、环境要求、工期要求、工程投资、建筑限界及施工方法等因素确定区间路道衬砌结构、构造；再根据衬砌结构所受荷载进行结构设计，或采用以工程类比和现场量测为基础的信息化设计。

一、区间隧道的断面形式

区间隧道有矩形、圆形、多圆形、拱形及椭圆等断面形式。

矩形断面分单跨、双跨两种，其内轮廓与区间隧道建筑限界接近，内部净空可以得到充分利用，便于顶板上敷设城市地下管网设施。一般矩形断面形式及尺寸如图3-5所示。

拱形断面有单跨、双跨和多跨连拱三种形式，如图3-6所示。前者多用于单线或双线的区间隧道或联络通道，后两者多用在停车线、折返线或喇叭口岔线上。

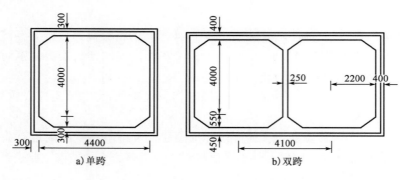

图 3-5 矩形断面(尺寸单位:mm)

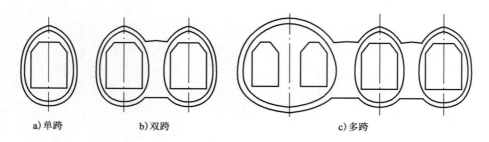

图 3-6 拱形断面区间隧道示意图

圆形断面形式,如图 3-7 所示,具有结构受力合理、线路纵向坡度、平面曲线半径变化不会改变断面形状、对内净空利用影响少等特点。其横截面的内轮廓尺寸除要根据建筑限界、施工误差、道床类型、预留变形等条件决定外,还要按线路的最小曲线半径进行验算。目前国内广州、上海、南京等城市的地铁圆形区间隧道内径均为 5.5m。

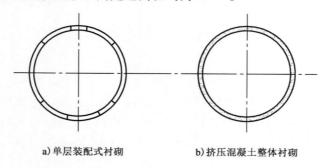

图 3-7 圆形断面区间隧道示意图

受城市既有地下构筑物的限制,近年来开发了双圆、三圆、矩形等多种盾构断面形式,如图 3-8 所示,可以采用上下、左右任意组合的结构形式,使之与周边条件相协调。

二、区间隧道的衬砌结构

明挖法建造的矩形断面隧道衬砌分为装配式和整体浇筑钢筋混凝土式结构。

预制装配式衬砌的结构形式应根据工业化生产水平、施工方法、起重运输条件、场地条件等因素选择。目前单跨和双跨较为通用。装配式衬砌各构件之间的接头构造,除了要考虑强度、刚度、防水性等方面的要求,还要求构造简单,施工方便。由于装配式衬砌整体性较差,防水较困难,目前已较少采用。

整体浇筑的衬砌指的是现浇模注混凝土衬砌,有素混凝土和钢筋混凝土两种。整体式钢筋混凝土衬砌整体性好、防水性能容易得到保证,能

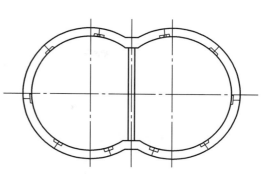

图 3-8 双圆形断面区间隧道示意图

够用于各种工程地质和水文地质条件,但施工工序较多,速度较慢,而且还需要有一定的养护时间,不能立即承载,对围岩不能做到及时支护。

隧道的衬砌一般是由初期支护、防水层和二次衬砌组成的复合式衬砌结构(图3-9)。复合式衬砌外层为喷锚支护,对围岩起加固作用,并控制围岩变形,防止围岩松动失稳。支护一般应在开挖后立即施作并应与围岩密贴结合,所以,最适宜采用喷锚支护。根据具体情况选用锚杆、喷射混凝土、钢筋网和钢支撑等单一或并用而成。喷射混凝土则有素喷混凝土和钢纤维喷射混凝土两种。因素喷混凝土抗拉强度低、抗裂性差,通常都配合钢筋网一起使用。内层为模筑混凝土,或喷射混凝土的二次衬砌,通常在初期支护封闭后尽快施作。其承受的荷载与施作的时间有关,并承受外静水压力、围岩蠕变或者围岩性质恶化和初期支护腐蚀后引起的后续荷载,提供光滑的通风表向等。防水层的作用是防水和减少二次衬砌因混凝土收缩而产生的裂缝,一般选用抗渗性能好、化学性能稳定、耐久性好,并有足够的柔性、延伸性和抗拉、抗剪的塑料或橡胶制品。

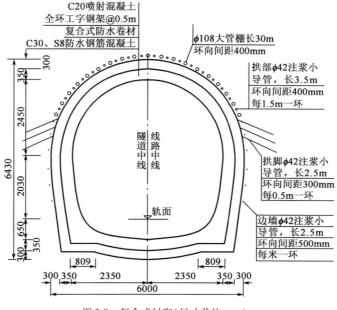

图 3-9 复合式衬砌(尺寸单位:mm)

干燥无水的坚硬围岩中的隧道衬砌，亦可采用单层的喷锚支护，不做防水隔离层和二次衬砌，但此时喷射混凝土的施工工艺和抗风化性能都应有较高的要求。衬砌的表面要平整，不允许出现大量的裂缝。在防水要求不高且围岩有一定的自稳能力时，区间隧道亦可采用单层的模筑混凝土衬砌，不做初期支护和防水层。

衬砌环的拼装形式，有错缝和通缝两种，如图 3-10 所示。错缝拼装，可使接缝分布均匀，减少接缝及整个衬砌环的变形，整体刚度大，但对管片的制片精度要求高。封顶块的拼装形式，有径向楔入和纵向插入两种。径向楔入时，封顶块的两个径向边必须呈内八字形或者平行，受载后有向下滑动的趋势，对受力不利；纵向插入时，封顶块不易向内滑动，受力较好，但在拼装封顶块时，需加长盾构千斤顶行程。封顶块位置一般设在拱顶处，也有设在 45°、135°甚至 180°处的，视需要而定。

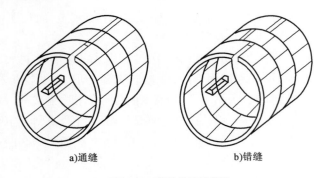

a) 通缝　　　　　　　　b) 错缝

图 3-10　管片拼缝示意图

从防水、拼装速度等方面考虑，衬砌环分块数越少越好，但从运输和拼装方便而言，又希望分块数多些。设计时，应结合隧道所处的围岩条件、荷载情况、构造特点、计算模型、运输能力、制作拼装方便等因素综合考虑决定。通常，直径 $D<6m$ 的隧道衬砌环以分 4~6 块为宜；$D>6m$ 时，可分为 6~8 块。上海和广州地铁均为 6 块。

曲线段的衬砌除与上述规定相同外，尚需在标准衬砌环之间插入一些楔形衬砌环或楔形垫板，以保证隧道向设计的方向转折。

由于施工方法不同，地铁区间隧道的断面形式、结构支护衬砌类型、结构计算方法和适用范围各异。表 3-5 列出了国内外隧道结构设计模型。

国内外隧道结构设计模型　　　　　　　　表 3-5

国家	盾构开挖的软土隧道	锚喷、钢拱支护的软土隧道	中硬石质深埋隧道	明挖施工的框架结构
中国	弹性地基圆环；经验法	初期支护 FEM，收敛约束法； 二次支护弹性地基圆环	初期支护：经验法永久支护：作用—反作用模型； 大型洞室：FEM	箱形框架弯矩分配
美国	弹性地基模型		弹性地基圆环；Proctor-white 法；锚杆法；经验法	
法国	随意性地基圆环；FEM	FEM；作用—反作用模型；经验法	连续介质模型；收敛—约束法；经验法	

续上表

国家	盾构开挖的软土隧道	锚喷、钢拱支护的软土隧道	中硬石质深埋隧道	明挖施工的框架结构
德国	覆盖$<2D$,顶部无支承的弹性地基圆环(部分弹簧模型);覆盖$<3D$,全支承的弹性地基圆环(全周弹簧模型);FEM	覆盖$<2D$,顶部无支承的弹性地基圆环;覆盖$<3D$,全支承的弹性地基圆环;FEM	全支承的弹性地基圆环;FEM;连续介质或收敛—约束法	弹性地基框架
英国	弹性地基圆环	收敛—约束法;经验法	FEM;经验法;收敛—约束法	弹性地基连续框架
奥地利	弹性地基圆环	弹性地基圆环;FEM;收敛约束法	经验法	弹性地基框架
日本	局部支承圆环;梁—弹簧模型	局部支承的弹性地基圆环;经验法加量测;FEM	弹性地基框架;FEM;特征曲线法	弹性地基框架;FEM

思考题

1. 简述地下铁道、轻轨车站的设计原则?
2. 地铁车站有哪几种分类方式?各种类型的车站有什么优缺点?
3. 地铁车站有哪些设计方法?具体的设计流程是什么?
4. 地铁结构计算的主要模型有哪些?各自的使用范围及特点是什么?
5. 轻轨车站有何特点?与一般的高架桥相比,设计时还需要注意哪些?
6. 区间隧道的断面形式有哪些?各断面形式有哪些特点?
7. 区间隧道有哪些施工、支护方式?

第四章　地铁与轻轨的轨道工程

第一节　概　　述

轨道是地铁与轻轨工程系统的主要组成部分,是运营设备行驶的基础,具有导向和承载作用。轨道结构直接承受由车轮传递的荷载,并将其直接传递给路基和桥隧等下部支承基础。为保证运营设备平稳安全运行,轨道结构应具备足够的强度和稳定性、耐久性、绝缘性及适量弹性,以保障运营设备安全运行和旅客舒适度,此外,轨道结构还需尽量满足结构简单、施工方便、维修工作量少和建设成本低等要求。

轨道结构一般由钢轨及扣件、轨枕、道床、道岔及其它附属设备等组成。按照道床的形式不同,可将轨道结构分为有砟轨道和无砟轨道两种类型。有砟轨道是指采用散粒碎石道床的轨道结构,该型结构一般由钢轨、扣件、木枕或混凝土枕、碎石道床及其它设备组成。有砟轨道结构简单、施工方便、建设成本低且维修方便,是最为常见且成熟的轨道结构类型。无砟轨道是指以整体混凝土道床代替散粒碎石道床的轨道结构,可分为有枕式无砟轨道和无枕式无砟轨道。常见有枕式无砟轨道的短轨枕或长轨枕通过有轨枕场预制而成,现场施工中在其四周浇筑或将其压入混凝土道床后而成型;无枕式轨道结构通常采用预制轨道板现场铺设而成,轨道板上留有扣件预埋件以便现场扣件安装。

不同的轨道部件,其功能和受力条件也不一样,需要通过科学可靠的方法把他们组合在一起。线路等级不同,选用钢轨等级不同,轨道结构类型也不同,与之相匹配的扣件、轨枕或轨道板等亦有所不同。组合不同的轨道结构在使用性能、适用环境、维修、运营成本以及运营成本等各方面各有不同的优劣。地铁与轻轨为城市轨道交通系统,行车密度大且处于人流密集区,承担着重要的公共交通作用,在轨道结构选型过程中需要注意如下几个方面。

1. 振动传递和噪声污染控制

运营设备高速运行,启制动将不可避免地引起周围结构物的振动,并带来噪声污染,然后城市不同区域对振动和噪声污染有着严格的控制要求。线路途径医院、高精产业等振动敏感区域需要设置减振、隔振措施,途径学校、居民区等生活区域时需降低噪声幅值,必要时线路边侧设置声屏障等设施。为达到减振降噪目的,轨道应选择具有合理弹性的结构或组件,轨道四周宜铺设吸声板等。

2. 维修工作少且维修方便

城市轨道交通是市民日常出行的重要组成部分,具有行车密度大、运营时间长的特点,轨道交通一旦长时间停滞,将引起较大的社会影响。为争取线路维修的有限时间,轨道工程须尽量选用少维修的结构类型,病害出现后,伤损的部件还需具有维修更换方便、时间少等特点。

3. 满足城市景观要求

城市轨道交通是城市的重要组成部分,外观时尚美观的线路和运营设备本身就是城市景观。为符合城市景观要求,轨道交通宜采用成熟的新技术、新材料、新工艺,轨道结构应选用结构简单、组件少的类型,有条件的线路可考虑在轨道表层、两侧铺设绿化层。

城市轨道交通轨道结构设计除需考虑减振降噪、城市景观和维修更换方面的整体要求外,还对各部件自身性能有所要求。轨道走行轨一般作为电力牵引车辆的供电回路,为减小电流泄漏造成周围金属设施的腐蚀,要求钢轨与轨下基础具有较高的绝缘性能。城市线路曲线半径小,应选用耐磨钢轨,现场使用过程中应采用涂油等减小磨耗的措施。扣件应具有良好的弹性和绝缘性,且应具有调整轨道间距、水平和高度的能力,以适应线路不均匀沉降对轨道结构的影响。

第二节 钢 轨

钢轨是轨道系统的主要组成部件,用于引导运营设备行使方向,直接承担上部运营设备,并将承受的荷载传递分散至轨枕或轨道板等,部分线路中钢轨还兼做轨道电路。

一、钢轨基本性能

运营设备巨大的压力和冲击力将引起钢轨弯曲变形,性能优良的钢轨需具有合理的抗弯刚度、抗冲击韧性和耐磨性等。合理的抗弯刚度可控制钢轨竖向挠曲和横向变形幅值,一定的韧性可避免车轮动荷载作用下钢轨折断等伤损,足够的硬度可保证钢轨在压力作用下依旧保持合理的承载形式,也可避免钢轨磨耗过快,延长钢轨使用寿命。钢轨的工作条件十分复杂,除列车荷载作用下,气候及其它因素对钢轨受力也有影响,暴露在大气环境中的钢轨需要在质量、断面、材质三个方面具备相应的要求。根据经济合理原则,钢轨还应具有断面设计合理、造价成本低等性能。

1. 足够的强度和韧性

钢轨长期在温度和列车重复荷载作用下,内部存在温度应力和弯曲应力,外部产生复杂的伸缩、扭转和弯曲变形。应力和变形一旦超过相应的要求限制,钢轨可能发生断裂或胀拱等病害,无法引导和保证列车平稳安全运行,为此钢轨需要具有足够的强度和韧性。

2. 合理的抗弯性能

列车荷载作用下钢轨不可避免地将产生弯曲变形,为保证列车运行的平顺性、旅客乘坐的舒适度,钢轨竖向挠曲变形不能超过一定限值,这就要求钢轨必须具有足够的刚度。若钢轨抗弯刚度过大,轮轨相互作用时车轮对钢轨的冲击作用明显,为避免车轮和钢轨的接触伤损,钢轨又需要具有必要的弹性。

3. 较高的抗磨抗疲劳性能

列车长期重复荷载作用下钢轨会出现不同形式的伤损,其中包括钢轨的磨耗和轨头部分的疲劳伤损。钢轨的磨耗有侧面磨耗和波形磨耗,随着轴重和通过总重的增加而增加。钢轨轨头疲劳伤损主要是由于疲劳荷载作用下钢轨材料性能降低造成的。为保持承载钢轨的外形和材料性能的稳定,钢轨需要具有较高的抗磨、抗疲劳性能。

4. 良好的可焊接性能

随着无缝线路技术的不断发展完善,无缝线路在各国线路中所占比重越来越高。无缝线路所使用的长轨条是由预制的标准长度钢轨焊接而成,为保障长钢轨质量,钢轨需要具有良好的可焊接性能。钢轨在现场使用中可能出现钢轨断裂等现象,一旦断裂后,良好的可焊性可有效降低维修更换难度。

5. 光滑平顺的外观

为引导列车高速运行,钢轨的平直度需要达到一定控制要求,钢轨的表面也需要有一个光滑的车轮滚动面,以降低车轮与钢轨之间的摩阻力,减少行车阻力。钢轨端面平直、对称与否还影响着钢轨焊接质量。此外,列车运行速度越高,对钢轨平直光滑的要求越高。

二、钢轨标准分类

按照钢轨每米质量的不同,我国现行的钢轨类型主要有 75kg/m、60kg/m、50kg/m、43kg/m 和 38kg/m 五种类型,不同类型钢轨的断面尺寸及特征见表 4-1。国际上应用最为广泛的 UIC 钢轨标准长度为 18m,我国铁路传统的钢轨长度有 12.5m 和 25m 两种,其中 75kg/m 钢轨只有 25m 标准轨。用于线路曲线内侧的钢轨采用缩短轨,两种不同长度的标准轨缩短量分别有 40mm、80mm、120mm(或 160mm)三种。

钢轨断面尺寸及特性 表 4-1

项 目	类型(kg/m)				
	75	60	50	43	38
每米质量(kg)	74.4	60.6	51.5	44.7	38.7
断面积 F(cm^2)	95.04	77.45	65.8	57	49.50
重心距轨底面距离 y_1(mm)	88	81	71	69	67
对水平轴的惯性矩 J_x(cm^4)	4489	3217	2037	1489	1204
对竖直轴的惯性矩 J_y(cm^4)	665	524	377	260	209
下部断面系数 W_1(cm^3)	509	396	287	217	181
上部断面系数 W_2(cm^3)	432	339	251	208	179
轨底横向挠曲断面系数 W_y(cm^3)	89	70	57	46	37
轨头所占面积 A_h(%)	37.42	37.47	38.68	42.83	43.68
轨腰所占面积 A_w(%)	26.54	25.29	23.77	21.31	21.63
轨底所占面积 A_b(%)	36.04	37.24	37.55	35.86	34.69
钢轨高度 H(mm)	192	176	152	140	134
钢轨底宽 B(mm)	150	150	132	114	114
轨头高度 h(mm)	55.3	48.5	42	42	39
轨头宽度 b(mm)	75	73	70	70	68
轨腰厚度 t(mm)	20	16.5	15.5	14.5	13.0

我国城轨交通目前采用的钢轨标准长度均为 25m，随着国内外铁路发展的要求及钢轨生产技术的提高，钢轨定尺长度也在不断增加，我国的鞍钢、包钢和攀钢已具备 50m、100m 定尺长度钢轨的生产能力。按照新建时速 200～250km 客运专线铁路设计相关规范要求，铁路正线钢轨应采用 100m 定尺长度。采用长定尺钢轨，不仅可成倍降低接头数量及成本，还可有效加快铺轨速度，提高轨道系统整体质量水平，具有综合性经济技术效益。长定尺钢轨在技术标准和供货上均有保障，地铁与轻轨交通工程可以优先选用长定尺钢轨。

钢轨的变形主要来自于列车荷载作用下钢轨的挠曲变形，钢轨承受的最大拉压应力幅值将出现在钢轨的上下表层，钢轨中部承受的应力幅值最小。根据梁挠曲变形特性，将钢轨断面设计为工字形，分为轨头、轨腰和轨底三部分。

钢轨头部与车轮直接接触，为降低接触面应力，减小接触面磨耗，钢轨头部常设置有足够的宽度，为适应车轮滚动，合理向下传递压力，钢轨头部通常设置成圆弧形，钢轨类型不同，钢轨头部圆弧组合曲线也有所不同。钢轨腰部承受的弯曲应力幅值较小，但也必须有足够的厚度和高度，以支撑轨头、传递荷载，轨腰两侧设计为曲线。为保持钢轨的稳定，钢轨底部需要具有足够的宽度和厚度。60kg/m、75kg/m 钢轨断面尺寸如图 4-1 所示。

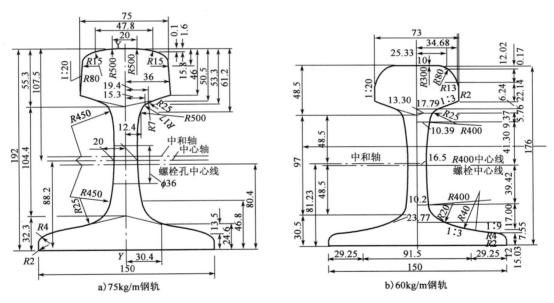

a) 75kg/m 钢轨　　　　　　　b) 60kg/m 钢轨

图 4-1　我国钢轨断面尺寸图（尺寸单位：mm）

三、钢轨型号及材质的选择

1. 钢轨型号的选择

钢轨是轨道系统的重要部件，因线路等级、地区环境、列车荷载等不同，不同线路或区域的钢轨选用类型有所不同。钢轨类型的选取，主要针对不同类型钢轨物理性能进行的。地铁与轻轨系统钢轨轨型沿用了铁路标准，常用轨型有 50 kg/m 和 60 kg/m 钢轨。目前尚未有地铁与轻轨交通的钢轨选型标准，参照国家铁路钢轨选型标准，年通过总重在 15～30Mt 时采用

50kg/m 钢轨,年通过总重在 30~60Mt 时采用 60kg/m 钢轨。

地铁与轻轨系统可根据近、远期客流,以线路全年通过的满载列车对数乘以 1.1~1.2 的系数,推算出近、远期年运量。随着城市人口的不断增加,地铁与轻轨系统的钢轨也趋于重型化。现就地铁与轻轨系统常用的 50kg/m 和 60kg/m 两种钢轨在技术性能上的不同进行对比:60kg/m 钢轨较 50kg/m 钢轨重量增加了 17.7%,可允许通过总重增加了 50%;抗弯强度增加 34%,弯曲应力减小 28%;钢轨使用寿命增加 0.5~2.0 倍,因疲劳破坏引起的钢轨更换减少 5/6,现场维修工作量减少 40%。60kg/m 钢轨的初期投资比 50kg/m 的钢轨有所增加,其耐磨性、稳定性、运行平顺性及使用寿命等诸方面均有大幅提升。国内大多数城市轨道交通正线都采用了 60kg/m 重型钢轨。相同的轨温条件下,50kg/m 的钢轨温度力只相当于 60kg/m 钢轨的 85%,用于高架线区段有助于降低梁轨纵向作用力;若定尺长度相同,普通线路中 50kg/m 钢轨比 60kg/m 钢轨可适应的最大轨温差要高近 10℃,可适应的地区更广,国外城市轨道交通工程一般倾向于采用较轻的 50kg/m(或 UIC54)钢轨。

鉴于钢轨建设成本在整个地铁和轻轨系统总建设成本中所占比例很小,所以在经济条件允许的情况下,地铁和轻轨系统中应选用使用效果良好的重型钢轨。我国《地铁设计规范》(GB 50157—2003)中 6.2.1 条规定:"正线及辅助线钢轨应依据远、近期客流量,并经济技术综合比较确定,宜采用 60kg/m 钢轨,也可采用 50kg/m 钢轨,车场线宜采用 50kg/m"。除极个别特殊区段,上海、深圳、广州等新建地铁线路正线均采用了 60kg/m 钢轨。

2. 钢轨材质的选择

钢轨材质的选择受线路条件、荷载状况、车轮刚度、施工养护等诸多因素影响。为规范钢轨的设计及使用,不同国家制定了相应的技术规范,欧洲地区可参考欧洲标准 EN13674-1—005《Railway applications Track Rail Part1:Vignole railway rails 46kg/m and above》,国内可参考的类似标准有 TB/T2344—2012《43kg/m~75kg/m 钢轨订货技术条件》等。典型的欧洲和国内钢牌号见表 4-2,国内 U71Mn 钢轨与欧洲 R260 钢轨基本等效。

欧洲及国内典型钢牌号及其性能要求　　　　表 4-2

标准类型	钢牌号	抗拉强度(MPa)	断后伸长率(%)	轨头顶面中心线硬度(HBW)
国内标准	U71Mn	≥880	≥10	260~300
	U75V	≥980	≥10	280~320
	U77MnCr	≥980	≥9	290~330
欧洲标准	R260	≥880	≥10	260/300
	R320Cr	≥1080	≥9	320/360
	R350HT	≥1175	≥9	350/390

对于半径≥400m 的曲线地段,考虑到运营期间的钢轨打磨和车轮镟修等综合维护措施,不建议使用高强度钢轨,推荐采用 U71Mn 或 R260 钢轨,以增加钢轨的可维护性。对于半径小于 400m 地段,为减少钢轨侧磨,建议采用耐磨型钢轨,如 U75V 或 R320Cr 等。《地铁设计规

范》规定:正线半径小于400m的曲线地段,应采用全长淬火钢轨或耐磨钢轨。通常情况下,我国城市轨道交通在曲线半径 $R \leq 400m$ 的地段铺设 60kg/mU75V 热轧钢轨,在 $R>400m$ 的曲线地段及直线地段铺设 60kg/mU71Mn 热轧钢轨。

四、钢轨合理使用及伤损

1. 地铁和轻轨轨道一般规定

地铁与轻轨系统借鉴传统铁路系统,对钢轨轨距和曲线超高做了一般规定。直线地段轨距(指两股钢轨头部内侧顶部下 16mm 处之间的距离)采用 1435mm,曲线地段 $R \leq 200m$ 时轨距应按规定加宽,曲线半径 $150m < R \leq 200m$ 时,针对不同车型轨距分别加宽 5mm、10mm;曲线半径 $100m < R \leq 150m$ 时,针对不同车型轨距分别加宽 10mm、15mm。按照《铁路技术管理规程》规定,轨距误差不能超过 +6mm 和 -2mm。直线地段两股钢轨应保持同一水平高度,其误差按照《铁路技术管理规程》规定,正线不得大于 4mm;曲线地段为保证行车安全和乘客舒适,曲线外轨需按规定设置超高。

钢轨顶面与车辆的车轮踏面接触部位的倾斜坡度约为 1/20;为使列车荷载能够通过钢轨轴心传递,钢轨腰部合理受力,钢轨底部应设置倾向于道心的轨底坡。《地铁设计规范》规定:"正线、辅助轨和车场线上的钢轨应设置 1/40 或 1/30 的轨底坡,但在无轨底坡的两道岔间不足 50m 的地段不应设置轨底坡"。既有线运营经验表明,设置 1/40 轨底坡的小曲线地段钢轨磨耗严重,且车轮与外侧钢轨接触面偏离轨顶中心较大,列车荷载偏离钢轨轨腰中心,若现场轨底坡适当增加,设置为 1/30 或 1/20 较为适宜。

2. 钢轨的合理使用

钢轨是地铁和轻轨系统重要的组成部分,是轨道系统发挥功能的关键设备之一。钢轨的使用应综合经济效益分析,确定钢轨合理的使用周期,实行钢轨分级使用制度,并积极做好旧轨的整修工作。

1)既有钢轨的合理使用

既有钢轨的二次或多次使用和钢轨在一次使用中的合理倒换,是延长钢轨使用寿命、提高钢轨使用效率的重要措施。钢轨的二次使用是指繁忙线路上的钢轨在整修后铺设在运量较小的线上再次使用。钢轨一次使用中的合理倒换常见形式有曲线段上下股钢轨倒换使用、曲线与直线段钢轨倒换使用等。现代钢轨的高质量、高耐久性和可靠性为钢轨的合理倒换和多次使用铺垫了基础,磨损后的钢轨在适当整修后依旧可以承担其它性能要求稍低的线路或区段。

2)伤损钢轨的合理使用

无论是全新钢轨还是使用后的钢轨,均有可能出现各种不同的病害或伤损。为使得伤损钢轨具有合理使用功能,延长钢轨使用寿命,通常将可使用的伤损钢轨进行修理。修理形式有修理厂修理和现场修理两种。常见的修理厂修理内容有机械清洗、除锈、钢轨矫直、钢轨全长探伤、钢轨接触面修整、钢轨焊接、钢轨截锯及钻孔等;现场修理主要是针对钢轨接头病害的修理,有磨修和焊补两种形式。

3)钢轨打磨

钢轨表层存在的不平顺、伤损直接影响列车运行的平顺和安全,无论是全新钢轨还是使用中的钢轨均需进行打磨,以保证钢轨始终都是高速运转车轮的合理踏面。钢轨的打磨最初应用于钢轨修理,随后转向于钢轨保养,根据钢轨打磨目的和磨削量的不同,钢轨打磨可分为预防性打磨、修理性打磨和钢轨断面打磨三类。

修理性打磨主要用来消除钢轨的波形磨耗、车轮擦伤及轨面裂纹等,钢轨的一次磨削量大,钢轨打磨周期较长。预防性打磨近来已发展成为控制钢轨接触疲劳的技术。它力图控制钢轨表面接触疲劳的发展,钢轨打磨周期较短,以便在钢轨表面裂纹萌生时就予以消除。钢轨断面打磨是通过打磨改变钢轨的轨头形状,以改善轮轨接触状态,从而最终达到控制病害发生和发展的一种钢轨打磨方式,主要有曲线地段钢轨的不对称打磨。

3. 钢轨的伤损

地铁与轻轨运营线路中针对钢轨伤损的检测、维护工作量巨大,主要是由钢轨承担功能的重要性及其工作条件的复杂性所决定的。通常所说的钢轨伤损是指钢轨在使用过程中出现了折断、裂纹及其它影响和限制钢轨使用性能的伤损。不同阶段、不同环境下可能出现不同的钢轨伤损病害,如钢轨生产制造期间的初始质量缺陷,运输和安装过程中的破损以及使用阶段出现的病害等。钢轨伤损的产生和发展,直接影响着钢轨的使用寿命和运营线路的行车安全。在钢轨的寿命期内,需要对伤损展开全过程的检测,一旦发现伤损,须及时治理,为此,钢轨的伤损检测分析技术是城市轨道交通工务专业技术人员必须掌握的技术。

按照原铁道部的技术标准,钢轨伤损可分为 9 大类共 32 种。相较于国铁,地铁与轻轨交通工程因其车辆轴重轻、车种单一、运营时间长、行车密度大、安全性要求高、维修条件差、地下线路所占比重大,其钢轨伤损对外表现出自身的特点。依照多年的线路调查和检测数据资料,地铁与轻轨线路中常见的钢轨伤损主要有五大类,分别为钢轨侧磨、轨顶面伤损、焊接接头伤损、轨脚锈蚀和轨头核伤。

1)钢轨侧磨

钢轨侧磨是地铁等城市轨道交通线路中最为典型的伤损病害,主要是因为城市轨道交通线路中采用的曲线半径较小,且曲线区段设置数量多而密。列车通过曲线时,轮缘撞击或贴靠曲线外轨钢轨内侧,其作用力随着曲线半径的减小而增大。除线路曲线段钢轨侧磨明显外,在密集的行车安排下,列车的蛇形运动也引起了直线段钢轨的侧磨伤损。统计发现,较严重的钢轨侧磨现象均发生在曲线半径较小的区段,为此,日常检测中需要加强对小半径曲线地段的巡检,并主要检测其磨耗量变化。侧向磨耗的出现会引起机车车辆的剧烈晃动,常见的控制措施有两种,一是采用磨耗型车轮踏面,采用径向转向架等,二是采用耐磨钢轨,加强养护维修,设置合理的轨距、外轨超高及轨底坡,增加线路的弹性,在钢轨侧面适当涂油等。

2)轨顶面伤损

钢轨顶面在使用过程中出现的常见伤损主要包括波形磨耗和轨顶面裂纹,该类伤损严重程度随着列车轴重和通过总重的增加而增大。波形磨耗是指钢轨顶面上出现的波状不均匀磨耗,按其波长分为短波(或称波纹形磨耗)和长波(或称波浪形磨耗)两种。其中波纹形磨耗为波长 50~100mm,波幅 0.1~0.4mm 的周期性不平顺,波浪形磨耗为波长 100mm 以上,

3000mm以下，波幅2mm以内的周期性不平顺。鱼鳞伤是最为常见的轨顶面裂纹，通常在钢轨轨头内侧首先出现细微裂纹，随着裂纹扩展形成鱼鳞伤。鱼鳞伤随着裂纹的发展还会产生剥离掉块，甚至可能发展成核伤。

导致钢轨顶面伤损出现的根本原因就是轮轨接触疲劳影响，当钢轨表面接触应力超过金属材料的弹性极限时，轨面会产生塑性变形，因而形成接触疲劳。钢轨顶面伤损的出现不仅会引起频繁换轨换轮而造成直接经济损失，而且还可能因钢轨断裂、车轮损毁造成重大事故，危及地铁与轻轨等轨道交通线路的行车安全。轨顶面伤损出现的外因是机车车辆的动力作用，内因是钢轨材质自身的性能，目前尚没有有效解决轨顶面伤损的办法，主要依靠钢轨机械打磨来消除轨顶面伤损。

3) 焊接接头伤损

地铁与轻轨线路中均已广泛使用无缝线路，极大地减少了钢轨轨缝的存在，有效地抑制了传统的普通线路钢轨接头处的冲击振动，但是由于轮轨作用关系的复杂性以及接头焊接工艺及下部支撑的弹性分布等原因，地铁与轻轨运营线路上钢轨焊接接头仍是轨道结构的薄弱环节之一。地铁与轻轨线路中常见的钢轨焊接接头伤损包括焊头内部质量缺陷（如灰斑、光斑、过烧、裂纹）和夹渣等，以及焊接接头外观缺陷（如错位、低陷等）。

4) 轨脚锈蚀

地铁与轻轨线路中地下线路所占比重大，城市地下线路中常出现地下水渗漏等问题，轨道结构通常采用道床板顶面横向坡度与线间或线路两侧设置排水沟的组合方式进行排水，限于隧道内特殊的工作环境，轨道结构可能会长期处于潮湿状态下，所以地铁与轻轨线路中钢轨的锈蚀问题较国铁要严重得多，特别是与潮湿物件直接接触的钢轨轨脚位置。

5) 轨头核伤

钢轨头部的钢材内部若存在微小裂纹或缺陷，在列车动荷载的重复作用下，细小裂纹或缺陷四周将首先成核，然后向四周发展，最后钢轨将在毫无征兆的情况下猝然折断。轨头核伤的存在将严重影响行车安全。钢轨内部材质的缺陷是形成核伤的内因，微小裂纹的出现常是因钢轨内部存在夹杂物。地铁与轻轨线路中钢轨轨头核伤出现的数量比例较小，但其危害性较大，极易造成断轨事故，为确保行车安全，需要定期对钢轨进行探伤检查。

有机地统一钢轨重型化、强韧化和纯净化是有效控制钢轨伤损的重要途径，可采用的措施有纯净化钢轨材质，控制杂物的形态；采用淬火钢轨，发展优质重型钢轨；合理使用钢轨，启用高等级线路的旧轨，钢轨打磨常态化等等。在地铁与轻轨线路的工务管理中，应建立钢轨伤损数据库，加强日常检测，以便及时有效地进行处置。

五、钢轨的联结

钢轨联结是将标准长度钢轨联结成长钢轨，使多根标准轨协同受力及变形。按照联结方式不同，可将钢轨联结分为接头联结和焊接联结两种方式。

1. 钢轨接头联结

用夹板和螺栓联结两侧钢轨的方式称为钢轨接头联结，按照钢轨接头相对轨枕位置的不同，可将其分为悬空式和承垫式两种，我国一般采用悬空式接头联结；按照两股钢轨接头相对位置的不同,可将其分为相对式和相错式两种,正线钢轨接头一般采用相对式联结,曲线内侧钢轨采用长制缩短轨调整钢轨接头位置。辅助线和车场线半径小于或等于200m的曲线地段钢轨接头应采用相错式联结,错接距离不应小于3m。

为适应钢轨热胀冷缩的需要,在钢轨接头处应预留轨缝。当轨温达到当地最高轨温时,轨缝应大于或等于零,使轨端不受挤压力,以防温度压力太大而胀轨跑道;当轨温达到当地最低温度时,轨缝应小于或等于构造轨缝,使接头螺栓不受剪力,以防止接头螺栓拉弯或拉断。铁路规定轨缝一般不应大于8mm。

按性能的不同,钢轨接头可分为普通接头及特种接头两种。

1)普通接头

普通接头联结零件是由夹板、螺栓、弹簧垫圈等组成。

夹板是承受弯矩、传递纵向力、阻止钢轨伸缩的重要部件,要求有一定的垂直和水平刚度及足够的强度。夹板的形式很多,在我国线路上曾经使用的有平板式、角式、吊板式及双头式等,如图4-2所示。

a)平板式　　　b)角式　　　c)吊板式　　　d)双头式

图4-2　接头夹板

目前我国主要采用斜坡支承双头对称型夹板,简称双头式夹板。双头式夹板的优点是在竖直荷载作用下,具有较大的抵抗挠曲和横向位移的能力。夹板的上下两面均有斜坡,使能楔入轨腰空间,但不贴住轨腰,这样,当夹板稍有磨耗,以致联结松弛时,仍可重新旋紧螺栓,保持接头联结的牢固。每块夹板上有螺栓孔6个,圆形孔与长圆形孔相间。圆形螺栓孔的直径,较螺栓直径略大,长圆形螺栓孔的长径较螺栓头下凸出部分的长径略大。依靠钢轨圆形螺栓孔直径与螺栓直径之差,以及夹板圆形螺栓孔直径与螺栓直径之差,就可以得到所需要的预留轨缝值。图4-3即为我国60kg/m钢轨用夹板图。

接头螺栓、螺母是用来夹紧夹板和钢轨的配件,垫圈是为了防止螺栓松动。螺栓根据其机械性能分级,我国螺栓划分为8.8、10(或10.9)级两个等级,其抗拉强度相应为830MPa和1040MPa。接头螺栓的扭矩应达到表4-3的规定,扭矩不得低于规定值100N·m。正线和辅助线钢轨接头螺栓和螺母的强度等级应采用10.9级或10级,并采用高强度平垫圈,车场线接头螺栓可采用8.8级。

接头螺栓扭矩表　　　　表4-3

项目	单位	25m长钢轨						12.5m长钢轨	
		最高、最低轨温差>85℃			最高、最低轨温差≤85℃				
轨型	kg/m	60及以上	50	43	60及以上	50	43	50	43
螺栓等级	—	10.9	10.9	8.8	10.9	8.8	8.8	8.8	8.8
扭矩	N·m	700	600	600	500	400	400	400	400
C值	mm	6			4			2	

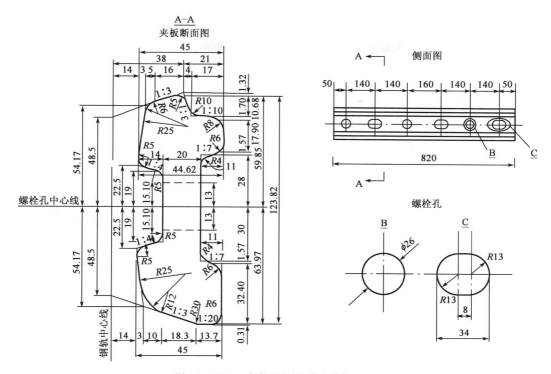

图 4-3　60kg/m 钢轨用夹板（尺寸单位：mm）

2）特种接头

按照性能的不同，不同于普通接头的特种钢轨联结方式有异形钢轨联结和绝缘接头、导电接头、伸缩接头、冻结接头、减振接头联结几种。

铁路等级不同，以及同一级别线路的正线、到发线和站线，从技术经济方面考虑，通常采用不同类型的钢轨。常规采用的联结方式有：异形夹板联结和异形钢轨联结，如图 4-4 所示。采用异形夹板联结两种不同类型的钢轨时，异形夹板的一半应与一端同型钢轨断面相吻合，另一半则与另一端钢轨断面相吻合。异形钢轨两端使用各自标准的接头夹板，联结不同型号的钢轨，一般要求其过渡段不短于 150mm。异形钢轨按制造方法可分为焊接式异形钢轨与整体锻造式异形钢轨。铁路系统轨道设计规范规定正线轨道不同类型钢轨必须采用异形钢轨

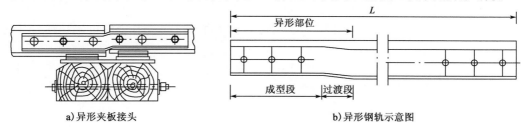

a）异形夹板接头　　　　　　　　b）异形钢轨示意图

图 4-4　不同类型钢轨的联结

绝缘接头是轨道电路自动闭塞区段的重要组成部分，设于闭塞分区两端的钢轨接头处，其作用是保证轨道电路在闭塞分区之间的互相隔断。目前采用的绝缘接头主要有普通高强绝缘接头及胶接绝缘接头，如图 4-5 所示。由高强零件组成的夹板式绝缘接头通常由高强绝缘螺

栓、高强性能垫圈、高强钢平垫、槽形绝缘板及绝缘套管等组成。胶接绝缘接头适应超长无缝线路因取消缓冲区的要求而采用的一种钢轨绝缘接头,主要由绝缘垫层、黏接夹板与胶接层组成。在接头钢轨的端部与侧面要加垫具有足够强度的绝缘垫层和套管,以绝缘轨道电路。在结构上,钢轨端面有对接和斜接两种。斜接接头轨端接触面大,可发挥胶黏剂剪切强度大的优势,增大接头承载能力。

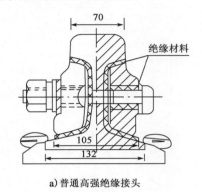 

a) 普通高强绝缘接头　　b) 胶接绝缘钢轨接头　　c) 全断面夹板

图 4-5　钢轨绝缘接头

导电接头应用于自动闭塞及电力牵引区段,信号电流和牵引电流都要依靠钢轨传导,所以在钢轨接头处必须设置两轨间的导电装置。导电连接装置有塞钉式和焊接式两种。

伸缩接头又称为伸缩调节器,常见于温度跨度大于100m的铁路桥梁上,因钢轨的伸缩主要由于温度变化引起,故又称钢轨温度调节器。由于梁、轨材质和工作环境不同,温度或日照等因素变化时可能引起二者纵向变形幅值不同,进而引起相互作用,钢轨内力的增加将导致线路破坏。伸缩接头由基本轨与尖轨相贴组成,基本轨及尖轨安装在共同的长垫板上,并用特制的轨撑及扣板将基本轨与尖轨保持在正确的位置上,如图4-6所示。按照平面形式的不同,伸缩调节器可分为双尖形、斜线形、折线形、曲线形等四种。伸缩量较小时可采用双尖形;伸缩量较大时可采用斜线形或折线形,这两类伸缩调节器设计

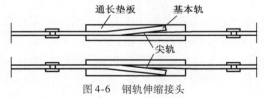

图 4-6　钢轨伸缩接头

中一般是保持基本轨不动、尖轨纵向伸缩,变形过程中可能引起轨距变化,对列车高速运行和伸缩调节器养护不利;地铁与轻轨设计中目前一般采用曲线形钢轨伸缩调节器,其尖轨固定不动,基本轨纵向伸缩,可很好地保持轨距不变,且基本轨和尖轨始终保持密贴,平顺性好,行车平稳,可适应的钢轨伸缩量大。

冻结接头系指采用夹板与高强螺栓联结钢轨,使轨端密贴或预留小轨缝,将钢轨锁定阻止其伸缩的一种接头形式,有普通冻结接头和新型冻结接头两种。减振接头又称承越式接头,是指在钢轨接头处线路外侧夹板中间部分加高至与钢轨头部持平,当车轮通过轨缝时,减振夹板的顶面与钢轨顶面同时接触车轮,减振夹板的刚度大,可减小车轮通过轨缝的折角和台阶,减缓车轮的冲击振动,使车轮能平顺过渡,达到减振的效果。

2. 钢轨焊接联结

钢轨焊接是指将标准长度的钢轨在工厂或现场用焊接方法焊接成所需长度的长钢轨,铺

设于无缝线路的一种钢轨联结方式。随着无缝线路技术的不断发展,钢轨焊接要求和技术也越来越高。钢轨焊接联结可消除钢轨接头,大大减少钢轨接头破损。钢轨焊接的主要方法有闪光接触焊、气压焊和铝热焊。

闪光接触焊是以强大的电流通过对接钢轨之间较大的电阻产生大量热量,让钢轨加热到塑性状态,然后以极快的速度予以挤压。气压焊是气体燃烧的火焰加热钢轨接头,使其温度达到1200℃左右,轨端成为塑性状态,在预施的压力挤压下两股钢轨挤压焊接在一起。铝热焊是利用铝热焊剂的剧烈化学反应,焊剂中铁的氧化物被铝还原成铁水,同时产生大量热量,把高温铁水浇筑于固定在两轨轨缝处的砂型内,将两侧钢轨联结在一起。

闪光接触焊焊接速度快、焊接质量稳定,焊接时间短且焊接质量好,焊接强度可达到母材强度的95%以上,但所需电源功率大;气压焊一次性投资小,无需大功率电源,焊接时间短且焊接质量好,焊接强度为母材强度的90%~95%,但焊接时对接头断面的处理要求十分严格,且焊接时需要钢轨有一定幅度的移动,不适用于超长钢轨的焊接;铝热焊接方法较为简单,对操作人员的要求相对较低,可在钢轨固定的情况下进行焊接,但焊接质量不如接触焊和气压焊,焊接质量一般为母材强度的70%~90%。

工程实施中,可根据实际情况选择焊接方法。在我国地铁早期建设中,通常是采用气压焊在工厂里将标准轨焊接成长钢轨,再将运输到现场的长钢轨焊接成长轨节。随着我国轨道交通的不断发展,对钢轨现场焊接的质量和时效越来越高,对移动式闪光焊的需要也越来越大。以北京地铁5号线为例,正线全长27.515km,折合焊头4300多个,其中闪光焊接接头4100多个。移动式闪光焊焊轨机作业具有效率高、焊接质量好等优点,同时也存在发电机组噪声大、烟尘大等环境污染问题。由于移动式闪光焊焊轨车配有发电机组,既可以在基地也可以在线路上进行焊接作业,特别适用于新建线路的作业。此外,移动式闪光焊焊轨车占道时间长,并不适用于既有线中运输繁忙线路上的焊接作业。常见的移动式闪光焊焊轨机见图4-7。

图4-7 移动闪光焊焊轨机

第三节 扣 件

钢轨与轨枕之间的联结是通过中间联结零件实现的。中间联结零件又称为扣件,其作用是将钢轨固定在轨枕上,保持轨距和阻止钢轨相对于轨枕的纵、横向移动,并防止钢轨倾覆翻转。此外,扣件还为采用混凝土轨枕的轨道提供弹性。

一、扣件基本性能

线路几何状态如钢轨的高低、水平、翻转控制等主要是通过扣件实现的。此外,扣件还为

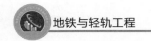

轨道提供必要的弹性。为实现功能,设计合理的扣件需要具备如下性能:

1. 足够的扣件强度

要求扣件垂向受力 55kN,横向受力 40kN,经过 200 万~300 万次疲劳试验,扣件零部件均无损坏或磨耗;扣件抗拔力不小于 60kN,防爬力不小于 8kN。根据北京地下铁道轨道动测资料,曲线半径为 200m,车道行车速度为 50km/h,扣件受到的最大横向力 37kN,为此一般要求扣件抗横向力不小于 40kN。

2. 足够的扣压力

足够的扣压力是实现扣件联结钢轨与轨枕的重要保证。扣件的纵向阻力要大于道床纵向阻力,以保证钢轨与轨枕协同移动。根据北京地铁现场防爬试验和多年运营经验,一组扣件的扣压力大于 12kN 就能制止钢轨爬行。然后,扣件扣压力不宜过大,否则会使扣件弹性急剧下降,影响扣件使用寿命。

3. 良好的弹性

扣件应具有良好的弹性,以减少列车荷载的冲击,使钢轨承受的荷载能均匀地传递到道床板上。高弹性扣件具有减振降噪功能,整体式轨道结构对扣件的弹性要求要高于传统有砟轨道。根据地铁与轻轨交通车辆轴重及减振需要,一般扣件垂向静刚度应为 220~290kN/cm,横向静刚度应为 220~600kN/cm,高弹性扣件垂向静刚度较低。

4. 一定的轨距和高低调整量

为适应轨面高程及轨距变化的需要,钢轨扣件应在各方向上具有充分的调整量。相较于碎石道床,地铁与轻轨高架整体道床的扣件需要较大的调整量,以适应预应力梁的徐变和桥墩的不均匀沉降。

5. 良好的绝缘性

扣件应具有良好的绝缘性能,以减小迷流,扣件绝缘部件工作电阻应大于 $10^8\Omega$。

6. 构造简单,安装拆卸方便

扣件结构应力求简单,尽量标准化、通用性好且造价低,便于安装和拆卸,降低养护维修工作量。

二、扣件类型

扣件系统通常由扣压件、固定螺栓、减振垫板、铁垫板,以及轨距调整部件、高低调整部件组成。扣件形式不同,各部件形式也不一样。扣压件通常有扣压板和弹条两种形式,通过扣压钢轨实现对钢轨约束。减振垫板通常采用橡胶垫板,设置在钢轨和承轨台之间,减小车辆振动,降低噪声。

地铁和轻轨系统扣件基本上是在国铁弹条扣件基础上设计的,结构形式多样,种类繁多。按照扣件与轨枕、钢轨联结方式的不同,可分为不分开式和分开式两类。不分开式扣件是用道钉将钢轨、垫板同时联结在轨枕上,分开式扣件将钢轨与垫板、轨枕与垫板分别联结。按照混凝土枕有无挡肩可分为有挡肩扣件和无挡肩扣件,按照 T 形螺栓的有无可分为有 T 形螺栓扣件和无T形螺栓扣件。地铁系统常见扣件有DTⅠ、DTⅢ、DTⅣ、DTⅥ、DTⅦ3型和单趾弹簧扣件、弹条Ⅱ型扣件、WJ-Ⅱ型扣件,以及减振型扣件等等。

按照单组扣件提供的钢轨纵向伸缩阻力大小的不同,还可以分为常阻力扣件和小阻力扣件两种类型。地下线区段一般采用常阻力扣件,如DTⅢ型、DTⅥ2型和弹条Ⅱ型扣件等;小阻力扣件如WJ-2型、DTⅦ2型扣件等一般应用于高架线区段。因地铁与轻轨线路减振降噪性能要求较高,地铁与轻轨线路中还普遍采用减振型扣件,如GJⅢ型扣件、LORD胶结弹性扣件、Cologne-Egg弹性扣件等。扣件的类型很多,现对轨道交通高架线和地下线常用扣件进行介绍。

1. 高架线

1) WJ-Ⅱ型扣件

WJ-Ⅱ型扣件为无挡肩弹性分开式扣件,适用于60kg/m钢轨,如图4-8所示。WJ-Ⅱ型扣件为高架无缝线路小阻力、大调高量扣件,扣件由轨下复合胶垫、铁垫板、板下胶垫、T形螺栓、专用弹条等部件组成,由尼龙套管及螺旋道钉固定于轨下基础。扣压件为$\phi 18mm$弹簧钢,单个弹条初始扣压力为4kN,扣件节点静刚度40~60kN/mm;轨距调整量为+10mm、-10mm,高低调整量40mm,其中轨下调高10mm,铁垫板下调高30mm。

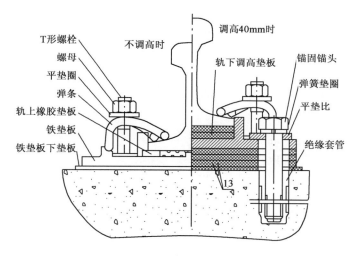

图4-8 WJ-Ⅱ型扣件

轻轨系统中运用WJ-Ⅱ型扣件较多,经上海明珠线一期工程运营考验多年,使用状况良好。与其它常见扣件相比,WJ-Ⅱ型扣件的不足之处在于刚度较高,不利于钢轨减振。

2) DTⅦ2型扣件

DTⅦ2型扣件为DTⅦ型扣件(图4-9)的改进型,为小阻力无挡肩弹性分开式扣件,匹配60kg/m钢轨,适用于轨道交通高架线路。扣压件为$\phi 13mm$的W形弹条,通过预埋套管与轨枕联结。螺旋道钉采用M30;轨下采用8mm厚的橡胶垫板,铁垫板下采用12mm厚微孔胶垫,梁端部分的轨下采用不锈钢板或复合胶板;轨距调整量为+8、-12mm,高低调整量30mm。北京、天津地铁和上海地铁2号线东延线高架桥上使用了该型扣件,应用效果良好。

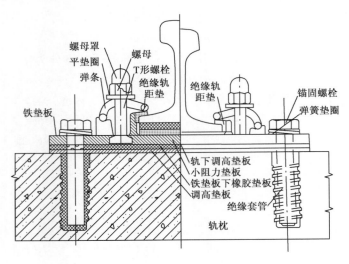

图 4-9 DTⅦ型扣件

在日照和温度等外部环境影响下,铺设在高架桥上的无缝线路无法和下部桥梁保持相同幅度的伸缩变形,为此产生梁轨相互作用的附加应力,增大钢轨内部应力,从而可能引起线路破坏。高架桥上采用小阻力扣件可以有效降低梁轨相互作用,常见的高架桥上小阻力扣件除了 WJ-Ⅱ型扣件、DTⅦ2 型扣件外,还有 WJ-Ⅰ型扣件、轻轨Ⅰ型和Ⅱ型扣件等。

2. 地下线

1) DTⅠ型扣件

DTⅠ型扣件为有挡肩弹性分开式扣件,适用于 50kg/m 钢轨,如图 4-10 所示。扣压件为弹性扣板,通过轨距调整块调整轨距,目前调整量达到 +8mm、-12mm。扣件沟槽形橡胶垫板高 10mm,铁垫板下设一层 8mm 厚塑料垫板,具有绝缘作用,扣件高低向调整量为 +10mm、-5mm。扣件与轨枕联结,采取在轨枕内预埋玻璃钢套管,螺栓道钉安装拆卸方便。北京地铁一、二期工程采用了 DTⅠ型扣件,应用效果良好。

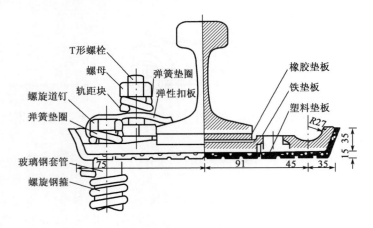

图 4-10 DTⅠ型全弹性分开式扣件(尺寸单位:mm)

2) DTⅢ、DTⅣ型扣件

DTⅢ、DTⅣ型扣件结构形式相同,为有挡肩弹性分开式扣件。DTⅢ型扣件适用于60kg/m钢轨,DTⅣ型扣件适用于50kg/m钢轨,两种扣件均适用于整体道床的一般减振地段。零部件主要有扣压件、轨距垫、铁垫板、橡胶垫板、螺旋道钉、玻璃钢套管。两种扣压件均采用国铁定型的 $\phi13mm$ 的"W"形弹条,使用轨距垫调整轨距,轨距调整量为 +8mm、-12mm;轨下设置10mm厚橡胶垫板,铁垫板下设置厚度16mm的橡胶垫板,扣件可调高低为 -5mm、+30mm。DTⅢ、DTⅣ型扣件垂直静刚度约为21kN/mm。DTⅢ、DTⅣ型扣件具有较好的竖向弹性,横向也具有一定的弹性,减振效果较好,适用于隧道内一般减振地段。

上海地铁1、2号线上采用了DTⅢ型扣件,北京地铁复八线复兴门至西单段铺设了DTⅣ型扣件,经多年运营实践,状况良好。DTⅢ、DTⅣ型扣件为有挡肩式,扣件调高量有限,且扣件零部件较多,构造较复杂,养护维修不便。

3) DTⅥ2型扣件

DTⅥ2型扣件为无挡肩弹性分开式扣件,适用于50kg/m、60kg/m钢轨。扣压件为 $\phi18mm$ "e"形弹簧钢制造而成的DT弹条,单个弹条初始扣压力8kN,弹程为10.5mm。扣件取消了T形螺栓,调整量为 +8mm、-12mm。采用轨距块调整轨距,轨下和铁垫板下分别设置厚度为10mm和16mm的圆柱形粒子,调高量 +30mm。节点静刚度 20~40kN/mm,与DTⅢ型扣件相同。扣件通过T30螺旋道钉及尼龙套管与轨枕联结,"e"形弹条直接穿入铁垫板的铁座内。

DTⅥ2型扣件结构简单,无T形螺栓,零部件少,造价低,制造、安装和维修便利,为少维修扣件,如图4-11所示。无挡肩型扣件使轨距和高度的调整能力增强,调整储备量较大,可满足地铁与轻轨线路中不利情况下的使用要求。DTⅥ2型扣件存在的问题是"e"形弹条经长期运营后会发生小幅松弛,扣压力有所降低。DTⅥ型扣件是专为青岛、沈阳和上海地铁2号线轨道铺设研制,改进后DTⅥ2型扣件大量应用于北京、天津地铁线路,经现场通车观测,扣件性能和减振效果良好。

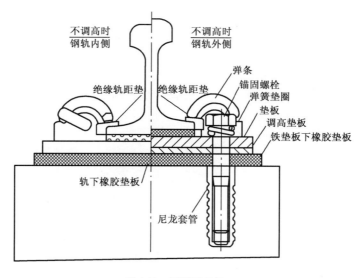

图4-11 DTⅥ型扣件

4) 弹条Ⅱ型分开式扣件

弹条Ⅱ型分开式扣件为无挡肩弹性分开式扣件,适用于60kg/m钢轨,是铁科院专为地铁工程研制的。扣件选用国铁标准Ⅱ型弹条,为 $\phi 13mm$ 的弹簧钢,单个弹条扣压力不小于9kN,绝缘套管抗拔力大于60kN,弹条与铁垫板通过T形螺栓联结。扣件节点垂直静刚度35~50kN/mm,调高量20mm,轨距调整量为 $+8mm$、$-12mm$。钢轨与铁垫板下可同时设置弹性垫板,具有较好的减振降噪效果,适用于地下线一般减振要求地段。弹条Ⅱ型分开式扣件具有安全储备大、残余变形小等优点,目前已成功应用于深圳、天津地铁。

5) 单趾弹簧扣件

单趾弹簧扣件为无挡肩弹性分开式扣件,适用于60kg/m钢轨。扣压件采用 $\phi 20.6mm$ 单趾弹簧,单个弹条扣压力为5.6kN。扣件通过预埋塑料套管和螺钉紧固铁垫板,套管抗拔力不小于80kN。扣件采用轨下和铁垫板下双层橡胶垫板,扣件静刚度为50~60kN/mm。铁垫板上带1:40的轨底坡,混凝土枕或道床板不设轨底坡。广州地铁1、2号线、长沙地铁使用了该型扣件。

6) Cologne-Egg弹性扣件

轨道减振器扣件通常是指Cologne-Egg弹性扣件,一般应用在减振要求较高地段。扣件轨距调整量 $+8$、$-12mm$,调高量30mm。扣件承轨板与底座之间通过减振橡胶硫化粘贴在一起,利用橡胶圈的剪切变形获得较低竖向刚度,扣件节点静刚度为11~13kN/mm。试验发现,Cologne-Egg弹性扣件较DTⅠ型扣件的振动传递减小15~30dB,较DTⅢ型扣件减小10~20dB。此类减振器的减振性能介于一般扣件与浮置板之间,国内南京、上海、广州地铁等在减振要求较高地段均有铺设该型扣件。Cologne-Egg弹性扣件存在的缺点是铺设运营后减振性能衰减较快,另外硫化橡胶圈易脱落,对保持轨距较为不利。

7) Lord胶结弹性扣件

Lord胶结弹性扣件又称为钢轨固定器,是美国Lord公司生产的一种减振型扣件。该型扣件垫板采用橡胶粘贴铸铁板形成整体组合式弹性垫板,垫板表面全部由橡胶覆盖,提高了垫板的耐腐蚀性,延长了使用寿命,并具有更好的电绝缘性能。扣件的静刚度可有较大幅度的调整,一般情况下,静刚度值为15~25kN/mm。扣件整体性强,维修更换方便。试验表明,地下线中该型扣件较普通扣件可减小振动噪声13dB,适用于减振要求较高区段。Lord胶结弹性扣件大量应用于华盛顿、芝加哥、温哥华、纽约、洛杉矶、吉隆坡、中国台北等城市的地铁中,运营实践表明效果良好。Lord公司在上海设有生产基地,扣件中的螺栓道钉、尼龙套管、弹条等采用国铁定型设计。

8) Pandrol-Vanguard扣件

Pandrol-Vanguard扣件是一种新型扣件系统,可有效阻止钢轨振动传递到周围环境,避免对线路沿线或上方建筑的干扰。与传统扣件扣紧钢轨轨脚的固定方式不同,Pandrol-Vanguard扣件是通过弹性支撑件扣紧钢轨上部,荷载作用下,钢轨可在钢轨座下方间隙内向下变形,扣件弹性支撑组件横向扣压力将抑制钢轨的纵向移动。Pandrol-Vanguard扣件系统有嵌入型和底板型两种基本结构。这两种结构拥有相同的大部分关键部件:弹性楔块、侧板、锁紧楔块、挡肩、锁紧弹条、防撞垫板等。实验室试验发现,在荷载范围5~35kN时,扣件垂向静刚度为4.2kN/mm,垂向动刚度为6.0kN/mm。国内广州地铁、长沙地铁等线路上有采用先锋扣件,减振降噪效果良好。

9）GJ-Ⅲ型减振扣件

GJ-Ⅲ型减振扣件为无挡肩弹性分开式扣件,主要由轨下非线性弹性垫、上铁垫板、中间非线性弹性垫、下铁垫板和自锁装置等组成。其中轨下弹性垫板由带有钉柱的弹性凸体及连接板组成。一般情况下,扣件节点垂向静刚度为10~15kN/mm。GJ-Ⅲ型扣件采用了"非线性高扭抗减振垫板"设计,能在钢轨变形安全条件下使垂向静刚度降低,最低可达5kN/mm。随着荷载的增大,变形递增减小,刚度非线性急剧提高,提高了扭转刚度,可有效控制钢轨轨头横向变形。GJ-Ⅲ型扣件作为中等减振的弹性扣件,已在广州地铁、上海地铁、杭州地铁、成都地铁等线路得到广泛应用。

随着对振动噪声污染认识的深入,城市对减振降噪要求越来越高。为降低列车运营噪声,城市轨道交通系统通常在人员密集生活区域采用具有减振降噪性能的扣件。轨道减振器扣件为无挡肩弹性分开式扣件,椭圆形外形,轨道减振器垂向静刚度为8kN/m。

地铁和轻轨系统中采用的扣件基本为分开式扣件,常用扣件的区别在于挡肩形式和扣压件锚固形式不同。有挡肩扣件为我国早期地铁所采用的扣件形式,该类扣件受挡肩限制,轨距和高低调整量较小,养护维修困难。扣压件锚固形式的不同主要在于是否采用T形锚固螺栓锚固。T形螺栓扣件扣压力可调、调高量大,但扣件零部件较多,结构复杂,养护维修工作量较大。扣件设计和选型时尽量选择无挡肩式、结构简单、零部件少且养护维修工作量少的类型。

在扣件的设计和选型中,地下线和高架线两种不同区段的扣件形式相同,但高架线路一般选用小阻力弹性扣件。高架线路暴露在大气环境中,温度变化将引起钢轨与桥梁变形,为减小桥梁与钢轨之间的相互作用力,要求扣件扣压力较小。高架线区段通常在合适的位置铺设小阻力垫板来减小钢轨与扣件之间的摩擦阻力。地下线采用的扣件主要有DT系列扣件和单趾弹簧扣件,高架线采用的扣件主要有WJ-Ⅱ型扣件和DTⅦ2型扣件。

第四节 轨下基础

轨下基础部分包括轨枕及道床,其中轨枕是直接支承钢轨的部件,并将上部荷载分散传递至道床等下部基础上。轨枕应具有必要的坚固性、弹性和耐久性,能够抵抗纵向和横向移动,可有效地保持轨道的轨距和方向。

一、轨枕

1. 轨枕类型

地铁与轻轨系统沿用铁路轨枕系统,并不断发展,形式多样。按照轨枕材质的不同,轨枕可分为预应力木枕、钢筋混凝土枕(简称混凝土枕)和钢枕。我国地铁与轻轨系统中尚未有使用钢枕。普通木枕分Ⅰ型、Ⅱ型两种,枕长度均为2.5m,枕高分别为16cm、14.5cm。木枕断面一般为矩形,其断面形状如图4-12所示。地铁中应用的木枕必须经过注油防腐处理,正线木枕应采用Ⅰ型,车场线木枕宜采用Ⅱ型。地铁与轻轨系统中一般采用混凝土枕,混凝土枕自重、刚度大,使用寿命长,较大的纵横向阻力提高了线路稳定性。混凝土轨枕按照配筋方式的不同,可分为普通钢筋混凝土枕和预应力钢筋混凝土枕两大类。我国采用整体式预应力钢筋混凝土枕较多,简称混凝土枕(PC 枕)。该型轨枕具有良好的抗弯抗裂性能,用钢量较少。

  按照轨枕构造形式的不同,可分为长枕、短枕、宽枕、框架枕和梯形枕等。地铁与轻轨系统中轨枕主要有短枕和长枕两种类型。北京、深圳、广州、南京地铁大量采用了短枕,轨枕使用状况良好。图 4-13 为常见的短枕形式之一。长轨枕常见于上海软土地区,上海目前运营及正在建设的城市轨道交通线路多采用长轨枕。因地铁和轻轨车辆轴重相对较小,可直接采用常规铁路强度最低的预应力混凝土枕,如 J-1 或 J-2 型轨枕。J-2 型轨枕主要的外形尺寸见图 4-14。

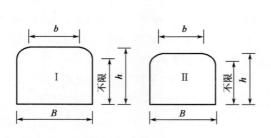

图 4-12 木枕断面形状和尺寸

图 4-13 混凝土短枕

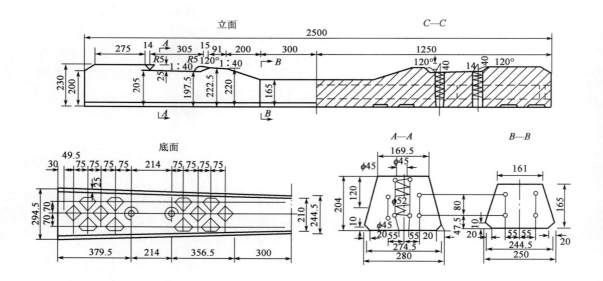

图 4-14 J-2 型混凝土长枕(尺寸单位:mm)

  地铁和轻轨等交通线路通过特殊住宅区、医院、学校等对振动和噪声控制要求较高的区域时,必须采取减振(隔振)措施。减振降噪工作措施多样,最为常见的有减振扣件、浮置板式道床等,此外还有专用的减振轨枕,如弹性短轨枕、框架式轨枕等。弹性短轨枕轨道由短轨枕(弹性支承块)、橡胶套靴、微孔橡胶垫板、铁垫板、板上橡胶垫、板下橡胶垫、单趾弹簧扣件和钢轨组成。框架式轨枕结构以纵向连续钢筋混凝土框架轨枕代替传统的横向轨枕,框架式轨枕铺设在碎石道床板上,既提高了结构的整体性,又降低了振动和噪声。图4-15为弹性短轨枕结构形式之一。

2. 轨枕铺设

轨枕铺设主要与轨枕间距和每公里配置数量相关,每公里铺设的轨枕数量标准根据线路运量、行车速度及线路设备条件等配置。轨道在具有足够的强度和稳定性后,应考虑不同轨枕铺设标准的经济因素,轨枕间距过小,不仅不经济,而且在一定程度上影响捣固质量。地铁与轻轨轨枕铺设数量应符合表4-4规定。

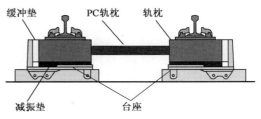

图4-15 弹性短轨枕轨道结构

轨 枕 铺 设 数 量　　　　表4-4

序号	道 床 形 式	轨枕铺设数量		辅助线	车场线
		正线50kg/m、60kg/m 钢轨			
		直线及 $R>400$m 或坡度小于20‰	$R\leqslant 400$m 或坡度不小于20‰		
1	枕式整体道床[根(对)/km]	1600～1680	1680	1600	1440
2	减振轨道枕式整体道床[根(对)/km]	1600～1680	1680	1600	1440
3	混凝土枕碎石道床(根/km)	1600～1680	1680	1600	1440
4	无缝线路混凝土枕碎石道床(根/km)	1680～1760	1760～1840	1680～1760	—
5	木枕碎石道床(根/km)	1680～1760	1760～1840	1680	1440

常规铁路对于轨枕铺设有如下规定:

(1)下列地段应增加轨枕的铺设数量:

①半径 $R\leqslant 800$m 的曲线地段(含两端缓和曲线);

②坡度大于12‰的下坡地段;

③长度大于或等于300m 的隧道内线路。

上述条件重叠时只增加一次。

(2)轨道加强地段每千米增加的轨枕数量和最多铺设根数应符合表4-5的规定。

每千米增加的轨枕数量和最多铺设根数(根)　　　　表4-5

轨枕类型	Ⅱ型混凝土轨枕	木枕
每千米增加的轨枕数量	80	160
每千米最多铺设根数	1840	1920

注:铺设Ⅲ型混凝土枕的线路不需增加轨枕铺设根数。

(3)正线区段应铺设混凝土枕,但下列地段不宜铺设混凝土轨枕:

①半径小于300m 的曲线地段;

②明桥面桥的桥台挡砟墙范围内及其两端各15 根轨枕(有护轨时应延至梭头外不少于五根轨枕);

③铺设木岔枕的道岔及其前后两端各不少于50根轨枕(后端包括辙岔跟端以后的岔枕);

④上列地段间长度小于50m的地段。

(4)在不同类型的轨枕的分界处,如遇普通钢轨接头,应保持同类轨枕延伸至钢轨接头外5根以上。

二、道床

道床通常位于轨枕之下,线下基础之上,是轨道的基础。机车车辆荷载通过钢轨、扣件、轨枕,经过道床的扩散作用在线下基础上。道床可以约束钢轨位移,增加轨道结构整体稳定性,具有一定的缓冲和减振作用。

根据有无道砟,道床可分为碎石道床和整体道床两类。碎石道床以道砟为材料,结构简单、减振降噪性能好、造价低,是一般铁路最为常用的道床形式。但其轨道建筑高度较高,增大了隧道净空,地铁和轻轨地下线区段投资成本增加,且碎石道床宜产生粉尘,不宜铺设在地下线等封闭区段。整体道床以钢筋混凝土代替了碎石材料,整体性好,坚固稳定,轨道建筑高度较低,养护维修量少,新建地铁和轻轨线路以整体道床为主,部分高架段采用碎石道床。

1. 碎石道床

1)道床断面

道床断面包括道床厚度、顶面宽度及边坡坡度三个主要特征。图4-16为直线地段道床断面示意图。

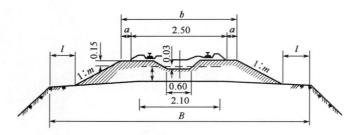

图4-16 直线地段道床横断面示意图(尺寸单位:m)

道床厚度是指直线上钢轨或曲线上内轨中轴线下轨枕底面至路基顶面的距离。道床的厚度与道床弹性、线下基础承载能力等相关。道床弹性是由相互接触的道砟颗粒之间的弹性变形所引起的,通常情况下道床弹性与道床厚度成正比。道床厚度的增加可降低线下基础表层应力,线下基础承载能力越小,道床所需厚度越大。道床厚度根据运营条件、轨道类型、线下基础承载能力综合确定。

道床顶面宽度与轨枕长度和道床肩宽有关。轨枕长度基本上是固定的,因此道床顶面宽度主要决定于道床肩宽。道床宽出轨枕两端的部分称为道床肩宽。适当的肩宽可保持道床的稳定,并提供一定的横向阻力。一般情况下道床肩宽在450~500mm已能满足要求,再宽则作用不大。道床顶面宽度一般为2.9~3.5m,我国铁路规定无缝线路轨道半径小于800m、有缝线路轨道半径小于600m的曲线地段,曲线外侧道床顶面宽度应增加0.10m。

道床边坡坡度大小对保证道床的坚固稳定,有十分重要的意义。道床边坡的稳定取决于道砟材料的内摩擦角与黏聚力,也与道床肩宽有一定的联系。理论计算及实践结果表明,道砟材料的内摩擦角愈大,黏聚力愈高,边坡的稳定性就愈好。同样地,增大肩宽可以容许采用较陡的边坡,而减小肩宽则必须采用较缓的边坡。在肩部承载能力相同的情况下,一般趋于采用较大的肩宽和较陡的边坡,因为这样可以减小路基面的宽度。但过陡的边坡也是不适宜的,因为边坡坡角受到散粒体自然坡角的限制和列车振动的影响。国内外的运营实践表明,边坡坡度1:1.5不能长期保持稳定,因此我国铁路规定正线区间道床边坡坡度均为1:1.75。

2)道床材料

为适应上述碎石道床功能,道砟应具有质地坚韧、有弹性、不易压碎和捣碎、排水性能好、吸水性差、不易风化、不易被风吹动或被水冲走等性能,适用材料主要有碎石、天然级配卵石、筛选卵石、粗砂、中砂及熔炉矿渣等。

碎石道砟属于散粒体,其级配是指道砟中颗粒的分布。道砟粒径的级配对道床的物理力学性能、养护维修工作量有重要影响。现行标准考虑了道砟的级配要求,可保证道砟产品有最佳的颗粒组成。宽级配道砟由于道砟平均粒径的减小,大、小颗粒的相互配合以及道砟颗粒之间的填满,使得道砟有更好的强度和稳定性,也有利于道床作业。道砟的形状及表面状态对道床的性能有重要影响。一般而言,棱角分明,表面粗糙的颗粒,集料具有较高的强度和稳定性。近于立方体的颗粒比扁平、长条形颗粒有较高的抗破碎、抗变形、抗粉化能力。一般用针状指数和片状指数来控制长条形和扁平颗粒的含量。凡长度大于该颗粒平均粒径1.8倍的称为针状颗粒;厚度小于平均粒径0.6倍的称为片状颗粒。我国道砟标准规定针状指数和片状指数均不大于50%。道砟中的土团、粉末或其它杂质对道床的承载能力是有害的,需控制其数量。土团是指那些泡水后出现软化,丧失其强度的颗粒。粉末会脏污道床,加速道床的板结,影响道床的排水。标准规定黏土团及其它杂质含量的质量百分率不大于0.5%;粒径0.1mm以下的粉末含量质量百分率不大于1%。

3)铺设要求

地铁设计规范中对碎石道床的设计和铺设有相关规定。

(1)铺设地段:地面正线宜采用混凝土枕碎石道床,地面的出入线、试车线和库外线宜采用混凝土枕碎石道床或木枕碎石道床。

(2)道床厚度:非渗水土路基正线地段采用双层道砟,表层道砟厚度250mm,底层道砟厚度200mm;岩石、渗水土路基正线地段采用300mm厚度单层道砟,路基段车场线采用250mm厚度单层道砟;桥梁上道砟槽内碎石道床厚度不应小于250mm,与两端的道床厚度差应在桥台外不小于10m范围内递减。

(3)道砟材质:正线、辅助线、出入线和试车线应采用一级道砟,车场线可采用二级道砟。

(4)道床肩宽及边坡:道床宽出轨枕两端的部分称为道床肩宽,适当的肩宽及边坡可保持道床的稳定,并提供一定的横向阻力。正线、联络线、出入线和试车线无缝线路地段碎石道床道砟肩宽不应小于400mm,非无缝线路地段道砟肩宽不应小于300mm。无缝线路半径小于800m、非无缝线路半径小于600m的曲线地段,曲线外侧道砟肩宽应增加100mm,道床边坡均为1:1.75。车场线碎石道床道砟肩宽不应小于200mm,半径小于300m的曲线地段,曲线外侧道砟肩宽应增加100mm,道床边坡均为1:1.5。无缝线路砟肩应在碎石道砟上堆高150mm。堆高道砟的坡度为1:1.75。

(5) 道床顶面高度：混凝土枕碎石道床顶面应与轨枕中部顶面平齐，木枕碎石道床顶面应低于木枕顶面 30mm。

(6) 道床过渡段：正线、联络线、出入线和试车线的整体道床与碎石道床间应设轨道弹性过渡段。同一曲线地段宜采用同一种道床形式，使同一曲线轨道弹性一致，有利于行车，保持轨道的稳定性，减少维修工作量。

2. 整体道床

整体道床是指以钢筋混凝土等材料代替散粒道砟的道床形式，具有整体性好、坚固稳定、投资成本低、维修工作量少等优点，适应地铁和轻轨交通建设成本低、维修工作少且时间短等要求。整体道床一般可分为无枕式和轨枕式整体道床，无枕式道床又称为整体灌注式道床。无枕式整体道床使用专用施工机具把连接扣件的玻璃钢套管按照设计位置预埋在道床内，上部做承轨台以安装钢轨和扣件，该型结构施工繁琐、精度不高，难以满足设计要求，国内很少使用。轨枕式整体道床可分为短枕式和长枕式两种，按照使用区段的不同，可分为地下线整体道床和高架线整体道床。现就国内常用的轨枕式整体道床进行详细介绍。

1) 地下线整体道床

(1) 短枕式整体道床。采用短枕式整体道床的轨道建筑高度一般控制在 550mm 左右，轨枕下道床厚度一般不小于 160mm，通常在线路中心设置排水沟，如图 4-16 所示。为保证轨道质量，短轨枕采用工厂预制方式生产，轨枕横断面为梯形，内设钢筋，部分钢筋外露，以便加强与道床的联结，增加整体性。该型结构较为简单、施工方便，且造价成本低，是地铁和轻轨系统通常采用的道床形式。

(2) 长枕式整体道床。采用长枕式整体道床的轨道建筑高度较短枕式轨道结构高，常见高度有 735mm。长轨枕沿线路纵向预留圆孔，道床钢筋穿过预留孔加强轨枕与道床的联结。长轨枕整体道床采用侧向排水沟。该型整体道床外形整洁美观，可采用轨排法快速施工。长轨枕式整体道床抗弯能力强于短枕式整体道床，对下部基础变形适应能力强，适用于软土地基地区，上海和新加坡地铁采用了该型道床，使用效果良好。

2) 高架线整体道床

(1) 支承块承轨台式整体道床。支承块承轨台式整体道床形式与隧道内中间排水沟短枕式整体道床基本相似，纵向做成两带状的整体道床。短轨枕横断面为梯形，侧面留沟，底部伸出钢筋钩，加强与道床混凝土的联结。利用道床两带状承轨台整体道床，外侧自然形成三条纵向沟槽，在梁端部将雨废水排入设在梁端两侧的预埋落水管，引入市政排水系统。该道床结构主要由支承块和承轨台两部分组成。支承块承轨台整体道床具有结构轻盈、价格低廉和技术成熟的特点，我国城市轨道交通高架线路一般采用支承块承轨台整体道床。

(2) 板式整体道床。板式轨道整体道床主要由预制道床板、调整层及底座等组成。目前比较常用或有可能在地铁里采用的主要有两种，一种是直线电机运载系统板式轨道结构，主要由预制道床板、CA 砂浆调整层、抗剪销组成；另一种是日本板式无砟轨道结构，主要由预制道床板、CA 砂浆调整层、凸形挡台和基础底座等组成。广州地铁 4 号线在国内首次采用板式轨道结构，也是国内首次采用直线电机运载系统。板式轨道具有整体性好，外观整洁漂亮，施工方便，但结构自重较大且工程造价高。

除普通类整体道床,还有专为减振降噪开发的减振降噪型整体道床,主要有弹性短枕式、浮置板式、弹性整体道床等形式。该类整体道床通常在机车车辆竖向传递过程中设置弹性减振部件来实现减振降噪,具有较好的使用效果,对防噪、防振有严格要求的地段可选择该类整体道床。

3)铺设要求

地铁设计规范规定长度大于100m的隧道内和隧道外U形结构地段及高架桥和大于50m的单体桥地段,宜采用短枕或长枕式整体道床,并符合下列要求。

(1)轨枕强度:长、短轨枕混凝土强度等级应为C50。长轨枕应采用预应力式,轨枕与道床联结应采用加强措施。

(2)道床强度:隧道内和隧道外U形结构地段,整体道床混凝土强度等级宜为C30,高架桥上整体道床混凝土结构强度宜为C40,道床内应布筋并与排流筋结合,道床与结构底板或桥面联结应采取加强措施。

(3)道床厚度:轨下混凝土道床厚度,直线地段不宜小于130mm,曲线地段不宜小于110mm。

(4)伸缩缝:整体道床应设置伸缩缝,隧道内宜每隔12.5m、U形结构地段和高架桥上宜每隔6m设置一个。在结构沉降缝和高架桥梁缝处应设置道床伸缩缝。

(5)排水沟:排水沟的纵向坡度应与线路坡度一致,线路平坡地段,排水沟纵向坡度不宜小于2‰。

(6)铺轨基标:整体道床应设铺轨基标,基标宜设在排水沟内,并宜每隔15~24m保留一个供维修用的永久基标。

(7)道床顶面:道床顶面应低于轨枕承轨面30~40mm,道床面横向排水坡度不宜小于3%。

地铁设计规范还规定,基底坚实、稳定、排水良好的地面车站地段可采用整体道床;车场库内线应采用短轨枕式整体道床,根据检修工艺要求可采用检查坑整体道床或立柱式道床结构。

轨道结构高度是指钢轨顶面(曲线按内轨)至路基面(隧道结构底板顶面、高架桥顶面)之间的高度,由钢轨、垫板、轨枕、道床等轨道部件高度组成。地铁设计规范中规定,轨道结构高度根据不同结构形式宜采用下列数值:矩形隧道内混凝土整体道床高度为560mm,单线马蹄形隧道内混凝土整体道床高度为不小于650mm,单线圆形隧道内混凝土整体道床高度为不小于740mm,高架桥上整体道床高度为500~520mm,地面上碎石道床高度为820~1000mm,浮置板轨道高度为750~900mm。

第五节 道　　岔

道岔是机车车辆从一股轨道转入或越过另一股轨道时必不可少的线路设备,是铁路轨道的一个重要组成部分。道岔具有数量多、构造复杂、使用寿命短、限制列车速度、行车安全性低、养护维修投入大等特点,与曲线、接头并称为轨道的三大薄弱环节。

一、道岔的类型

道岔的基本形式有三种:连接、交叉、连接与交叉的组合。交叉有直交叉和菱形交叉;连接与交叉的组合有交分道岔和交叉渡线等。常用的线路连接有各种类型的单式道岔和复式道岔,如图4-17所示。

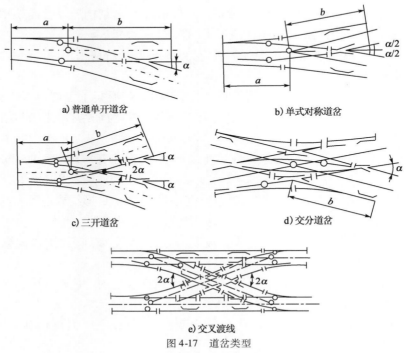

图4-17 道岔类型

a-道岔前长;b-道岔后长;$α$-辙叉角

我国最常见的道岔类型是普通单开道岔,简称单开道岔。其主线为直线,侧线由主线向左侧(称左开道岔)或右侧(称右开道岔)岔出,其数量占各类道岔总数的90%以上。单开道岔构造相对简单,具有一定代表性,了解和掌握这种道岔的基本特征,对各类道岔的设计、制造、铺设、养护均有十分重要的意义。

单开道岔以它的钢轨每米质量、道岔号数、直向允许通过速度、轨距、轨下基础等划分类型。目前我国的钢轨有75kg/m、60kg/m、50kg/m等类型;标准道岔号数(用辙叉号数来表示)有6号、7号、9号、12号、18号、30号、38号、42号、50号等,其中6号、7号仅用于厂矿企业内部铁路或驼峰下,其它各号则适用于铁路正线和站线,并以9号及12号最为常用,在侧线通过高速列车的地段,则需铺设18号、30号等大号码道岔。目前世界上最大号码的道岔为法国的65号道岔。按直向允许通过速度划分系列有120km/h、160km/h、200km/h、250km/h、350km/h等,分别称为普通道岔、提速道岔和高速道岔。通常道岔号码越大,辙叉角越小,导曲线半径越大,侧向允许通过速度越高。线路设计时应根据最高设计速度、车站到发线、区间渡线及联络线上的速度要求选用不同系列的道岔。我国道岔基本上为标准轨距道岔,但也有极少量的宽轨距道岔和米轨道岔,在东南亚铁路上还有米轨与标准轨距共存的套线道岔。按轨下基础类型还可分为有砟轨道道岔与无砟轨道道岔。

目前我国普通铁路干线上大量使用着60kg/m钢轨混凝土岔枕固定型辙叉12号单开道岔(称为92改进型,1992年研制的标准道岔基础上的结构改进),提速干线上大量使用着60kg/m钢轨混凝土岔枕可动芯轨12号提速道岔,上述两种道岔均为我国自主研发生产的道岔;时速250km客运专线上大量使用着60kg/m钢轨混凝土岔枕可动芯轨18号道岔,这类道岔主要为我国自主研制及从法国技术引进的有砟轨道道岔;时速350km客运专线铁路上则主要使用是60kg/m钢轨可动芯轨18号无砟道岔,主要是从德国、法国引进的,也有少量我国自主研发的第一代高速道岔。

对称道岔是单开道岔的一种特殊形式,整个道岔对称于主线的中线或辙叉角的中分线,列车通过时无直向及侧向之分。导曲线半径相等时,对称道岔的长度要比单开道岔短,其它条件相同时,导曲线半径约为单开道岔的两倍;在曲线半径和长度保持不变时,可采用比单开道岔更小号数的辙叉。因此在道岔长度固定的条件下,使用对称道岔可获得较大的导曲线半径,能提高过岔速度;在保持相同的过岔速度的条件下,对称道岔能缩短道岔长度,从而缩短站坪长度,增加股道的有效长度。对称道岔的这些特点使得它在驼峰下、三角线上、工业铁路线和城市轻轨线上获得应用。我国最新研制的对称道岔为60kg/m钢轨混凝土岔枕6号对称道岔,已在各编组场上推广应用。

曲线道岔可作为单开道岔与对称道岔的特殊情况,即主线也为曲线的道岔。主线与侧线位于同侧时可视为特殊的单开道岔。主线与侧线位于异侧时可视为特殊的对称道岔,国外城市轨道交通中应用较为普遍,在国内尚未有应用实例,但它在特殊地形条件下使用时可较大幅度地节约工程造价。

三开道岔又称复式异侧对称道岔,是复式道岔中较常用的一种形式。它相当于两组异侧顺接的单开道岔,但其长度却远比两组单开道岔的长度之和为短,因此,常用于铁路轮渡桥头引线、驼峰编组场以及地形狭窄又有特殊需要的地段。三开道岔由一组转辙器、一组中间辙叉和二组同号数的后端辙叉所组成。该道岔构造比较复杂,维修较困难,运行条件较差,非十分困难时,不轻易采用。

交分道岔有单式、复式之分。复式交分道岔相当于两组对向铺设的单开道岔,实现不平行股道的交叉,但具有道岔长度短,开通进路多及两个主要行车方向均为直线等优点,因而能节约用地,提高调车能力并改善列车运行条件。交分道岔由菱形交叉、转辙器和连接曲线等部分组成。菱形交叉一般是直线与直线的交叉,由二副锐角辙叉、二副钝角辙叉和连接钢轨组成。我国最新研制的交分道岔为92改进型60kg/m钢轨混凝土岔枕9号、12号交分道岔,其中12号交分道岔直向通过速度达到了120km/h。

交叉渡线由4组类型和号数相同的单开道岔和一组菱形交叉以及连接钢轨组成,用于平行股道之间的连接,仅在个别特殊场合下使用。交叉渡线根据不同的线间距分类。我国最新研制的交叉渡线为92改进型60kg/m混凝土岔枕9号、12号交叉渡线,直向通过速度为120km/h,并在研制直向通过速度160km/h以上的提速交叉渡线。

二、单开道岔构造

单开道岔由转辙器、辙叉及护轨、连接部分组成,如图4-18所示。道岔中所用轨枕称为岔枕。

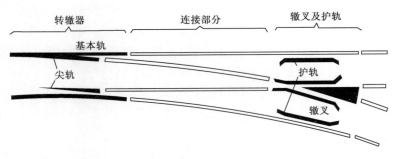

图 4-18　单开道岔组成

1. 转辙器

单开道岔的转辙器由两根基本轨、两根尖轨、各种联结零件及道岔转换设备组成。单开道岔的作用是引导机车车辆沿主线方向和侧向方向行驶。

基本轨由标准断面的普通钢轨制成,通常采用与区间线路相同材质、相同型号的钢轨。主股为直线;侧股按转辙器各部分的轨距在工厂事先弯折成规定的折线形,侧向过岔速度较高时,可采用曲线型保证转辙器各部分侧股轨距相同。普通道岔中不设轨底坡,道岔前后 2~3 根轨枕上实现与区间线路轨底坡的过渡。基本轨除承受车轮的垂直压力外,还与尖轨共同承受车轮的横向水平力。为防止基本轨的横向移动,可在其外侧设置一定数量的轨撑。

尖轨是转辙器中的重要部件,依靠尖轨的扳动,将列车引入正线或侧线方向。尖轨在平面上可分为直线型和曲线型。直线型尖轨制造简单,便于更换,尖轨前端的刨切较少,横向刚度大,尖轨的摆度和跟端轮缘槽较小,可用于左开或右开,尖轨断面较粗壮,比较耐磨,但这种尖轨的转辙角较大,列车对尖轨的冲击力大,不利于侧向高速行车。曲线型尖轨冲击角较小,导曲线半径大,列车进出侧线比较平稳,有利于机车车辆的高速通过,但曲线型尖轨制造比较复杂,前端刨切较多,并且左右开不能通用。为使转辙器正确引导列车的行驶方向,尖轨尖端必须细薄,且与基本轨紧密贴合。从尖轨尖端开始,尖轨断面逐渐加宽,其非作用边一侧与基本轨作用边一侧应紧密贴合。尖轨与基本轨的贴靠方式通常采用藏尖式,可保护尖轨尖端不被车轮扎伤,并使尖轨在动荷载作用下保持良好的竖向稳定性,如图 4-19 所示。

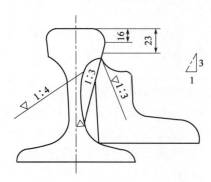

图 4-19　藏尖式尖轨(尺寸单位:mm)

为保证尖轨具有承受车轮压力的足够强度,规定尖轨顶宽 50mm 以上部分方能完全受力,而在尖轨顶宽 20mm 以下部分,则应完全由基本轨受力,尖轨顶宽 20~50mm 的部分,为车轮轮载转移的过渡段。为此,尖轨与基本轨之间应保持必要的轨顶面相对高差,对尖轨各个断面的高度都有具体的规定,尖轨尖端较基本轨顶面低 23mm,尖轨顶宽 20mm 处一般较基本轨顶面低 4mm,尖轨顶宽 50mm 以后部分与基本轨等高,如图 4-20 所示。

为保证尖轨能够转换到位,通常需设置一定数量的牵引点,尖轨越长,所需要的牵引点数量越多,如提速 12 号道岔尖轨上设置了两个牵引点、法国 65 号道岔尖轨上设置了 6 个牵引点。牵引点数量及位置设置不合理时,有可能导致转换力超限、尖轨转换后存在不足位移而导致轨距偏小。尖轨转换有联动和分动两种形式。联动转换中直曲尖轨通过转辙连杆形成框架结构,并与转辙机相连;分动转换中直曲尖轨分别通过转辙机相连。

2. 辙叉与护轨

辙叉是使车轮由一股钢轨越过另一股钢轨的设备。辙叉由叉芯、翼轨和联结零件组成。按平面形式分,辙叉有直线辙叉和曲线辙叉两类;按构造类型分,有固定辙叉和活动辙叉两类。普通单开道岔上,以直线式固定辙叉最为常用。

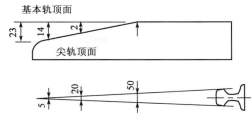

图4-20 尖轨顶面降低值(尺寸单位:mm)

直线式固定辙叉分两种,即整铸辙叉和钢轨组合式辙叉。曲线形固定辙叉生产工艺较复杂,很少采用。

整铸辙叉是用高锰钢浇铸的整体辙叉,如图4-21,具有较高的强度、良好的冲击韧性,经热处理后,在冲击荷载作用下,会很快产生硬化,使表面具有良好的耐磨性能。同时,由于芯轨和翼轨同时浇铸,整体性和稳定性好,可以不设辙叉垫板而直接铺设在岔枕上。这种辙叉还具有使用寿命长,养护维修方便的优点。钢轨组合式辙叉是用钢轨及其它零件经刨切拼装而成的。过去有普通钢轨刨切并组合而成的固定式辙叉,因结构复杂,病害多,养护维修工作量大,而很少使用。随着高强度、高硬度、高耐磨性的贝氏体钢种的开发成功,以贝氏体叉芯、长芯轨、短芯轨及翼轨组合而成的新型组合辙叉,因使用寿命长、可与道岔前后钢轨焊接而逐渐在推广应用,如图4-22所示。

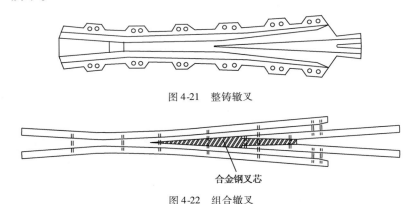

图4-21 整铸辙叉

图4-22 组合辙叉

叉芯两侧作用边之间的夹角称辙叉角 α,其交点称辙叉理论中心(理论尖端)。由于制造工艺原因,实际上辙叉尖端有 6~10mm 宽度,称辙叉实际尖端。

辙叉角 α 愈小,道岔号数 N 愈大,两者之间的关系为:

$$N = \cot\alpha \tag{4-1}$$

我国道岔号数与辙叉角的对应值见表4-6。

道岔号数与辙叉角的关系 表4-6

道岔号数	7	9	12	18	30	38
辙叉角	8°07′48″	6°20′25″	4°45′49″	3°10′47″	1°59′57″	1°34′42.9″

组合辙叉中翼轨由普通钢轨弯折刨切而成,用间隔铁及螺栓和叉芯联结在一起,与辙叉间形成必要的轮缘槽,引导车轮行驶。翼轨作用边开始弯折处称为辙叉咽喉,是两翼轨作用边之间的最窄距离。从辙叉咽喉至实际尖端之间,有一段轨线中断的空隙,称道岔的"有害空间",如图4-23所示。

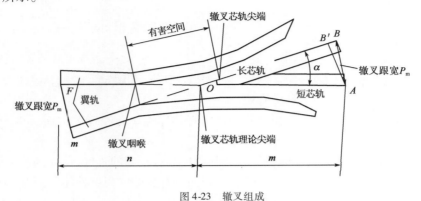

图4-23 辙叉组成

护轨设于固定辙叉的两侧,用于引导车轮轮缘,使之进入适当的轮缘槽,防止与叉芯碰撞。目前我国道岔的护轨类型主要有钢轨间隔铁型、H形和槽形三种。

可动辙叉是指辙叉个别部件可以移动,以保证列车过岔时轨线的连续,消除固定辙叉上存在的有害空间,并可取消护轨,同时辙叉在纵断面上的几何不平顺也可以大大减少,从而显著地降低辙叉部位的轮轨相互作用,提高运行的平稳性,延长辙叉的使用寿命。长期的运营实践表明,可动芯轨辙叉的使用寿命为同型号高锰钢整铸辙叉的6~9倍,养护维修工作量减少40%,大大减小了机车车辆通过时的冲击力,提高了过岔允许速度及旅行舒适度。可动辙叉有3种形式:可动芯轨式辙叉、可动翼轨式辙叉、活动叉芯。后两种结构较复杂,稳定性差,一般很少使用。我国时速160km以上的道岔均采用的是可动芯轨式辙叉。可动芯轨式辙叉,芯轨可动,翼轨固定。这种辙叉结构的优点是列车作用于芯轨的横向力能直接传递给翼轨,保证了辙叉的横向稳定性。由于芯轨的转换与转辙器同步,不会在误认进路时发生脱轨事故,故能保证行车安全。可动芯轨辙叉包括两根翼轨、长芯轨、短芯轨、转换设备及各种联结零件。为了保证无缝线路温度力能顺利地从芯轨传递至翼轨上,一般采用长翼轨结构,以高强螺栓或胶结的办法几个间隔铁在芯轨跟端处将翼轨与芯轨联结起来。德国和法国高速道岔中也采用了强有力的跟端结构联结芯轨与翼轨。

3. 连接部分

连接部分是转辙器和辙叉之间的连接线路,包括直股连接线和曲股连接线(亦称为导曲线)。直股连接线与区间线路构造基本相同,导曲线的平面形式可以是圆曲线、缓和曲线或变曲率曲线。我国目前铁路上铺设的大部分道岔导曲线均为圆曲线,当转辙器尖轨或辙叉为曲线形时,尖轨或辙叉本身就是导曲线的一部分。确定导曲线平面形式时应将尖轨或辙叉平面一并考虑,圆曲线两端一般不设缓和曲线。

导曲线由于长度及限界的限制,一般不设超高,即使设置超高,受列车限界的限制,一般也不能大于15mm,且结构复杂,效果不明显。普通道岔中,未设轨底坡,提速道岔及客运专线道岔中设置了 1∶40 轨底坡。为防止导曲线钢轨在动荷载作用下的外倾及轨距扩大,可设置一定数量的轨撑或轨距拉杆;还可同区间线路一样设置一定数量的防爬器,以减少钢轨的爬行。

连接部分一般配置 8 根钢轨,直股连接线 4 根,曲股连接线 4 根。配轨时要考虑轨道电路绝缘接头的位置和满足对接接头的要求,并尽量采用 12.5m 或 25m 长的标准钢轨。连接部分使用的短轨,一般不短于 6.25m,在困难的情况下,不短于 4.5m。无缝道岔中,如图 4-24 中直股或侧股中间

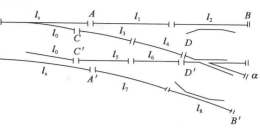

图 4-24　道岔连接部分

两接头为胶接绝缘接头,与固定辙叉相连的两接头可采用冻结接头,其它接头均为焊接接头。

第六节　无　缝　线　路

无缝线路是把标准长度的钢轨焊连而成的长钢轨线路,又称焊接长钢轨线路。它是当今轨道结构的一项重要新技术,世界各国竞相发展。

在普通线路上,钢轨接头是轨道的薄弱环节之一,由于接缝的存在,列车通过时发生冲击和振动,并伴随有打击噪声,冲击力最大可达到非接头区 3 倍以上。接头冲击力影响行车的平稳和旅客的舒适,并促使道床破坏、线路状态恶化、钢轨及联结零件的使用寿命缩短、维修劳动力费用的增加。养护线路接头区的费用占养护总经费的 35% 以上;钢轨因轨端损坏而抽换的数量较其它部位大 2~3 倍;重伤钢轨 60% 发生在接头区。随着列车轴重、行车速度和密度的不断增长,上述缺点更加突出,更不能适应现代高速重载运输的需要。

为了改善钢轨接头的工作状态,人们从 20 世纪 30 年代开始至今,一直致力于这方面的研究与实践,采用各种方法把钢轨焊接起来构成无缝线路。这中间首先遇到了接头焊接质量问题;其次,长轨在列车动力和温度力共同作用下的强度和稳定问题;还有无缝线路设计、长轨运输、铺设施工、养护维修等一系列理论和技术问题。随着上述一系列问题的逐步解决,无缝线路在世界各国得到广泛的运用。无缝线路由于消灭了大量的接头,因而具有行车平稳、旅客舒适,机车车辆和轨道的维修费用减少、使用寿命延长等一系列优点。有资料表明,从节约劳动力和延长设备寿命方面计算,无缝线路比有缝线路可节约维修费用 30%~70%。

无缝线路的长轨条长度,从理论上讲,可以无限长,这是发展跨区间无缝线路的理论基础。普通无缝线路轨条长度受信号机位置、道岔、特大桥等因素的限制,一般只有 1~2km,随着钢轨胶接绝缘接头和无缝道岔两项关键技术的发展,跨越闭塞分区的区间无缝线路,以及跨越车站的跨区间无缝线路得以实现。

一、无缝线路类型

无缝线路根据处理钢轨内部温度应力方式的不同,可分为温度应力式和放散温度应力式两种。

1. 温度应力式无缝线路

温度应力式普通无缝线路是由一根焊接长钢轨及其两端 2~4 根标准轨组成,并采用普通接

头的形式。无缝线路铺设锁定后,焊接长钢轨因受线路纵向阻力的抵抗,两端自由伸缩受到一定的限制,中间部分完全不能伸缩,因而在钢轨内部产生很大的温度力,其值随轨温变化而异。温度应力式无缝线路结构简单,铺设维修方便,因而得到广泛应用。对于直线轨道 50kg/m 和 60kg/m 钢轨,每公里配量 1840 根混凝土枕,铺设温度应力式无缝线路允许轨温差分别为 100℃ 和 104℃。

2. 放散温度应力式无缝线路

放散温度应力式无缝线路,又分为自动放散式和定期放散式两种,适用于年轨温差较大的地区。自动放散式是为了消除和减小钢轨内部的温度力,允许长轨条自由伸缩,在长轨两端设置钢轨伸缩接头。在大桥上、道岔两端为释放温度力,铺设的自动放散式无缝线路,是在长轨两端设置伸缩调节器。

定期放散温度应力式无缝线路的结构形式与温度应力式相同。根据当地轨温条件,把钢轨内部的温度应力每年调整放散 1~2 次。放散时,松开焊接长钢轨的全部扣件,使它自由伸缩,放散内部温度应力,应用更换缓冲区不同长度调节轨的办法,保持必要的轨缝。此法在苏联和我国年温差较大的地区试用过,目前已很少使用。

现今世界各国主要是采用温度应力式无缝线路,是本节介绍的重点。根据无缝线路铺设位置、设计要求的不同,可分为路基无缝线路(有砟或无砟轨道)、桥上无缝线路、岔区无缝线路等;根据无缝线路轨条长度、是否跨越车站,可分为普通无缝线路和跨区间无缝线路;根据长钢轨接头的联结形式,可分为焊接无缝线路和冻结无缝线路(又称为"准无缝线路")。

二、基本原理

1. 钢轨温度力、伸缩位移与轨温变化的关系

无缝线路的特点是轨条很长,当轨温变化时,钢轨要发生伸缩,但由于有约束作用,不能自由伸缩,在钢轨内部要产生很大的温度力。为保证无缝线路的强度和稳定,需要了解长轨内温度力及其变化规律。为此首先要分析温度力、伸缩位移与轨温变化及阻力之间的关系。

一根长度为 l 可自由伸缩的钢轨,当轨温变化 Δt℃ 时,其伸缩量为:

$$\Delta l = \alpha l \Delta t \tag{4-2}$$

式中:α——钢轨的线膨胀系数,取 $11.8 \times 10^{-6}/℃$;

l——钢轨长度(mm);

Δt——轨温变化幅度(℃)。

如果钢轨完全被固定,不能随轨温变化而自由伸缩,则将在钢轨内部产生温度应力。根据虎克定律,温度应力 σ_t 为:

$$\sigma_t = E \cdot \varepsilon_t = E \cdot \frac{\Delta l}{l} = \frac{E\alpha \cdot l \cdot \Delta t}{l} = E \cdot \alpha \cdot \Delta t \tag{4-3}$$

式中:E——钢的弹性模量,$E = 2.1 \times 10^5 \text{MPa}$;

ε_t——钢的温度应变。

将 E、α 之值代入式(4-3),则温度应力为:

$$\sigma_t = 2.1 \times 10^5 \times 11.8 \times 10^6 \Delta t = 2.48 \Delta t \text{ (MPa)} \tag{4-4}$$

一根钢轨所受的温度力 P_t 为:

$$P_t = \sigma_t \cdot F = 2.48\Delta t \cdot F \quad (N) \tag{4-5}$$

式中:F——钢轨断面积(mm^2)。

式(4-2)、式(4-3)、式(4-5)即为无缝线路基本公式。由此可得知:

(1)在两端固定的钢轨中所产生的温度力,仅与轨温变化幅度有关,而与钢轨本身长度无关。因此,从理论上讲,钢轨可焊成任意长,且对轨内温度力没有影响。控制温度力大小的关键是如何控制轨温变化幅度 Δt。

(2)对于不同类型的钢轨,同一轨温变化幅度产生的温度力大小不同。如轨温变化1℃所产生的温度力,对于75kg/m、60kg/m、50kg/m 钢轨分别为23.6kN、19.2kN、16.3kN。

(3)无缝线路钢轨伸长量与轨温变化幅度 Δt,轨长 l 有关,与钢轨断面积无关。

2.设计锁定轨温的确定

为降低长轨条内的温度力,需选择一个适宜的锁定轨温,又称零应力状态的轨温。在铺设无缝线路中,将长轨条始终端落槽就位时的平均轨温称为施工锁定轨温。施工锁定轨温不一定等于设计锁定轨温,但应在设计锁定轨温允许变化范围之内。锁定轨温是决定钢轨温度力水平的基准,因此根据强度、稳定条件确定锁定轨温是无缝线路设计的主要内容。

钢轨温度不同于气温。影响轨温的因素比较复杂,它与气候变化、风力大小、日照强度、线路走向和所取部位等均有密切关系。根据多年观测,最高轨温 T_{max} 要比当地的最高气温高18~25℃,最低轨温 T_{min} 比当地的最低气温低 2~3℃。设计时通常最高轨温等于当地最高气温加20℃,最低轨温等于最低气温。最高气温与最低气温根据当地有史以来的气象资料确定。表4-7为我国主要地区的轨温资料。

全国各地区最高、最低及中间轨温表(℃) 表4-7

地区	最高轨温	最低轨温	中间轨温	地区	最高轨温	最低轨温	中间轨温
北京	62.6	-27.4	17.6	兰州	59.1	-23.3	17.9
天津	65.0	-22.9	21.1	西宁	53.5	-26.6	13.5
石家庄	62.7	-26.5	18.1	银川	59.3	-30.6	14.4
太原	61.4	-29.5	16.0	乌鲁木齐	60.7	-41.5	9.6
呼和浩特	58.0	-36.2	10.9	成都	60.1	-5.9	27.1
满洲里	58.7	-46.9	5.9	重庆	64.0	-2.5	30.8
沈阳	59.3	-33.1	13.1	昆明	52.3	-5.4	23.5
长春	59.5	-36.5	11.5	拉萨	49.4	-16.5	16.5
哈尔滨	59.1	-41.4	8.9	贵阳	61.3	-7.8	26.6
西安	65.2	-20.6	22.3	济南	62.5	-19.7	21.4
南京	63.0	-14.0	24.5	南宁	60.4	-2.1	29.2
上海	60.3	-12.1	24.1	长沙	63.0	-11.3	25.9
杭州	62.1	-10.5	25.8	郑州	63.0	-17.9	22.6
合肥	61.0	-20.6	20.2	武汉	61.3	-18.1	21.6
福州	59.8	-2.5	28.7	台北	58.6	-2.0	28.3
南昌	60.6	-9.3	25.7	香港	56.1	0.0	28.1
广州	58.7	-0.3	29.2				

由于长轨条锁定施工过程中轨温是不断变化的,因而施工锁定轨温应有一个范围,通常为设计锁定轨温 $t_e \pm 5℃$,困难条件下也可严格控制施工锁定轨温的变化范围,取为 $±3℃$。实际锁定轨温为零应力状态轨温,在设计检算时为安全计,取最大升温为最高轨温与施工锁定轨温下限之差,最大降温为施工锁定上限与最低轨温之差。

1) 根据强度条件确定允许的降温幅度

无缝线路钢轨应有足够的强度,以保证在动弯应力、温度应力及其它附加应力共同作用下不被破坏,仍能正常工作。此时,要求钢轨所承受的各种应力的总和不超过规定的容许值 $[\sigma]$,即

$$\sigma_d + \sigma_t + \sigma_c \leq [\sigma] \tag{4-6}$$

式中:σ_d——钢轨最大动弯拉应力(MPa);

σ_t——温度应力(MPa);

σ_c——钢轨承受的制动应力等附加应力,在路基上一般按 10MPa 计算,在桥上还要考虑伸缩或挠曲附加应力与制动应力的组合;

$[\sigma]$——钢轨容许应力,它等于钢轨的屈服强度 σ_s 除以安全系数 K,对极限强度 $\sigma_b = 785$MPa 级钢轨,$\sigma_s = 405$MPa;极限强度 $\sigma_b = 883$MPa 级钢轨,$\sigma_s = 457$MPa;对 U75V 钢轨,σ_s 取为铝热焊焊缝强度,按母材强度的 75% 取值为 660MPa;新钢轨 $K = 1.3$,再用轨 $K = 1.35$。

允许的降温幅度 $[\Delta t_s]$ 由下式计算:

$$[\Delta t_s] = \frac{[\sigma_s] - \sigma_{gd} - \sigma_c}{E\alpha} \tag{4-7}$$

式中:σ_{gd}——钢轨底部下缘动弯应力。

2) 根据稳定条件确定允许的升温幅度

根据稳定条件求得允许温度压力 $[P]$ 后,按下式计算允许升温幅度 $[\Delta t_c]$:

$$[\Delta t_c] = \frac{[P]}{2E\alpha F} \tag{4-8}$$

3) 根据钢轨切断时的断缝值确定的允许降温幅度

无缝线路钢轨切断后,轨缝不能超过一定限值,否则将引起轮轨间过大的作用力,严重时还可能会危及行车安全。时速 200km 及以上的铁路线上,规定有砟轨道钢轨断缝限值为 70mm,无砟轨道断缝限值为 100mm。时速 200km 以下的路基无缝线路设计中过去未考虑钢轨断缝限值,只在桥上无缝线路设计中考虑了该限值。根据固定区内钢轨切断后的断缝允许值可确定允许的降温幅度:

$$[\Delta t_s] = \frac{1}{\alpha}\sqrt{\frac{[\lambda]r}{EF}} \tag{4-9}$$

式中:$[\lambda]$——允许断缝值;

r——线路纵向阻力;

其它符号意义同前。

4) 设计锁定轨温的确定

设计锁定轨温 t_e 按图 4-25 计算:

$$t_e = \frac{t_{\max} + t_{\min}}{2} + \frac{[\Delta t_s] - [\Delta t_c]}{2} \pm \Delta t_K \qquad (4\text{-}10)$$

式中：$t_{\max}$、$t_{\min}$——铺轨地区的最高、最低轨温；

Δt_K——温度修正值,可根据当地具体情况取 $0\sim5℃$,一般应保证设计锁定轨温较中间轨温高 $3\sim5℃$。

无缝线路铺设时,施工锁定轨温应有一个范围,一般取设计锁定轨温 $\pm5℃$。则施工锁定轨温上限为 $t_m = t_e + 5℃$；施工锁定轨温下限 $t_n = t_e - 5℃$；且需满足 $t_{\max} - t_n < [\Delta t_c]$、$t_m - t_{\min} < [\Delta t_s]$。

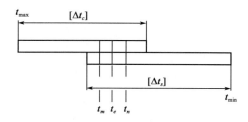

图 4-25　中和温度计算图

思考题

1. 地铁与轻轨轨道工程的基本组成部分有哪些？请简述各部件的主要作用。
2. 列车荷载如何通过轨道系统传递至下部基础？请叙述轨道系统的竖向荷载传递分散体系。
3. 钢轨的基本性能有哪些？请阐述钢轨的具体分类和钢轨选型原则。
4. 钢轨的伤损病害有哪些？如何合理利用钢轨？
5. 钢轨的联结方式有哪些？不同的钢轨焊接联结方式有何区别？
6. 请阐述轨枕的不同类型,及其铺设的注意点。
7. 扣件的基本性能有哪些？地铁与轻轨系统中常用的扣件类型有哪些？
8. 碎石道床与整体道床的区别是什么？二者分别有什么优缺点？
9. 道岔的主要作用是什么？什么是道岔的"有害空间"？单开道岔的基本组成部分有哪些？请以简图的方式标示。
10. 无缝线路有哪些类型？年温差较大地区适用哪种无缝线路类型？
11. 无缝线路实现的基本原理是什么？如何确定无缝线路的锁定轨温？
12. 地铁与轻轨轨道工程与传统铁路轨道工程有什么区别？出现这些区别的原因是什么？
13. 查阅相关气象资料,试粗略确定南京、乌鲁木齐和广州地区普通无缝线路适宜的锁定温度,并说明三者之间存在较大差异的原因。
14. 对比无缝线路固定区 50kg/m、60kg/m、75kg/m 钢轨在相同温度变化下温度力的不同,以及钢轨横截面温度应力的关系。

第五章 地铁与轻轨的设备及控制系统

第一节 轨道车辆设备

一、城市轨道交通车辆概况

1. 城市轨道交通车辆的特点

城市轨道交通车辆是指轮轴上连接两个车轮,并将其放置在钢轨上行驶的车辆。城市轨道交通车辆与其它类型车辆的最大不同点在于,这种车辆的轮子必须在专门为它铺设的钢轨上运行。由此形成轨道车辆的特点如下:

1)自行导向

除城市轨道交通车辆之外的各种运输工具几乎全有操纵运行方向的机构,而城市轨道交通车辆通过其特殊的轮轨结构(图5-1),使车辆能沿轨道运行而无需专人掌握运行的方向。

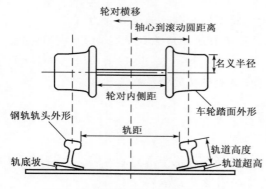

图 5-1 城市轨道交通车辆的轮轨结构

2)低运行阻力

除坡道、弯道及空气对车辆的阻力之外,运行阻力主要来自走行机构中的轴与轴承以及车轮与轨面的摩擦阻力,具有较低的运行阻力。

3)成列运行

由于以上两个特点决定它可以编组、连挂组成列车。为了适应成列运行的特点,车与车之间需设联结、缓冲装置,且由于列车的惯性很大,每辆车均需设制动装置。

4)严格的外形尺寸限制

城市轨道交通车辆只能在规定的线路上行驶,无法像其它类型车辆那样主动避让靠近它的物体,为此要制定限界,严格限制车辆的外形尺寸以确保运行安全。

2. 城市轨道交通车辆的种类

根据不同的标准,城市轨道交通车辆有不同的分类。我国由住建部负责制定的《城市快速轨道交通工程项目建设标准(试行本)》中将我国快速轨道交通车辆分为3种形式。其中 A 型车、B 型车是我们通称的地铁车辆,而 C 型车是轻轨车辆,各类车型主要技术规格见表5-1。

各型车辆主要技术规格   表 5-1

序 号	项 目 名 称		A 型车 4 轴车	B 型车 4 轴车	C 型车 4 轴车	C 型车 6 轴车	C 型车 8 轴车
1	车辆基本长度(m)		22	19	18.9	22.3	29.5
2	车辆基本宽度(m)		3	2.8	2.6		
3	车辆高度(m)	受流器车(加空调/无空调)	3.8/3.6	3.8/3.6	3.7/3.25		
3	车辆高度(m)	受电弓车(落弓高度)	3.8	3.8	3.7		
3	车辆高度(m)	受电弓工作高度	3.9~5.6				
4	车内净高(m)		2.10~2.15				
5	地板面高(m)		1.1		0.95		
6	车辆定距(m)		15.7	12.6	11	7.2	
7	固定轨距(m)		2.2~2.5	2.1~2.2	1.8~1.9		
8	车轮直径(mm)		φ840		φ760		
9	车门数(每侧)(人)		5	4	4	4	5
10	车门宽度(m)		≥1.3				
11	车门高度(m)		≥1.8				
12	定员人数(人)	单司机室车	295	230	200	240	315
12	定员人数(人)	无司机室车	310	245	210	250	325
13	车辆轴重(t)		≤16	≤14	≤11		
14	站立人员标准	定员(人/m²)	6				
14	站立人员标准	超员(人/m²)	9				
15	最高运行速度(km/h)		≥80		≥70		
16	起动平均加速度(m/s²)		≥0.9		≥0.85		
17	常用制动减速度(m/s²)		1.0		1.1		
18	紧急制动减速度(m/s²)		1.2		1.3		
19	噪声[dB(A)]	司机室内	≤72		≤70		
19	噪声[dB(A)]	客室内	≤72		≤75		
19	噪声[dB(A)]	车外	80~85(站台)		≤82		

注:①车辆详细技术条件,可参照《地下铁道车辆通用技术条件》(GB 7928—1987)和《轻轨交通车辆通用技术条件》(CJ/T 5021—1995)。

②C 型车未包括低地板车。

3. 列车编组

城市轨道交通车辆都是以多者 6~8 辆一列、少者 2 辆一列的车组形式来满足运营要求的。该车组一般是固定编组。城市轨道交通车辆有动车和拖车之分,两者之间的共同点是都可以乘坐旅客,其主要区别是动车上装有牵引电动机等牵引动力装置,而拖车不带动力装置。

根据客流预测要求,由各城市自己确定需要的车种和编组形式。例如上海 1 号线列车编组如下:

（1）近期为6辆编组：－A＝B＊C＝C＊B＝A－

（2）远期为8辆编组：－A＝B＊C＝B＊C＝B＊C＝A－

其符号含义如下：

A：带司机室拖车；B：带受电弓动车；C：动车；－：自动车钩；＝：半自动车钩；＊：半永久牵引杆。

二、轨道交通车辆的基本结构

城市轨道交通车辆一般由车体、走行装置、牵引缓冲装置、制动装置、受流装置、车辆内部装置和车辆电气装置7部分组成，如图5-2所示。

图5-2　广州地铁车辆

1. 走行装置

走行装置是支撑车体、承担城市轨道交通车辆自重和载重并在钢轨上行驶的部分，由两条或两条以上的轮对、轴承装置、构架、摇枕弹簧减振装置和基础制动装置等配件组成一个独立的结构，称为转向架。

1) 转向架的基本作用及要求

（1）城市轨道交通车辆采用转向架结构可以增加车辆的载重、长度与容积，提高列车运行速度，以满足铁路运输发展的需要。

（2）保证在正常运行条件下，车体都能可靠地坐落在转向架上，通过轴承装置使车轮沿钢轨的滚动转化为车体沿线路运行的平动。

（3）支承车体，承受并传递从轮轨至车体之间的各种荷载及作用力，并使轴重均匀分配。

（4）保证车辆安全运行，能灵活地沿直线线路运行及顺利地通过曲线。

（5）充分利用轮轨之间的黏着，传递牵引力和制动力，放大制动缸所产生的制动力，使车辆具有良好的制动效果，以保证在规定的距离之内停车。

（6）转向架的结构要便于弹簧减振装置的安装，使之具有良好的减振特性，以缓和车辆和线路之间的相互作用，减小振动和冲击，减小动应力，提高车辆运行平稳性和安全性。

（7）转向架是城市轨道交通车辆的一个独立部件，在转向架与车体之间尽可能减少连接件，并要求结构简单，装拆方便，以便于转向架可单独制造和检修。

2) 转向架的基本结构

由于城市轨道交通车辆的类型、用途、运行条件、制造和检修能力及历史传统等因素的不同，使得转向架的类型非常多，结构各异，一般包括如下功能集成模块。

（1）转向架承载模块。转向架的第一作用即支撑车体，其中构架与轮对是主要的承载部件。同时车体与转向架衔接的空气弹簧和中心牵引座也是承载模块中的重要部件（图5-3）。

（2）转向架动力模块。作为城市轨道交通车辆的转向架，需要提供车辆前行的动能。转向架的驱动装置（电机与齿轮箱）和轮轴结构便是实现电能向动能转化的关键。电能驱动电机转动并通过输出轴输出扭转力矩，齿轮箱再将这种驱动力有效传递给车轴，带动车轮高速旋转。轮对两侧的轴箱则将轮对沿钢轨的滚动转化为构架沿线路的平动,构架的平动再通过牵引拉杆的传递和中心牵引座的作用,带动整个车体前行(图5-4)。

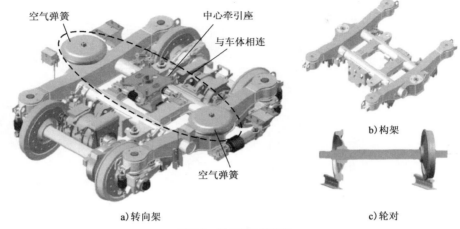

图5-3 转向架承载模块

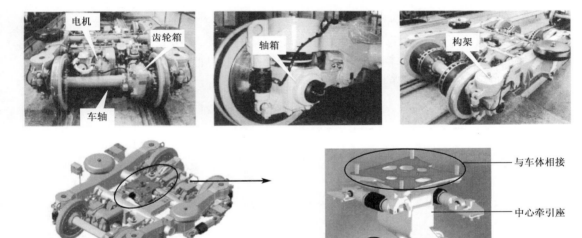

图5-4 转向架动力模块

(3)转向架运动控制模块。城市轨道交通车辆与其它交通工具一个很显著的区别就是其本身无需有控制方向的装置,列车车轮沿着钢轨自行行走,而这一切运动的关键在于轮轨巧妙的外形设计(图5-1)。

带有斜度的车轮与车轴固接,实现了轮对的自动对中。内侧面的凸出部分——轮缘,成为防止车轮脱轨的重要部分。车轮与钢轨的匹配,则保证了车辆的高速运行。

由于类似圆锥形的轮对在钢轨上滚动前行时,轮对中心的运动轨迹是呈现一条弯弯曲曲的曲线,因为这条曲线的形状类似于蛇,故而这种现象得名为"蛇行运动"。轮对的蛇行运动将传递至构架,使之在水平面亦有横摆运动,再由构架传递到车体上,将引起车体的摆动(图5-5)。

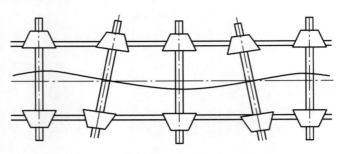

图 5-5　车轮的蛇行运动

蛇形运动与车速有着紧密的关系。车速越高,蛇行运动越激烈,列车就越有脱轨的可能。为减小轮对走行对车体产生的动态影响,转向架在轴箱与构架之间、构架与车体之间都设有弹性悬挂装置。前者称为一系悬挂,后者称为二系悬挂。其中一系悬挂包括钢弹簧(两螺旋弹簧组成)、垂向减振器和橡胶定位装置,主要是抑制车轮的蛇行运动,并对来自轨面的振动进行一级隔振;二系悬挂主要包括空气弹簧、横向减振器、橡胶止挡、抗蛇行减振器,主要是抑制构架的蛇行运动,进一步吸收振动能量,保证车体的平稳,并在车辆过曲线时提供车体与转向架之间较大的相对旋转和横移量。

一、二系悬挂系统能在传递动力的同时控制好整体的运动,充分利用有利动能,抑制和耗散不利的动能。悬挂系统对车辆能否平稳运行,能否顺利通过曲线并保证车辆运行安全起着重要作用。如图 5-6 为转向架的悬挂单元。

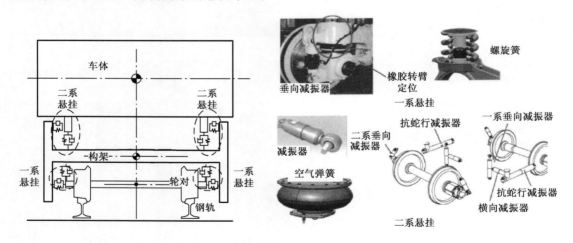

图 5-6　转向架的悬挂单元

(4)转向架制动模块。列车既要保证高速安全运行,亦需保证能快速并安全的停车,这即是制动模块实现动能转化的目标。列车的动能一是转化为电能回收利用,二是转化为热能耗散,这即是城市轨道交通车辆常用的电制动与基础制动,而通常二者都是共同作用的。电制动是通过把电动机反转成发电机,将车辆的动能转成电能并回输电网实现动能的转化;基础制动装置则是主要由制动盘和制动卡钳组成,通过高速摩擦,实现动能到热能的转化(图 5-7)。

 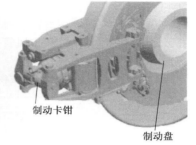

图 5-7　转向架基础制动单元

2. 车体

车体是供乘客乘坐和司机驾驶车辆的场所，是车辆的上部结构。如图 5-8 为上海地铁 1 号线车辆的车体，其主要包括车体结构、内装饰、车内设备（车窗、车门、座椅、立柱、扶手）和空调等。

城市轨道交通车辆的车体具有以下特征：

（1）一般为电动车组，有单节、双节和三节式等，可根据运营要求编列运行。

（2）由于服务于城市居民的市内交通，在车内的平面布置上有其特征，例如座位少，车门多且开度大，内部设备简单等。

（3）重量的限制较为严格，特别是对于高架轻轨和独轨车辆。

（4）对车体材料的防火要求特别严格，耐火试验时，车体外底部要能承受高于 700℃的高温。

（5）对车辆的隔声消声要求严格。

图 5-8　车体

（6）为使车体轻量化，车体结构一般采用铝合金中空截面挤压型材，构成整体承载筒形结构，对车体其它辅助设施尽量采用轻型新材料。

（7）由于用于市内交通，车辆的外观造型及色彩都应美化并与城市景观相适应。

3. 车钩牵引缓冲连接装置

车钩牵引缓冲连接装置是车辆最基本的也是最重要的部件之一，用它来连接列车中各车辆，使彼此保持一定的距离，并且传递和缓和列车运行中或在调车时所产生的纵向力或冲击力。城市轨道交通车辆一般采用密接式中央牵引缓冲连挂装置，它集牵引、缓冲和连挂于一体，通过车辆彼此相向缓慢走行相互碰撞，使钩头的连接器动作，实现两车辆的机械、电气和空气的自动连接。在两连挂车钩高度具有偏差，以及在有坡度的线路和曲线上都能安全地实现自动连挂，并且能够通过气动和手动实现两钩的分解。

轨道交通车辆的车钩缓冲装置主要有 3 种类型，即自动车钩、半自动车钩和半永久牵引杆。

1）自动车钩

如图 5-9 为上海地铁 1 号线使用的自动车钩，它位于带司机室拖车的司机室一端，其电气和气路系统都组装在钩头上,当连挂时,车钩的机械、电气、气路系统能自动连接,解钩时,可在司机室控制自动解钩或采用手动解钩。解钩后,车钩即处于挂钩准备状态;电气连接器通过盖板自动关闭,以防止水和尘土进入;主风管连接器也自动关闭,防止压缩空气泄漏。

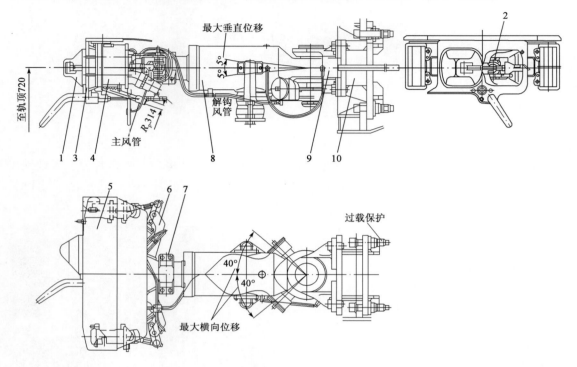

图 5-9　全自动车钩

1-机械钩头;2-解钩风缸;3-主风管和解钩管连接器;4-电气连接盒;5-盖板;6-电气连接盒操作机构;7-套筒式联轴器;8-双向作用环弹簧缓冲器;9-带有垂向支承和对中装置的支承座;10-有过载保护作用的钩尾冲击座

(1)钩头。钩头结构与连接、解钩作用原理如图 5-10 所示。

①待挂状态:即车钩连接前的准备状态,此时钩舌定位杆被固定在待挂位置,钩锁弹簧处于最大拉力状态,钩锁连接杆退至凸锥体内,钩舌上的钩嘴对着钩头正前方。

②连接状态:相邻车钩的凸锥伸入对方车钩的凹锥孔并推动定位杆顶块,定位杆顶块推动钩舌定位杆离开待挂位置。由于钩锁弹簧的回复力使钩舌作逆时针转动,带动钩锁连接杆伸进相邻车钩钩舌的钩嘴,完成两钩的连接锁闭。这时连挂两钩的钩锁连接杆和钩舌形成平行四边形,车钩受牵拉时,拉力由两钩锁连接杆均匀分担,使钩舌始终处于锁紧位置;当车钩受冲击时,压力通过两车钩壳体连接法兰传递。

③解钩状态:司机操纵按钮控制电磁阀,使解钩风缸充气,风缸活塞杆推动钩舌顺时针转动,使相邻车钩的钩锁连接杆拖开钩舌,同时使自身的钩锁连接杆克服钩锁弹簧拉力缩入钩头凸锥体内,脱离相邻车钩的钩舌,这时定位杆顶块控制钩舌定位杆使钩舌处于解钩状态。当两钩分离后,定位杆顶块由于弹簧作用复位,钩舌定位杆回至待挂位,车钩又恢复到待挂状态。

(2)电气连接器。电气连接器由左右电气箱组成,分设于钩头的两侧,并可前后伸缩。电气箱外装有保护罩,当两钩连接时,电气箱可推出使其端面高于车钩端面,此时保护罩自动开启;解钩后,电气箱退回至原位置,保护罩自动关闭。左右电气箱内的触点分别为固定触点和弹性触点,保证电气连接时密接可靠。

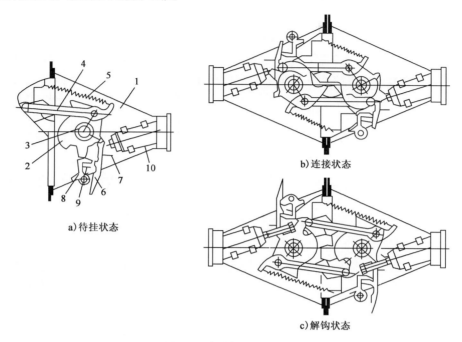

图 5-10　自动车钩的工作原理

1-壳体;2-钩舌;3-中心轴;4-钩锁连接杆;5-钩锁弹簧;6-钩舌定位杆;7-钩舌定位杆弹簧;8-定位杆顶块;9-定位杆顶块弹簧;10-解钩风缸

（3）风管连接器。风路连接部分设有主风管连接器和解钩风管连接器。主风管配有主风管自动阀,在解钩时可自动切断气路,在连接时可自动接通气路。解钩风管始终处于连通状态,由司机操纵电磁阀控制管路的通、断,达到自动解钩或连挂的目的。

（4）缓冲器。钩头的后面为缓冲器,如图 5-11 所示,其容量为 18.7kJ,最大作用力为 580kN,行程为 58mm,能量吸收率为 66%。

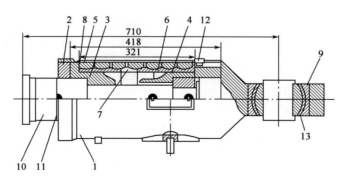

图 5-11　环弹簧缓冲器(尺寸单位:mm)

1-弹簧盒;2-端盖;3-弹簧前从板;4-弹簧后从板;5-外环弹簧;6-内环弹簧;7-开口弹簧;8-半环弹簧;9-球形支座;10-牵引杆;11-标记环;12-预紧螺母;13-橡胶嵌块

当车钩受冲击时，牵引杆推动弹簧前从板向后挤压环弹簧；当车钩受牵拉时，拧紧在牵引杆后端的预紧螺母带动弹簧均受压缩作用，由于内、外环弹簧相互接触的基础面均做成V形锥面，受压缩相互挤压时，外环扩胀，内环压缩，这样就产生了轴向变形，起到缓冲作用。同时内外环弹簧接触面产生相对滑动，摩擦力做功也消耗了部分冲击能。

环弹簧缓冲器的前端通过一组对开连接套筒与钩头连接，后端的球形支座通过销轴与车钩支撑座连接。整个车钩缓冲装置在水平面内可绕销轴左右摆动40°。在垂直面内借助于球形轴套嵌有橡胶件可上下摆动5°，以满足车辆运行于水平曲线和竖曲线的要求。

2）半自动车钩

半自动车钩和自动车钩基本相同，其不同点有：

(1)电气连挂只能用手工连接。

(2)解钩时，机械和气路部分可气动，也可手动操作完成，但不能在司机室集中控制。

(3)电气连接装置只能用手动操作。

(4)在半自动车钩上设有贯通道支撑座。

3）半永久牵引杆

半永久牵引杆具体结构见图5-12，两牵杆的端部各有一个锥孔和锥柱，在连挂时起定位作用，通过套筒式联轴器将两个牵引杆刚性相连，它与电气、气路通过机械紧固获得永久连接。通常只有在维修时牵引杆才分解。在半永久牵引杆上设有贯通道支撑座。

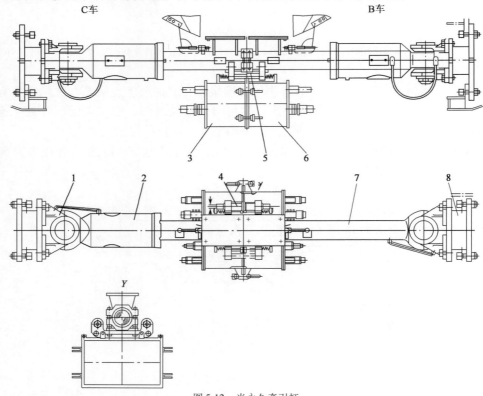

图5-12 半永久牵引杆

1-支撑座；2-具有双作用环弹簧的牵引杆；3、6-电气连接盒；4-风管；5-套筒式联轴器；7-牵引杆；8-过渡板

4. 制动系统

人为地对运动的物体施加作用,使运动的物体速度降低(包括防止速度增大)或停止运动;或者对静止的物体施加一定的作用,防止其受外力作用时产生移动,使其保持静止的状态,这种作用称为制动作用。制动时产生的、能实现制动作用的力,称为制动力。解除制动作用的过程称为缓解。

城市轨道交通具有城市公共交通的特点,车站之间的距离较短,旅客流量波动大,列车运行过程中的调速和停车都比较频繁,为了提高列车的运行速度(尤其是对高架有轨交通和地铁列车),必须使其起动提速快、制动距离短。针对城市轨道交通列车的特点,制动系统应具备以下基本条件:

①列车的制动系统操纵灵活,制动减速快,作用灵敏可靠。列车前后车辆制动和缓解作用一致,制动和缓解时前后部车辆之间产生的冲击小。

②具有足够的制动力,保证列车在规定的制动距离内安全停车。

③一般要求具有动力制动能力,并且在正常制动过程中应尽量发挥动力制动能力,以减少对城市环境的污染和降低运行成本。同时应具有动力制动与摩擦制动联合制动的能力。

④制动系统应保证列车在长大下坡道上运行时,其制动力不衰减。

⑤各车辆的制动能力应尽可能一致,制动系统应根据乘客量的变化,而具有空重车调整能力,以减少制动时列车的纵向冲击。

⑥具有紧急制动性能,遇有紧急情况时,能使列车在规定的距离内安全停车。紧急制动作用除可由司机操纵外,必要时还可以由其他行车人员利用紧急按钮(紧急阀)进行操纵。

⑦列车在运行过程中,若发生诸如列车分离、制动系统严重故障等危及行车安全的事故时,应能自动产生紧急制动作用。

1)列车制动方式

从能量的观点看,"制动"的实质就是将列车动能转变为别的能量或转移走。从作用力的观点看,"制动"就是让制动装置产生与列车运行方向相反的外力,使列车速度控制在允许范围内。

为达到上述目的,城市轨道交通车辆上采用了不同的制动方式,主要有闸瓦制动、盘形制动、磁轨制动、轨道涡流制动、旋转涡流制动、电阻制动、再生制动等。

(1)闸瓦制动如图 5-13 所示,又称踏面制动,它是自有铁路以来使用最广泛的制动方式。用铸铁或其它摩擦材料制成的瓦状制动块(闸瓦)紧压滚动着的车轮踏面,通过闸瓦与车轮踏面的机械摩擦,将列车动能转化为热能消散于大气并产生制动力。

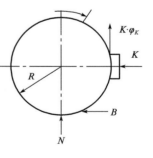

图 5-13 闸瓦制动

(2)盘形制动如图 5-14 所示,又称摩擦式圆盘制动,它是在车轴上或在车轮辐板侧面安装制动盘(一般为铸铁圆盘),用制动夹钳使以合成材料制成的两个闸片紧压制动盘侧面,通过摩擦产生制动力,把列车动能转化为热能消散于大气。

(3)再生制动,也是将牵引电动机变为发电机,不同的是,它将电能反馈回电网使用,在经济上是合算的,但技术上比较复杂。

2) 列车制动机

列车制动装置一般由制动机和基础制动装置两部分组成。制动机是产生制动原动力并进行操纵控制的部分;基础制动装置是传递制动原动力并产生制动力的部分。按制动原动力和操纵控制方式的不同,城市轨道车辆制动机可分为手制动机、空气制动机、电空制动机、电磁制动机和真空制动机。

(1)空气制动机。空气制动机是以压力空气作为制动原动力,通过改变压力空气的压强来操纵控制。空气制动机制动力大,操纵灵敏,控制便利。空气制动机又分直通式和自动式两大类,目前广泛采用自动空气制动机。

如图 5-15 所示,自动空气制动机在每辆车上均设有一个三通阀,一个副风缸。"三通"指:一通列车管,二通副风缸,三通制动缸。

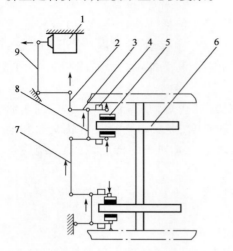

图 5-14 盘形制动
1-制动缸;2-拉环;3-水平杠杆;4-缓解;5-制动块;
6-制动盘;7-中间拉杆;8-水平杠杆拉杆;9-转臂

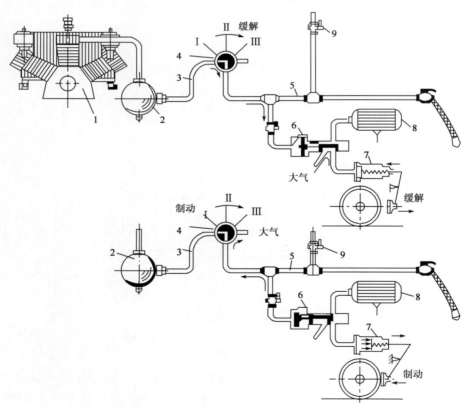

图 5-15 自动式空气制动机
1-空气压缩机;2-总风缸;3-总风缸管;4-制动阀;5-列车管;6-三通阀;7-制动缸;8-副风缸;9-紧急制动阀

当制动阀手柄置于缓解位Ⅲ时,总风缸的风经制动阀进到列车管(充风增压),并进入三通阀,将其中的(主)活塞推至右极端(缓解位)并经三通阀活塞套上部的"充气沟"进入副风缸。此时,制动缸经三通阀(缓解槽和排气孔)通大气。如制动缸原来在制动状态则可得到缓解。

当制动阀手柄置于制动位Ⅰ时,列车管经制动阀通大气(排风减压),副风缸的风压将三通阀(主)活塞推向左极端(制动位),从而打开了三通阀上通往制缸的孔路,使副风缸的风可通往制动缸,产生制动作用。

当制动阀手柄置于保压位Ⅱ时,列车管既不通总风缸也不通大气,列车管空气压强保持不变。此时,副风缸仍继续向制动缸供风,副风缸空气压强仍在下降。当副风缸的空气压强降至列车管空气压强略低时,列车管风压会将三通阀(主)活塞向右反推至中间位置(中立位或保压位),刚好使三通阀通制动缸的孔被关闭(遮断),副风缸停止向制动缸供风,副风缸空气压强不再下降,处于保压状态,制动缸空气压强不再上升,也处于保压状态。如在制动缸升压过程中将手柄反复置于制动位和保压位,则制动缸空气压强变为分阶段上升,即实现阶段制动。

由此可见,自动式空气制动机的特点是列车管排气(减压)时制动缸充气(增压),发生制动。优点是,当列车发生分离事故,制动软管被拉断时,列车管风将急剧下降,三通阀(主)活塞将自动而迅速地左移到制动位,由于各车都有副风缸分别向制动缸供风,制动缸动作较快,故列车前后部开始制动作用的时间表差小,即制动和缓解的一致性较好,适用于编组较长的列车。

(2)电空制动机。电空制动机是电控空气制动的简称,是在空气制动机的基础上加装电磁阀等电气控制部件而形成的,如图5-16所示。它的特点是制动作用的操纵控制用"电控",但制动作用原动力还是压力空气。而且,在制动机的电控因故失灵时,它仍可实行"气控"(空气压强控制),临时变成空气制动机。

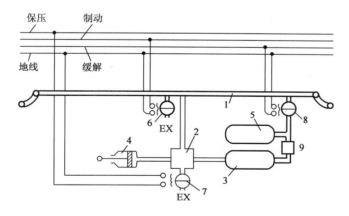

图5-16 电空制动机

1-列车管;2-三通阀;3-副风缸;4-制动缸;5-加速缓解风缸;6-制动电磁阀;7-保压电磁阀;8-缓解电磁阀;9-止回阀

三、新型城市轨道交通车辆

随着社会经济的发展、城市化进程的加快,城市人口高度密集,车辆急剧增加,日益突出的交通拥堵问题已成为各大城市急迫解决的问题。

建立一个以轨道交通系统为骨干,以公共交通为主体,多种交通方式相互协调的综合交通系统是解决城市交通问题的有效途径。目前,世界上技术最为成熟、应用最广泛的轨道交通模式还是地铁和轻轨。但为了适应不同城市的交通需求、经济水平、地理条件以及环保要求,世界各国正积极研发各种新型并各具特色的城市轨道交通模式,即所谓新型城市轨道交通。

1. 单轨交通车辆

单轨交通是一种轨道为一条带形的梁体,车辆跨坐于其上或悬挂于其下行驶的交通工具。单轨交通按其走行模式和构造的不同,分为跨座式单轨和悬挂式单轨。

1) 跨座式单轨交通的车辆

跨座式单轨交通的车辆是跨骑于轨道梁上行驶的(图5-17),车辆上部乘坐乘客的厢体与一般轨道交通的车辆构造基本相同,只是车辆根据客运要求选定的尺度大小有些区别。由于车辆采用充气橡胶车轮,承载力受到制约,车体重量应尽量的轻,故一般采用铝合金焊接结构。

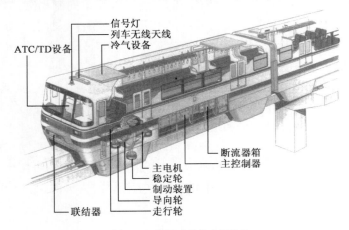

图 5-17 跨座式单轨车辆构造

图 5-18 为日本的单轨车辆用的双轴转向架,采用钢板压制焊接无摇枕结构,一根轴上装有两个承重的走行轮,因受橡胶材料性能的限制,容许轴重常在 10t 上下。在轨道梁的两侧转向架上半部有两对导引车辆行走方向的导向轮,转向架的下半部装有一对保持车辆安全平稳行驶的稳定轮。由于采用充气橡胶车轮,虽然充入的是比较安全的惰性气体氮气,但为防止轮胎泄气或万一发生爆裂影响行车和安全,导向轮和稳定轮每一橡胶车轮均附设了一个钢制辅助车轮,带动力的转向架上还装设有牵引电动机、集电装置等部件。由此可见,跨座式单轨车辆的转向架是一个技术含量较高、构造比较复杂的部件。我国重庆跨座式单轨车辆目前基本采用的是日本车辆形式。为实现车辆国产化,对转向架这一复杂的关键部件,在我国有关工厂经过引进部分技术和反复实验研究,已可顺利进行自制生产,为车辆生产全面实现国产化奠定了基础。

跨座式单轨交通车辆的电气等设备,放置在车厢地板以下的部位,为了降低牵引电动机、传动装置等产生的噪声,除车厢内壁装设了隔声材料外,车体的两侧都用裙板进行包封,阻止噪声向外扩散,同时也使车体的外形显得整体利落,比较美观。车辆的正、负极集电器安装在车体的两侧,分别与轨道梁两侧正、负极导电轨接触受电和回流。

2) 悬挂式单轨交通的车辆

悬挂式单轨交通的车辆是悬挂在钢制的箱形轨道梁下方行驶(图5-19),车辆由转向架、悬挂装置和车体3部分组成，车厢内部设置与跨座式单轨车辆相似。车体材料通常也是采用轻质的铝合金焊接结构。悬挂式单轨车辆的电器等设备的安放位置，与跨座式单轨车辆不同，均设置在车体的顶部。

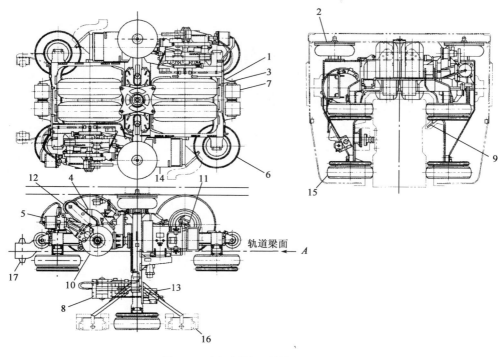

图5-18 跨座式单轨双轴转向架构造图

1-转向架构架；2-车体支；3-走行轮；4-驱动装置；5-制动装置；6-导向轮；7-辅助车轮；8-集电装置；9-接地装置；10-制动盘；11-轮胎检测装置；12-速度计；13-受电弓脱开装置；14-主电机；15-稳定轮；16-IR 天线；17-车上传感器

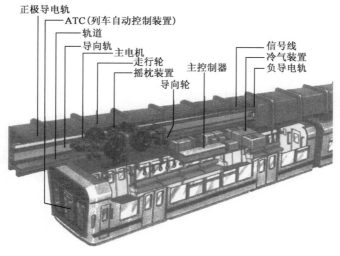

图5-19 悬挂式单轨交通的车辆

悬挂式单轨车辆采用双轴动力转向架(图5-20)，每根轴上装有两个承重的走行轮，转向架前后两侧各有一对导向轮。车轮全为充气橡胶车轮,为保障安全预防轮胎泄气或爆裂,橡胶车轮也配有钢制辅助车轮。

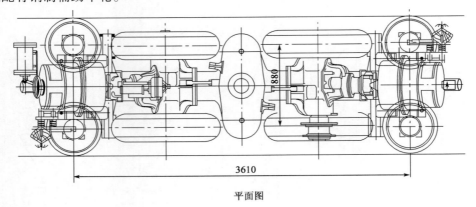

平面图

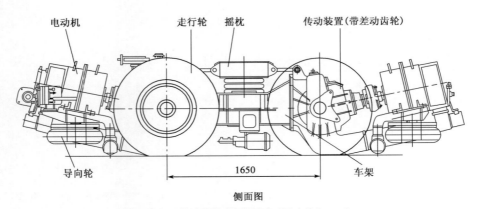

侧面图

图 5-20　悬挂式单轨车辆转向架(尺寸单位:mm)

连接转向架和车体的悬挂装置由悬挂杆、安全钢索、液压减振器及制动器等组成(图 5-21)。安全钢索是在悬挂杆意外损坏时保障安全的设施。

悬挂式单轨车辆悬挂在轨道梁下行驶,重心在下,有利于乘客舒适地乘行通过弯道,但车停站时会稍有不平稳的晃动感。

2. 直线电机轨道交通车辆

城市轨道交通除了直流和交流旋转式牵引电动机外,近代新发展了直线电动机,它改变了传统电动机旋转运动方式为直线运动方式,突破了轨道车辆长期以来依靠轮轨黏着作用传递牵引力的传统技术。

1)直线电机的工件原理

直线电机为线性异步感应电动机的简称,其工

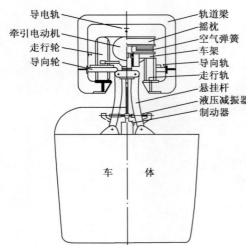

图 5-21　车辆与轨道梁连接关系图

作原理与一般的旋转式感应电动机相类似。直线电机可以认为是旋转电机在结构方面的一种演变,它可看作是将一台旋转电机沿径向剖开,然后将电机的圆周展成直线,如图 5-22 所示,这样就得到了由旋转电机演变而来的最原始的直线电机。由定子演变而来的一侧称为初级,由转子演变而来的一侧称为次级。

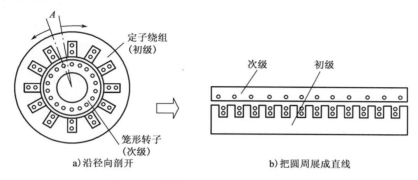

图 5-22 由旋转电机演变为直线电机的过程

初级部分在用硅钢片叠压成扁平形状的铁芯上,放入两层叠绕的三相线圈构成,沿纵向固定安装于车辆底架下部或转向架构架下部。而次级部分亦展平变为一条感应轨,铺设在两走行轨之间,一般由铝板或铝合金制成的外壳和铁芯组成。初级与次级感应轨之间应保持 8 ~ 10mm 间隙,当通过交流电时,由于磁场的相互作用产生推力,驱动车辆运行或制动车辆。

2) 直线电机轨道交通的驱动方式

采用直线电机的轨道交通一般采用短定子技术,定子线圈(初级线圈)安装在车辆上,而转子部分则安装在导轨上。列车的运行工况(牵引、惰行、制动)及运行速度完全由定子绕组中的移动磁场控制。

这种系统走行部件的配置如图 5-23 所示,车辆是利用车轮起支承导向作用,与传统轮轨系统相似。但在牵引方面却采用了车载短定子直线异步电机(LIM)驱动,当初级线圈通以三相交流电时,由于感应而产生电磁力,直接驱动车辆前进,改变磁场移动方向,车辆运动的方向也随之改变。车辆平稳运行时,定子与反应板之间的间隙一般保持在 10mm 左右。直线电机转向架与驱动系统如图 5-24 所示。

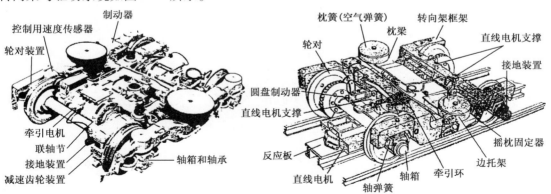

图 5-23 直线电机轨道交通车辆走行部件配置

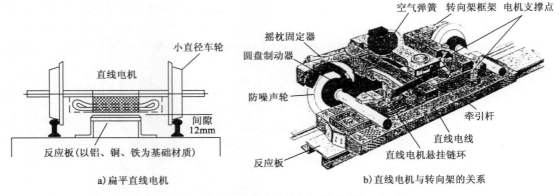

图 5-24 直线电机转向架、驱动系统

3）直线电机轨道交通的特点

直线电机车辆采用交流变频变压控制,取消了传统的旋转电机从旋转运动转换成直线运动所必不可少的一系列机械减速传动机构,既减轻了重量又使结构十分简单,特别是转向架变得很简单,可以采用小轮径的径向转向架。直线电机车辆的优点为:

(1) 噪声低。由于省去了传统的机械减速传动机构,轮轨间不传递牵引力,从而减轻了轮轨间的磨耗,减少了许多噪声源,比一般车辆可降低约 10dB。

(2) 采用径向转向架,提高车辆过小半径曲线的能力,降低过曲线时的尖啸声。由于装设直线电机,免除了传统的在转向架上悬挂牵引电机与机械传动装置,从而有可能采用小轮径的径向转向架,提高了车辆过小半径曲线的能力,降低了过曲线时的尖啸声和轮轨磨耗。

(3) 由于省去了一系列的传动机构,降低了车辆的自重,简化了结构,有可能采用小轮径,从而使车辆的轮廓尺寸减小,由此可使地铁隧道的土建造价降低。

(4) 车辆的加减速可靠、磨耗少、爬坡能力强。由于车辆依靠直线电机直接驱动和制动,车轮仅起导向和支承作用,牵引力直接由轨道上的感应轨作用于装在车辆上的定子,所以不受轮轨间的黏着力影响,可产生较高的加、减速度,不会出现车轮打滑现象。

但是直线电机最大的缺点是效率低,约为旋转电机效率的 70%,这是由于线圈与感应轨间的工作气隙较大,导致磁损耗大,直线电机比同样功率电机的耗电量大。另外,需铺设一条与线路等长的感应轨,工艺要求又高,所以工程投资大,控制技术也复杂,车辆的制造成本高。目前直线电机车辆已在加拿大的温哥华、多伦多,美国的底特律和日本的大阪等城市的轨道车辆上获得应用,取得良好效果。

第二节 供配电及牵引系统

一、概述

电能是地铁及轻轨电力牵引系统必需的能源,地铁及轻轨的牵引设备以及为轨道交通运营服务的机电设备,包括通风、空调、照明、通信、信号、给排水、防灾报警、电梯、电动扶梯等也都依赖并消耗电能。在地铁及轻轨的交通运营系统中,若供电一旦中断,不仅会造成交通运营设备瘫痪,而且还有可能危及旅客生命安全,造成财产损失。因此高度安全、可靠而又经济合理的供配电系统是地铁及轻轨设备正常运营的重要条件和保证。

1. 地铁及轻轨供配电系统的作用

(1)提供地铁及轻轨运行所需电能即牵引用电。

(2)提供地铁及轻轨机电设备运转所需电能,如为风机、水泵、空调、自动扶梯、升降梯、加工设备等提供电能。

(3)提供地铁及轻轨交通通信信号设备运行所需电能。

(4)提供地铁及轻轨交通照明及其它生产生活用电。

2. 地铁及轻轨交通供配电系统的组成

地铁及轻轨的供配电系统电源一般取自城市电网,通过城市电网一次电力系统和轨道交通供电系统实现输送或变换,最后以适当的电压等级和一定的电流形式(直流或交流电)供给用电设备。

城市电网一次电力系统包括发电厂、传输线、区域变电站等,由国家电力部门建造与管理。发电厂是发出电能的中心,一般可分为火力发电厂、水力发电站和原子能核电站等。发电厂的发电机发出的电能,要先经过升压变压器升高电压,然后以 110kV 或 220kV 的高压,通过三相传输线输送到区域变电站。

在区域变电站中,电能先经过降压变压器把 110kV 或 220kV 的高压降低电压等级(如 10kV 或 35kV),再经过三相输电线输送给本区域内的牵引变电站和降压变电站,并再降为地铁和轻轨等电力牵引系统所需的电压等级。

在地铁和轻轨的供电系统中,根据需要可以设高压主变电站。发电厂或区域变电站对地铁及轻轨主变电站供电,经主变电站降压后,分别以不同的电压等级对牵引变电站和降压变电站供电。地铁轻轨交通供配电系统包括城市电网一次电力系统、牵引供电系统和动力照明供电系统。如图 5-25 所示为城市电网一次电力系统和地铁轻轨供电系统示意图。

地铁及轻轨电力牵引系统是一个重要用电部门,它不同于一般工业和民用的用电,为一级负荷。一级负荷规定由两路独立的电源供电,当任何一路电源发生故障中断供电时,另一路应能保证一级负荷的全部用电。牵引变电所的电源进线应来自两个区域变电站或区域变电站的两路独立电源,当一路电源失压时,另一路电源自动投入,牵引变电所能从区域变电所不间断地获取电能。

二、城市电网一次电力系统

城市电网一次电力系统是城市电网对地铁及轻轨电力牵引系统内部的变电站的供电系统,包括发电厂、传输线路和主变电站。

(1)发电厂(站):发电厂(站)是将各种形式的能源转换成电能的特殊工厂,分为火力、水力、核动力等各种能源发电厂(站)。

(2)传输线路:电力输电线路是电能的传输通道,是发电厂、变/配电所、电能用户三者的联系纽带。一般发电厂都远离电力负荷,需升压为高电压(110kV 或 220kV)甚至超高压等更高等级电压,满足远程输送需要。

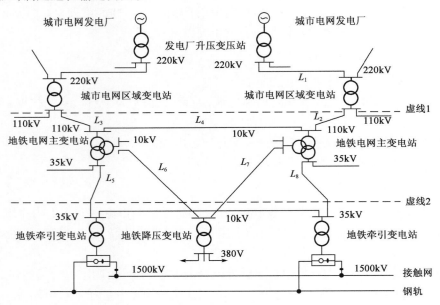

图 5-25　城市电网一次电力系统和地铁轻轨供电系统

(3)区域变电站(主变电站):区域变电站(主变电站)对城市电网是用户,对城市轨道交通供电系统是电源,它担负着将城市电网高压电变成牵引供电系统和变配电系统所需要的电压等级如 35kV 或 10kV,通过三相传输线输送到本供电区域内各个用电部门的变电所,再次降压或整流为所需电压等级如 380V 交流、1500V 直流等。

城市电网一次电力系统的供电方式有集中、分散和混合三种供电形式。采用何种形式一般视各城市的情况而定。

1. 集中供电

沿地铁、城轨交通沿线,根据用电容量和线路长短,建设专用的主变电站(所),这种由主变电站(所)构成的供电方案称为集中式供电,见图 5-26。主变电所有两路独立的进线电源,由主变电所变压为内部供电系统所需要的电压等级,一般为 10kV 或 35kV。

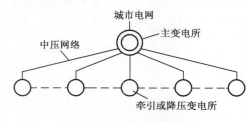

图 5-26　集中供电结构示意图

集中式供电有利于城市轨道交通供电形成独立的体系,便于管理和运营。上海、广州、南京、香港、德黑兰地铁就采用集中式供电方案。

集中供电方式按照电压等级的不同又可以分为二级电压制集中供电和三级电压制集中供电。

(1)二级电压供电。由区域变电所输出中高压等级(10kV 或 35kV),直接向牵引变电所和降压变电所供电。由牵引变电所降压和整流为直流牵引电压等级(如 750V 或 1500V);由降压变电所降为 380V 动力电压等级,再分别向接触网、电动车组供电或向动力用电设备供电。二级电压制集中供电方式结构如图 5-27 所示。

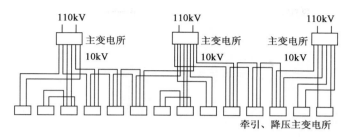

图 5-27 二级电压制集中供电方式结构示意图

（2）三级电压供电。需设置轨道交通系统高压主变电所，即由区域变电所输出高压等级（如110kV或220kV）对主变电所供电，再由主变电所将高压等级降为中高压等级后，分别向牵引变电所和降压变电所供电。三级电压制集中供电方式结构如图5-28所示。

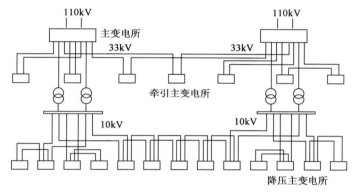

图 5-28 三电压制集中供电方式结构示意图

我国北京、天津地下铁道采用二级电压供电方式，上海地铁则采用三级电压供电方式。

2. 分散供电

根据地铁及城轨交通供电需要，在地铁沿线直接由城市电网引入多路电源构成供电系统，称为分散式供电。这种供电方式一般为10kV电压等级。分散式供电要保证每个牵引变电所和降压变电所均获得双路电源，要求城市轨道沿线要有足够的电源引入点及备用容量。图 5-29 所示为分散供电结构示意图。

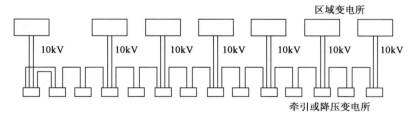

图 5-29 分散供电结构示意图

我国沈阳地铁、北京八通线、北京地铁5号线就采用分散式供电方式。

3. 混合供电

混合供电是集中式和分散式两种供电方式的结合，一般以集中式供电为主，个别地段引入城市电网电源作为集中式供电的补充,使供电系统更加完善和可靠,见图 5-30。

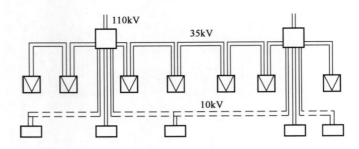

图 5-30　混合供电结构示意图

北京地铁 1 号线和环线、武汉轨道交通工程、青岛地铁南北线工程即采用混合式供电方案。

三、牵引供电系统

牵引供电系统的主要功能是:将地方电力系统的电源引入牵引供电系统的牵引变电所,通过牵引变压器变压为适合牵引设备运行的电压制式(交流电气化铁路:AC25kV;城市轨道交通:DC750V、DC1500V 或 DC3000V 等),向电力机车、地铁或轻轨提供连续电能。

1. 牵引供电制式简介

牵引供电制式是指轨道交通的供电系统向电动车辆或电力机车供电所采用的电流制、电压制和列车供电方式。电力牵引的发展历程中出现的牵引供电制式有直流和交流两种制式。

1)直流制

电力网提供的高压、三相电在牵引变电所降压、整流后变为一定电压等级的直流电,向地铁及轻轨等牵引设备提供直流电能。电压等级可以根据城市电网一次电力系统、线路及牵引设备情况不同来确定。电气化铁路发展初期,国外干线电气化铁路也曾采用这种供电形式,但 20 世纪 50 年代后基本很少在干线使用,目前直流制供电形式主要运用在地铁、城轨等牵引供电系统中。

直流电压等级主要有 DC600V、DC750V、DC825V 和 DC1500V 等几种。DC600V 制式多见于二战前英、美等国家修建的一些城市轨道系统,DC825V 主要见于苏联诸国,后期建成的各国城市轨道系统的车辆受电电压制式多在 DC750V 和 DC1500V 两种制式中选用。我国国家标准《地铁直流牵引供电系统》规定了 DC1500V 和 DC750V 两种电压制。IEC(国际电工委员会)建议电压标准如表 5-2 所示。

IEC 牵引用电标准　　表 5-2

	电压(V)		
	标准	最低	最高
直流系统	750	500	900
	1500	1000	1800
	3000	2000	3600

对应于我国地铁城轨这两种不同的供电电压制式,车辆的受流方式也不同,主要有集电靴式和受电弓式,因此,向车辆的馈电方式也相应为第三轨和接触网方式。还有少量的第四轨式,为橡胶轮系统、独轨系统和其它系统的车辆配套使用。一般 DC1500V 电压采用架空接触网馈电方式;DC750V 电压采用第三轨馈电方式。

例如:北京和天津地铁采用 DC750V 第三轨馈电,上海、广州和大连采用 DC1500V 接触网馈电,长春轻轨采用 DC750V 接触网馈电,南京和深圳地铁采用 DC1500V 接触网馈电,苏州、杭州、武汉和青岛采用 DC750V 第三轨馈电。

直流牵引供电系统主要由牵引变电所的整流机组、直流正负极开关设备、接触网设备和馈线、回流线、均流电缆、钢轨电位限制装置等组成,每个牵引变电所设两套整流机组(整流变压器—整流器单元)并列运行,通过接触网向列车供电,然后再经钢轨、回流电缆至牵引变电所负极。

2)交流制

牵引供电系统向地铁及轻轨等牵引设备提供的是一定电压及频率的交流电能,一般多用于干线电气化铁路牵引供电。电力牵引的发展历程中出现的交流制形式有单相低频制、三相交流制及单相工频制。

(1)单相低频交流制。由于直流供电形式供电电压难以进一步提高,且有比较大的电阻损耗,为了克服直流制供电的缺点,在 20 世纪初,西欧一些国家如德国、奥地利、瑞士、挪威、瑞典采用了单相低频交流制供电,并得到了较大发展。单相低频交流制的频率为 $16\frac{2}{3}$ Hz,电压也提高到 11~15kV。美国也曾使用 11kV 或 12.5kV、25kV 的低频交流供电形式。

这些国家之所以采用低频,是因为当时这些国家有低频的工业电力,且低频的整流相对容易,低频交流的电抗也较工频小。

和直流制比较,低频单相交流制的导线截面减小,送电距离也可相应提高到 50~70km。

低频单相交流制的主要缺点是供电频率与工业供电频率不同,故变电所必须有相应的变频装置,或由铁路专用的低频发电厂供电。

(2)三相交流制。在牵引电流制的发展过程中,个别国家如瑞士、法国等还采用了 3.6kV 的三相交流制,电力机车牵引电动机采用三相交流异步电动机。

三相交流制是三相对称负荷,不会影响电力系统的三相对称性,牵引变电所和电力机车的结构也都相对简化。而且三相异步电动机运行可靠、维护方便。主要缺点是机车供电线路复杂,特别是三相异步电动机调速比较困难,因此这种供电形式很快就停止使用了。

(3)单相工频交流制。单相工频交流制是电气化铁道发展中的一项先进供电制式,最早出现在匈牙利,电压为 16kV。1950 年法国试建了一条 25kV 的单相工频交流电气化铁道。随后日本、苏联等相继都采用了工频交流制,电压为 20kV。由于此种电流制的优越性比较明显,很快在各国被广泛采用。我国干线电气化铁道建设一开始就采用了此种电流制,从而为后来的电气化铁道的发展打下了良好的基础。

单相工频交流制的主要优点如下:

①牵引供电系统结构简单。牵引变电所从电力系统获得电能并经过电压变换后,直接供给牵引网,不需要在变电所设置整流和变频设备,变电所结构大为简化。

②牵引供电电压增高,既可保证大功率机车的供电,提高机车的牵引力和运行速度,又可使变电所之间的距离延长,供电导线截面减小,建设投资和运营费用显著降低。

③交流电力机车的黏着性能和牵引性能良好。通过机车上变压器和变流装置的调压转换,牵引电动机可以在全并联状态下工作,牵引电动机并联运转可以防止轮对空转的恶性发展,从而提高了机车运行的黏着系数。

④和直流制比较,交流制供电形式的地中电流对地下金属的腐蚀作用小,一般可不设专门防护装置。

单相工频交流制存在的主要问题如下:

①单相牵引负荷将会在电力系统中形成负序电流,当电力系统容量较小时,负序电流的影响尤为突出。

②电力牵引负荷是感性负荷,功率因数低,特别是采用相控整流后,牵引电流变为非正弦波,出现较大的谐波电流,将使功率因数更低(近年来,随着牵引变流技术的不断发展,四象限脉冲整流器在交流传动机车上的广泛使用已经使机车的功率因数得到很大的改善,理想情况下甚至可以接近为1)。

③牵引网中的单相工频电流将对沿线通信线路造成较大的电磁干扰。

2. 牵引供电系统结构

牵引供电系统是由牵引变电所和牵引网组成,如图 5-31 所示。牵引网是馈电线、接触网、钢轨与大地、回流线的统称。

牵引供电系统各部分名称及功能简述如下:

(1)牵引变电站。指对轨道交通某一供电区段提供牵引电能的变电所。

(2)接触网。分为架空线和接触轨两种受流方式,对轨道交通列车供电的导线。

(3)馈电线。为从牵引变电所向接触网输送牵引电能的导线。

(4)电分相。为了便于检修和缩小事故范围,将接触网分成若干段的装置为电分相。

(5)回流线。供牵引电流从钢轨返回牵引变电所的导线。

(6)钢轨。承载列车和导向的同时也被用来作为牵引电流回流回路的一部分。

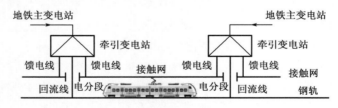

图 5-31 地铁轻轨牵引供电系统示意图

3. 牵引变电站(所)

牵引变电站担负着电压变换和分配电能的作用,由区域变电所或主变电所获取中压等级电能,经降压与整流变换为可供地铁及轻轨列车牵引用电。

地铁及轻轨交通供电系统的主要用电对象是电动车组,即牵引用电。为确保牵引供电的质量,牵引变电所的设置(数量、位置)和容量应该按远期列车编组、运行密度进行牵引供电计算后确定。一般设置在车站和车辆段附近,相邻牵引变电所之间距离在 2~4km,如图 5-32 所示。

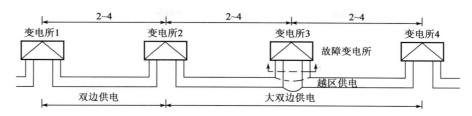

图 5-32　地铁及轻轨交通牵引供电设施分布示意图(尺寸单位:km)

城轨交通的牵引供电设施较为简单,仅有牵引变电所,正常时双边并联供电,故障情况下由相邻牵引变电所实现越区供电(大双边供电)。

1)牵引变电所的外部供电方式

牵引变电所的一次供电方式又称一次侧供电方式或外部供电方式。因为电力牵引供电属于一级负荷,中断供电将会造成重大经济损失和严重的社会影响,因此对一次供电的可靠性要求很高。通常要求每个牵引变电所必须有两个独立电源供电,或者由两路非同杆架设的输电线路供电,其中每路输电线应能承担牵引变电所的全部负荷。两路电源互为备用或一主一备,即一路可长期供电,另一路由于某种原因只能作为短期备用。当供电电源故障时,备用电源应能立即投入。

根据供电系统的分布状况,发电厂和地区变电所的位置以及容量等因素,牵引变电所的供电方式有以下几种:

(1) 一边供电。一边供电是指牵引变电所的电能只能由电力系统中的一个方向送来,如图 5-33 所示。图中牵引变电所 C_1、C_2、C_3 只能从右侧的发电厂 A_1 用两路输电线供电。而发电厂 A_1 又通过地区变电所 B_1、B_2、B_3 与发电厂 A_2、A_3 相连,构成一个可靠的供电网络,保证任一电源故障,都不会中断供电。

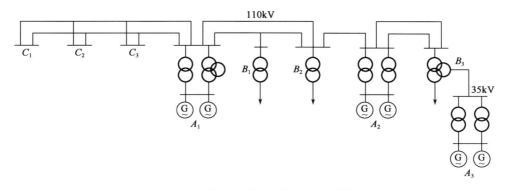

图 5-33　牵引变电所一边供电方式示意图

(2) 两边供电。两边供电就是指牵引变电所的电能由电力系统中的两个方向送来,如图 5-34 中的牵引变电所 C,它的两侧都有电源,左侧发电厂 A_1 用一条输电线给牵引变电所送电,并供电给地区变电所 B,而变电所 B 又由发电厂 A_2 供电,并由一条专用输电线供给牵引变电所 C。

(3) 环形供电。环形供电是指若干个发电厂、地区变电所通过高压输电线连接成环形电力网,而牵引变电所处于环形电力系统中的一段环路之中。仍以图 5-34 说明,如果发电厂 A_1、

A_2 通过输电线 W_1、W_2 与发电厂以外的电网连接,则形成环形电力系统,这时牵引变电所 C 就处于电力系统的一段环形之中而构成环形供电。

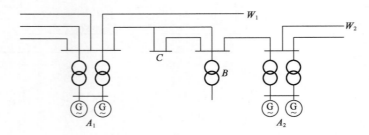

图 5-34　牵引变电所两边供电方式示意图

不难看出,两边供电和环形供电比一边供电有更高的可靠性和更好的供电质量。两边供电的优点在于任一座发电厂故障时,电气化铁道的供电不会中断。环形供电的优点则在于电力系统的频率稳定,电压波动的幅度较小。因此,牵引变电所的一次供电方式,应尽可能采用两边供电或环形供电。通常在一条很长的电气化铁道区段上,往往同时采用几种不同的外部供电方式。

2) 牵引变电所的引入线方式

牵引变电所的引入线方式又称为牵引变电所一次侧的主接线方式。采用何种引入线方式,需要从技术、经济、运行、外部供电方式以及主变压器的接线方式等因素综合比较后才能确定。

目前我国牵引变电所的引入线方式有以下三种:

(1) 桥接线方式。当电力系统的功率需要穿越牵引变电所时,采用此种引入线方式,如图 5-35a) 所示。

牵引变电所有两路引入线,并通过桥断路器连接起来,以便通过穿越功率。当桥断路器位于牵引变压器侧时,称为内桥,当桥断路器在线路侧时,称为外桥。

(2) 双 T 接线方式。双 T 接线方式又称为分支接线,即两路输电线路分别引出两条支线到牵引变电所,构成双 T,如图 5-35b) 所示。此种引入方式通常只有一路送电,另一路备用。

在牵引供电系统中,双 T 接线方式应用最多。

(3) 单母线分段方式。当牵引变电所除了两回电源引入线外,还需要引出线的中心变电所,通常采用此种引入线方式,如图 5-35c) 所示。图中母线分段断路器既能经常通过穿越功率,又可在必要时将母线分成两段,以提高供电的可靠性和灵活性。

a) 桥接线方式　　　b) T 接线方式　　　c) 单母线分段方式

图 5-35　牵引变电所引入线方式

4. 接触网

接触网是沿地铁或轻轨线路敷设的专为电动车辆供给电源的装置。电能从牵引变电所输出,经馈电线、接触网到电动车组,再经走行轨或负馈电线(单轨车辆、自动导向系统车辆等用负馈线)、回流线返回牵引变电所构成牵引供电回路,如图 5-36 所示。

图 5-36 牵引供电系统回路

大多数城市轨道交通系统均采用走行轨回流。

由于接触网是无备用设备又极易损耗的供电系统终端装置,受环境和气候的影响较大,一旦设备损坏就会造成牵引供电中断,从而导致电动列车无法运行、线路运行停顿或秩序混乱,对轨道交通系统造成较大损害。因此,对接触网有较高要求。

1) 接触网的功能与要求

(1) 功能:将电能通过车辆受电设备(如受电弓、受流器)送入电动车辆。

(2) 要求:

① 在规定列车速度内,接触网导线(或第三轨)应始终与滑行的车辆受电设备保持可靠的接触,不间断地稳定可靠供电,不产生电弧火花;

② 接触网导线(或第三轨)与走行轨的相对位置应保持稳定;

③ 接触网有较均匀的弹性,适应车辆运动时振动力的影响(该振动力与速度成正比);

④ 具有良好的稳定性、耐磨性和耐腐蚀性能;

⑤ 接触网结构应尽量简单,以保障施工和维修方便;

⑥ 在气候变化时(主要是风力变化、气温变化时),能保证高度、弹性与稳定性变化量达到最小。

2) 接触网结构类型

接触网的结构类型主要有两种:接触轨式和架空式。

(1) 接触轨式。又称第三轨供电方式。就是在列车行走的两条路轨以外,再加上带电的铁轨。这条带电铁轨通常设于两轨之间或其中一轨的外侧。电动列车的集电装置在带电路轨上接触并滑行,把电力传到列车上。接触轨供电可分为上磨式、下磨式和侧磨式三种。

① 上磨式。接触轨正放,地铁或轻轨车辆受流器与接触轨的上顶面接触获取电能。上磨式的优点是:结构简单,固定方便,接触效果好,设备费、维护和更新费用低。缺点是因结构的局限性,带电轨的安全防护性较差,接触面上积累尘屑会加速接触轨和受流器的磨损,潮湿环境会增加短路故障发生概率。美国地铁大都采用上磨式,国内北京地铁也采用此受流方式。

② 下磨式。接触轨倒放,地铁或轻轨车辆受流器与接触轨的下底面接触获取电能。下磨式的优点是:接触轨的安装高度及水平方向均可作适度调整,不需要设计多种高度的零部件就可满足实际需要。下磨式的防护罩对带电轨的防护性能更好,带电接触轨不容易被无意识地碰触到,利于人身安全防护。下磨式遮挡雨雪、避免尘屑的条件优于上部接触式,能较好地确保牵引网系统的安全可靠运行。缺点:相对于上磨式而言,结构复杂,设备费、维护和更新费用

较高。欧洲国家比较青睐此受流方式,广州地铁四号线亦采用此方式。

③侧磨式。接触轨轨头端面朝走行轨,集电靴从侧面受流。受流器接触面与道床垂直。侧磨式适用于"牵引轨+回流轨"(即三轨+四轨)的布置方式。跨座式独轨车辆就采用侧磨式取流,其取流靴装在转向架下部,国内的重庆轻轨采用此受流方式。

图 5-37、图 5-38 所示为第三轨供电系统的结构示意图和实物图。

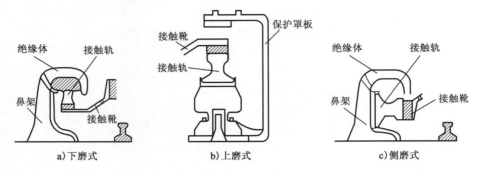

图 5-37 第三轨供电系统结构示意图

图 5-38 第三轨供电系统实物图

接触轨供电方式的特点:由于可利用隧道下部侧面安装接触轨供电设备,从而使地下隧道净空高度较低,供电接触网结构简单,造价低,维修易;但其缺点十分明显:人身安全与防火条件均较差,且难以与地面架空式接触网供电的轨道交通线衔接。

第三轨供电一般采用直流,电压为 750V 及其以下的较多。我国最早的北京地铁当时采用的是直流 750V 的第三轨供电方式,其后天津地铁也是采用的这种方式。武汉城市轻轨一号线和二号线也是采用的直流 750V 的第三轨供电方式。

一般而言,采用轨道供电系统的铁路只设一条带电路轨。这条带电路轨称为"第三轨"。从第三轨取得的电力一般都会经列车的车轮及路轨传回发电厂。

但一些使用橡胶车轮的列车(如巴黎地铁的部分列车)并不能让电力经路轨传回发电厂,因此在这些列车行走的路段一般都会再增加一条额外的带电轨道(亦即"第四轨")以作回传电力之用。有趣的是,基于第四轨的另外一些优点(例如较高的可靠性以及减低信号系统的复杂性),一些使用普通金属车轮列车的铁路系统也会装设第四轨,使供电用和行走用的路轨完全分开。伦敦地铁是最大的第四轨铁路系统。

意大利米兰市的地铁 A 线则采用了更为特别的四轨系统。在该线部分路段上,两线路轨中间设有一条带电金属条,列车的集电靴是设在"车厢"侧,以配合带电金属条的位置,地上的第三轨则作电流回流之用。

④APS 系统。APS,法文全称为"Alimentation par Sol",英文又称为"Ground-level power supply"或"Surface current collection",是一种创新的第三轨供电方式,于 2003 年启用的波尔多电车首先采用此系统。APS 系统的供电轨在外观上像是两条金属片镶在一长条绝缘片上,当列车行驶时,列车的号志感应装置会侦测并传递信号给该区段的供电轨,此时在列车中间下方的供电轨才会依信号提供电源,因此未有列车经过的供电轨并不会带电,行人、动物、车辆通过的时候不会有触电的危险。APS 系统大幅提高了安全性,但更换供电轨时必须将路面封闭,带来不便。

除了波尔多,于 2011 年启用的昂热和汉斯的有轨电车系统也采用了 APS 系统,另外奥尔良轻轨二号线与迪拜轻轨 Al Sufouh 线(英语:Al Sufouh Tramway)也都采用此系统。图 5-39 所示为波尔多轻轨所采用的 APS 系统,供电轨位于两条路轨的中间。

(2)架空式。架空式接触网架设在轨道交通线路上方,电动列车车顶安置受电弓,与接触网的导线相接触受电。

架空式接触网分为地面架空式和隧道架空式。

图 5-39　波尔多轻轨所采用的 APS 系统

①地面架空式接触网组成。地面架空式接触网由接触悬挂、支持系统、定位系统、支柱和基础组成。

a. 接触悬挂:由承力索、吊弦、接触导线组成,直接与受电弓接触,并能保持良好接触性能;
b. 支持系统:由腕臂、拉杆和绝缘子组成,支持接触悬挂装置;
c. 定位装置:由定位器和定位管组成,保证接触导线与受电弓的相对位置在规定范围内;
d. 支柱和基础:承受接触悬挂和支持定位装置的负荷,固定接触悬挂高度。

图 5-40 所示为架空式接触网的组成。

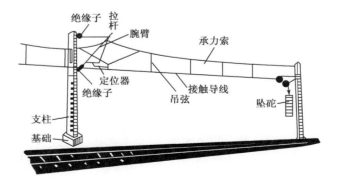

图 5-40　架空式接触网的组成

②接触悬挂的悬挂参数：

跨距 L：架空式接触网的跨距即相邻支柱悬挂点间的水平距离；

弛度 f：指在跨距中间位置处，接触导线与相邻悬挂点水平连线的间距；接触导线的跨距和弛度的关系见图5-41；

张力 T：接触导线所受的拉力；

温度 t：架空接触网所在地区气温。

接触悬挂参数 T、t、f 之间的关系由图示5-42曲线表达。气温变高,张力下降,弛度增大。

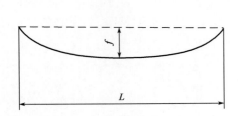

图5-41 接触导线的跨距和弛度

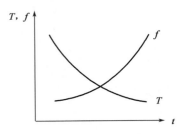

图5-42 接触悬挂参数关系曲线

③接触悬挂方式。架空式接触网的悬挂类型大致为3种：简单悬挂、链形悬挂、刚性悬挂。不同的类型其电线粗细、条数、张力都是不一样的。架空线的悬挂方式,要根据架线区的列车速度、电流容量等输送条件以及架设环境进行综合勘察来决定要采取什么方式。

a. 简单悬挂：导线直接固定在支持装置上,结构简单,投资省,维修简单；但弛度大,不易调整,弹性不匀,行车速度受限,如图5-43所示。

b. 链形悬挂：可分为简单链形悬挂与弹性链形悬挂两种,见图5-44示。

图5-43 简单悬挂示意图

链形悬挂由于接触导线通过吊弦固定在承力索上,增加了悬挂点,从而减小了弛度,提高了弹性和稳定性,行车速度可望获得较大提高。

链形悬挂结构复杂,投资大,施工与维修要求高,调整比较复杂困难。

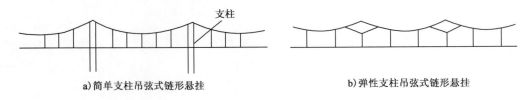

a) 简单支柱吊弦式链形悬挂　　　　b) 弹性支柱吊弦式链形悬挂

图5-44 链形悬挂

c. 刚性悬挂：刚性悬挂接触网主要有铝合金汇流排、接触线、绝缘元件和悬挂装置组成,如图5-45所示。其中铝合金汇流排既作为固定接触线的嵌体,同时又作为导电截面的一部分。这种悬挂方式根据线路通过能力及电流量的大小,又有单接触线式和双接触线式两种。

随着架空刚性悬挂在城市轨道交通的应用中不断地发展,架空刚性悬挂的断面结构逐渐形成两个代表结构,即以日本为代表的"T"形结构和以法国、瑞士等国为代表的"Π"形结构。

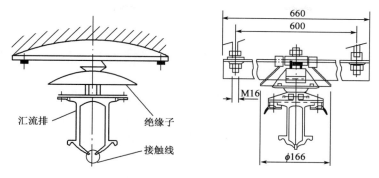

图 5-45 刚性悬挂结构示意图(尺寸单位:mm)

"Π"形结构以法国巴黎地铁安装的 Delachaux 型架空刚性悬挂为例,有单线单根接触线汇流排和双根接触线汇流排两种。

单根接触线汇流排有两种类型,一种高 80mm,另一种高 110mm(截面 $2213mm^2$),用弹性夹来固定接触线,汇流排制造长度为 10~14m,结构示意图如 5-46a)所示。

双根接触线汇流排,结构示意图如图 5-46b)所示。

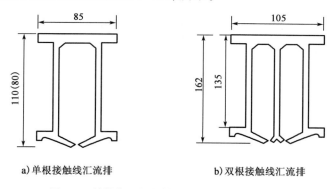

a) 单根接触线汇流排   b) 双根接触线汇流排

图 5-46 接触线汇流排结构示意图(尺寸单位:mm)

Π 形结构的刚性悬挂特点是:其一,便于安装和架设。在架设接触线时,使用专用滑动式镶线车,利用 Π 形结构的弹性力可使接触线嵌入虎口槽内。其二,结构稳定。接触线是靠两侧夹持力固定的,因此运行稳定性好。在欧洲刚性接触网中多用 Π 形铝合金汇流排的形式。我国目前采用的就是这种形式。单根接触线汇流排目前有两种类型:一种为高 80mm 的 PAC80 型,另一种为高 110mm 的 C110 形。其中 PAC110 形的截面积为 $2213mm^2$,每节长 12m。目前在广州采用的是 PAC110 型。

"T"形结构也有双线和单线两种不同结构。图 5-47 所示为双线 T 形铝架空刚性悬挂结构;图 5-48 所示为单线 T 形铝架空刚性悬挂结构。

④接触悬挂的固定方法。对承力索与接触导线而言,经过若干个跨距后,必须在两端加以固定,称为下锚,用于下锚的支柱称为锚柱。

下锚方式有两种,一是硬锚,也称为不补偿链形悬挂,通过绝缘子串固定在锚柱上。两个锚柱间的一段接触悬挂称为锚段。由于承力索和接触导线的张力及其弛度随气温变化而变化的程度较大,故城市轨道交通系统一般不予采用。二是张力补偿式,可分为半补偿链形悬挂和全补偿链形悬挂。半补偿链形悬挂见图 5-49 所示,仅对接触导线实施张力补偿方式,承力索仍然采用硬锚方式固定。全补偿链形悬挂见图 5-50,是对承力索和接触导线全部实施张力补偿措施。张力补偿系统由动滑轮、定滑轮、补偿绳(一端固定在锚柱上,一端通过补偿滑轮系于坠铊上)、坠铊(重量可调整,调整后固定)组成。在气温变化时,由于坠铊的作用能使承力索与接触导线保持张力不变,从而使接触导线的弛度保持相对稳定。

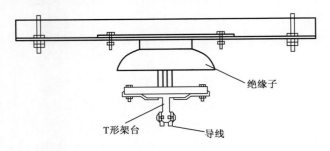

图 5-47　双线 T 形铝架空刚性悬挂结构

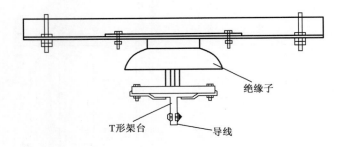

图 5-48　单线 T 形铝架空刚性悬挂结构

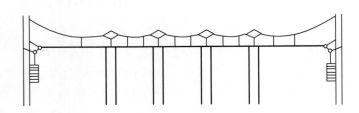

图 5-49　半补偿链形悬挂结构

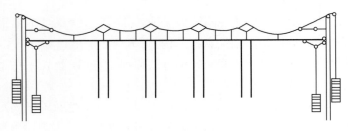

图 5-50　全补偿链形悬挂结构

地面架空式接触网可适用地面和高架结构的地铁轻轨交通系统,根据不同的外界情况与性能要求,分别采用简单悬挂和链形悬挂的各种方式,以达到在供电性能保证的前提下,降低投资,减少施工与维修难度。

⑤隧道架空式。因为隧道内空间狭窄,所以隧道架空式接触网必须考虑隧道断面、净空高度、带电体对接地体的绝缘距离等因素的限制。此外隧道架空式接触网的支承装置可直接设置在洞顶或洞壁,而不需要专门立支柱。只有合理地选择和确定悬挂方式,才能充分地利用有效的净空高度,改善接触网的工作性能。图 5-51 所示为隧道架空式接触网示意图。

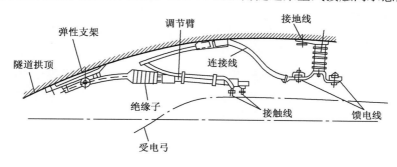

图 5-51　隧道架空式接触网示意图

安装在绝缘子上的馈电线通过连接线与接触线连接,使接触线受电。接触线由调节臂固定。调节臂带棒式绝缘子,一端固定安装在隧道洞顶一侧的弹性支架上。调节臂可用来调整接触线与轨面之间的高度,弹性支架通过调节臂使接触线与受电弓之间保持足够的弹性,以保证它们之间的良好接触受流。

3)供电方式和电分段

(1)供电方式。牵引变电所通过接触网向电动车组供电。每个牵引变电所负责向其两侧区间供电,如果供电距离过长,牵引电流在接触网上的电压降就会很大,导致末端电压过低及电能损耗过大,直接影响电动车组运行;如果供电距离较短,牵引变电所的数量就较多,投资随之增加。供电距离的确定与接触导线截面面积有关(输送电阻),也与接触网供电方式紧密相关。

接触网供电方式分为单边供电和双边供电,如图 5-52 所示。接触网在相邻两个牵引变电所中部断开,成两个供电分区,每个供电分区称为一个供电臂。如果电动车组仅从所在供电臂上的牵引变电所获得牵引电能,称为单边供电。如果在中间断开处设置开关并使其联通,则电动车组可同时从两个牵引变电所获得牵引电能,称为双边供电。

图 5-52　接触网供电方式

单边供电的优点是故障影响范围小,牵引变电所保护较简单;其缺点是电动车组所需牵引电能全部由一边流过接触网,电压降和电能损耗必然较大。双边供电则会减少供电电能损耗。

为此,正常运行时采用双边供电从而减小接触网电压降和电能损耗,且在某一牵引变电所故障时,可由其相邻两侧牵引变电所组合成临时单边供电。

(2)电分段。通过设置隔离开关使接触网分成若干供电分段,是保证供电可靠性与灵活性的措施之一。当某一供电分段发生故障或检修时,可打开相应电分段的隔离开关,使故障与停电检修范围缩至最小,同时又不影响其它各段接触网的正常供电。

电分段可分为纵向分段和横向分段两种。前者是沿线路方式作分段,如车站和区间之间、区间中的分段等;后者是线路之间作分段,如上下行线路之间。电分段隔离开关的设置位置应考虑操作方便,利于实现集中操作,如设置在车站或变电所附近。

四、动力及照明供电系统

动力照明系统由降压变电所及动力照明系统组成。每个车站应设降压变电所。若地下车站负荷较大,一般设于站台两端,其中一端可以和牵引变电所合建成混合变电所;若地面车站负荷较小,可设一个降压变电所。动力及照明系统组成如图5-53所示。

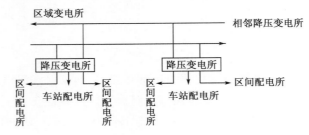

图5-53 动力、照明供电系统

1. 降压变电所

地铁、轻轨运输系统正常运行中,除了牵引用电之外,在环境控制和系统服务等方面还有众多用电设备,如通风机、给排水泵、自动扶梯与升降电梯等动力设备,以及照明、通信信号设备等。这些设备一般均使用三相380V或单相220V交流电。降压变电所即是将区域变电所或主变电所输出的中压等级电压(10kV)降压变成低压交流电(三相380V或单相220V),并通过配电所(室)分配给各种设备如风机、水泵等动力用电,也可称为动力变电所。

降压变电所一般设在车站附近,既可对车站较集中的电器设备供电,也方便向车站两侧区间用电设备供电。此外,车辆基地、系统调度控制中心需要专门设置的降压变电所供电。

2. 配电所

配电所(室)起电能分配作用,将降压变电所引入的三相交流380V和单相220V交流电分别供给动力、照明设备。车站配电所负责车站电能配置,区间配电所负责车站两侧区间动力与照明用电配电。

3. 配电线路

指配电所(室)与用电设备之间的连接线路。

在动力供电系统设计中,降压变电所一般按每站一个设置,也可以几个车站合设一个。也可将降压(动力)变电所附设在某个牵引变电所之中,形成一个牵引与动力混合变电所。

五、电力监控系统 SCADA 及地下迷流

1. 电力监控系统

电力监控系统(简称 SCADA 系统)实现在控制中心(OCC)对供电系统的主变电所、牵引变电所和降压变电所的供电设备等运行状态进行集中管理和调度,实施控制和数据采集。除利用"四遥"(遥控、遥信、遥测、遥调)功能监控供电系统设备的运行情况,及时掌握和处理供电系统的各种事故、报警事件功能外,利用该系统的后台工作站还可以对系统进行数据归档和统计报表功能,以便更好地管理供电系统。电力监控系统的主要任务就是集中监视和集中控制。

电力监控设备是控制中心与被控终端之间实现遥信、遥测、遥控、遥调功能的设备,主要由 3 部分组成,即设在控制中心的主机、各变电所的远程控制终端及连接终端与控制中心的通信网络,系统结构如图 5-54 所示。

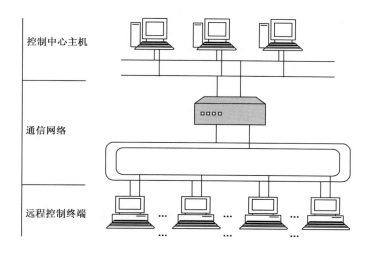

图 5-54 电力监控系统示意图

(1)遥控。从控制中心发出命令以实现远程终端的操作和切换。通常只有两种状态指令,如开关的"分"、"合",电机的"启动"、"停止"等。

(2)遥信。是指远程终端被控设备的状态如断路器的开关状态、报警信号等传输给控制中心。

(3)遥调。控制中心直接对远程终端被控设备的工作状态和参数的调度,如调节变电所的母线电压数值等。

(4)遥测。将远程控制终端的运行参数如功率、电压、电流、温度等传输给控制中心。

电力监控系统有利于提高供电系统的安全性和经济性;提高运行操作效率和可靠性,改善劳动条件;有利于实现变电所无人值班化,减少变电所基建和运行费用。

2. 地下迷流

1）地下迷流及其影响

（1）地下迷流。在直流牵引供电系统中,牵引电流并非全部经由走行钢轨流回牵引变电所,部分电流会由钢轨流入大地,再由大地流回钢轨或牵引变电所,这种地下杂散电流称为地下迷流。地下迷流随钢轨中回流的牵引电流增大而增大,同时钢轨对大地绝缘程度越差,地下迷流数值也会增大。直流牵引供电地下迷流形成示意图如图 5-55 所示。

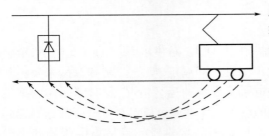

图 5-55　直流牵引供电地下迷流形成示意图

（2）地下迷流的影响。地下迷流从钢轨流向大地,再杂散流回牵引变电所过程中,如果走行钢轨附近埋有地下金属管道、电缆或其它金属结构件时,相当一部分地下迷流将从这些导电体上流过。此时,在电动车组所在处附近,地下杂散电流在钢轨流向金属导电体使金属体对地电位形成阴极区;在变电所附近,地下杂散电流在金属体流回钢轨和变电所,从而形成阳极区。走行轨对地电位分布及地下金属体对地电位分布如图 5-56、图 5-57 所示。在阳极区,杂散电流在金属导体流出处将出现电解现象,从而会导致金属导电体被腐蚀。因此,埋设在地下的钢轨及其金属配件、附近的金属管道、地下电缆及其金属物件等,在长期的电解腐蚀下,将受到严重损害。此外,地下杂散电流流入电气设备接地装置,又将引起过高的接地电位,使这些电气设备无法正常工作。由此可知,城市轨道交通尤其是对地下铁道而言,地下迷流及其影响是需要重视的问题。

图 5-56　走行轨对大地电位分布图

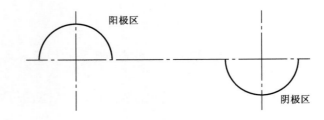

图 5-57　地下金属体对大地电位分布图

2）地下迷流的防护

（1）减少地下迷流的措施：

①选择比较高的牵引供电额定电压,减少地下迷流；

②采用地下迷流较少的双边供电方式；

③尽量减小钢轨间的接触电阻,增加附加回流线;
④提高钢轨与地面间的绝缘程度;
⑤尽可能远离或避免与回流钢轨平行设置地下金属管道、电缆等,并采取适当的防腐措施;
⑥定期检查轨道绝缘钢轨接触电阻,进行地下迷流检测。
(2)排除地下迷流的措施:如采用极性排流、阴极保护等措施。

第三节　通信及控制系统

一、城市轨道交通通信系统

城市轨道交通通信系统是行车指挥、运营管理、公务联络的重要设施设备,提供语音、数据和图像信息的传送和交换,并具有自身网络监控和管理功能。在正常情况下传送各种信息,在非正常或紧急情况下,应能作为抢险救灾的通信手段。

1. 城市轨道交通对通信系统的要求

对城市轨道交通通信系统的要求是能迅速、准确、可靠地传送和交换各种信息。

(1)对于行车组织,通信系统应能保证将各站的客流情况、工作状况、线路上各列车运行状况等信息准确迅速地传送到控制中心,同时,将控制中心发布的调度指挥命令与控制信号及时可靠地传送至各个车站及运行中的列车。

(2)对于系统的组织管理,通信系统应能保证各部门之间、上下级之间保持畅通、有效、可靠的信息交流与联系。

(3)通信系统应能保证本系统与外部系统之间便捷畅通的联系。

(4)通信系统主要设备和模块应具有自检功能和降级使用功能,并采取适当的冗余,故障时自动切换并报警,控制中心可监测和采集车站设备运行和检测的结果。

2. 城市轨道交通通信系统的组成

城市轨道交通通信系统是一个既能传输语音信号,又能传输文字、数据和图像等各种信息的综合业务数字通信网。

城市轨道交通通信网由传输系统、数字电话交换系统、广播系统、视频监控系统、乘客导乘信息系统、无线通信系统、时钟系统、电源和接地系统等组成,如图 5-58 所示。上述系统通过电缆、光缆、电磁波等传输媒介,在控制中心与各车站、各列车间构成一个互相关联、互相补充的完整的通信系统,为城市轨道交通提供综合通信的能力。

构成通信网的基本要素是终端设备、传输设备和交换控制设备,将它们按照适当的方式连接起来,就可构成各种形式的通信网。城市轨道交通通信网的构成方式必须与城市轨道交通系统的构成方式相适应。根据控制中心和各车站的地理位置分布及线路的构成情况,城市轨道交通通信网有总线型、星形—总线型和环型等基本构成形式,如图 5-59 所示。其中 a)为总线型,控制中心设在线路的一端或中间,各车站通信设备均接在总线上;b)为星形—总线型,一个控制中心控制多条线路的运行;c)为环形,与环状线路相适应。

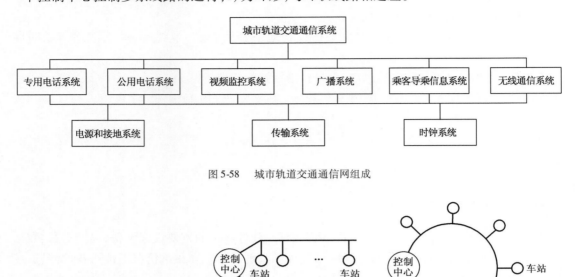

图 5-58　城市轨道交通通信网组成

图 5-59　城市轨道交通系统通信网的基本形式

3. 城市轨道交通通信系统分类

城市轨道交通通信按传输媒介分为有线通信和无线通信两大类。

有线通信系统的传输媒介是光缆和电缆,目前主要是光缆。有线通信按功能分为专用电话系统、公务电话系统、广播系统、乘客导乘信息系统、视频监控系统。有线通信的基础是传输系统,其它系统的信息都要经过传输系统进行传输。

无线通信系统的主要传输媒介是无线电磁波,无线通信系统是供行车调度人员和司机进行联络的通信设备,是行车调度的重要设备,也可作为运营服务人员、维护保障人员、公安警务人员和应急抢险抢修人员的辅助通信工具。

当然,无线通信系统也要部分地借助有线通信系统进行传输。

另有为各系统提供统一标准时间信息的时钟系统,为各系统提供电源和安全接地的电源和接地系统,以及为乘客服务的公众移动通信网接入系统。

4. 通信系统的作用

1) 行车调度指挥

专用调度电话和无线列车调度为城市轨道交通提供行车调度指挥的重要功能,是重要的运营通信系统。调度电话为行车调度员与各车站、车辆段、停车场值班员以及与办理行车业务直接有关的人员进行调度通信之用。站间行车电话、站内电话、区间电话都为行车有关的人员提供通信手段。

2)完成城市轨道交通内、外部的联系

公务电话系统是城市轨道交通内部的公务通信网,是公务业务联系的主要通道,供一般公务联系用,以及与外界通信网的连通。

3)运营服务管理

广播系统、乘客导乘信息系统(PIS)是城市轨道交通运营服务的辅助通信系统,为乘客提供运营服务信息。视频监控系统为运营管理和安防提供重要的管理辅助手段。

4)提供发生事故和灾害时的应急通信

城市轨道交通越是在发生事故和灾害时越是需要迅速及时的通信联系,但在常规通信系统之外再设置一套防灾救护通信系统,势必要增加很多投资,而且长期不使用的设备难以保持良好状态,所以,通信系统在突发灾害或事故的情况下应作为应急处理、抢险救灾的手段。

5)为其它系统提供传输通道

通信传输系统不仅为调度电话、公务电话、广播、PIS、视频监控等通信系统提供传输通道,还为 FAS、BAS、PSCADA、AFC 等提供传输通道,而且为信号系统尤其是 ATC 系统提供传输通道。

5. 传输系统

传输系统是传输信息的通道。因为不可能为每一个业务网络单独建立传输网络,为满足城市轨道交通通信子系统和信号、电力监控、防灾报警、环境与设备监控和自动售检票等系统各种信息传输的要求,所以必须建立以光纤通信为主的传输网,作为公共传输平台。传输网是城市轨道交通通信网的基础。

传输业务包括电话(窄带音频)、广播(宽带音频)、城市轨道交通信号(中/低速数据)、视频(高速数据)等业务。传输业务的多样性是城市轨道交通传输系统的主要特点。

1)对传输系统的要求

(1)传输系统宜采用光同步数字传输系统(SDH)或其它宽带光数字传输系统,同时应能满足各系统接口的需求。传输系统容量应根据各业务部门对通道的需求确定,并应留有余量。

(2)为保证各种行车安全信息及控制信息不间断地可靠传送,传输系统宜根据需要尽量利用不同径路的两条光缆构成自愈保护环,在光纤切断或故障时能自动进行业务切换。

(3)光缆容量应满足 SDH 或其它宽带光数字传输系统、无线基站中继和闭路电视视频信号传输等需要,并应考虑远期发展需要。

(4)传输系统应配置传输网络管理系统和公务联络系统。传输网络管理中心设备应设置于控制中心。

(5)隧道内的通信主干电缆、光缆应采用低烟、阻燃、无卤、防腐蚀、防鼠咬的防护层,并应符合防护杂散电流腐蚀的要求。

2)传输线

(1)传输线的分类:传输线可分成有线通信系统的光缆和电缆;无线通信系统的漏泄电缆;广播系统的屏蔽对称电缆;连接各类设备的射频电缆、对称电线电缆、电源线、并行总线等。

(2)对传输线的要求:

①采用阻燃、低毒、低烟性能材料制作电缆外套(尤其是安置在地下隧道的电缆);

②加强屏蔽、接地措施，保证安全接地和防止地下迷流造成侵蚀；
③采用易于维护保养的充油填充方式，因为电缆、光缆设置的空间有限；
④要求具有转换速度快、频带宽、容量大、抗干扰能力强、耐腐蚀等性能。

3）电缆

在通信网中最常用的电缆是双绞线电缆和同轴电缆。

（1）双绞线电缆。双绞线电缆广泛用于电话网中作为模拟用户线。多对双绞线按一定规则排列成芯线组，外层包以塑料或铅皮形成双绞线电缆。双绞线由一对相互按一定扭矩绞合在一起的铜导线组成，每根导线表面涂有绝缘层并用一定颜色来标记。成对线的扭绞使电磁辐射和外部电磁干扰减至最小。双绞线电缆按其电气特性分为 100Ω 非屏蔽双绞线电缆和 150Ω 屏蔽双绞线电缆（STP）两大类。非屏蔽双绞线电缆原用于电话用户线，经过不断的改进与提高，目前已广泛地用于局域网中。

（2）同轴电缆。同轴电缆由同轴的内外导体构成。内外导体之间有一层绝缘介质，绝缘介质的介电常数应越小越好，以期得到较小的衰耗与温度系数。在外导体外面包一层塑料防护套，以保护外导体免受伤害。用于室外的电缆一般采用抗紫外线的塑料作为护套；用于室内的电缆则采用阻燃的塑料作为护套。在有强烈机械损伤的场合，应采用在标准护套外缠绕一层钢带后再加一层护套的铠装电缆。同轴电缆特性阻抗主要有 50Ω、75Ω 两类。

4）光纤和光缆

光纤是光导纤维的简称。光纤是直径很细（μm 数量级）的介质光波导体，能将一定波长的光信号限制在其中，并沿其轴线向前传播。光信号在光纤中不受外界干扰，低损耗、小失真地从一端传送到另一端。光纤通信是以光波为载频，以光纤为传输介质的一种通信方式。由于光纤具有传输频带宽、通信容量大、不受电磁干扰、耐腐蚀、重量轻和价格低等一系列优点，光纤通信已成为各种信息网的最主要传输方式。

5）传输业务与接口

（1）专用电话系统。

①公务电话子系统。在公务电话子系统中，通常在控制中心和车辆段各配置一台程控电话交换机，在各车站配置车站电话交换机。车站电话交换机可以是独立的用户交换机，亦可以是控制中心程控电话交换机的远端模块。中心程控电话交换机通过传输系统所提供的 E1 中继通道，以点对点方式连接各车站的电话交换机或远端模块，组成公务电话专网。若各车站配置的是独立的用户交换机，则中心交换机与车站交换机之间采用 E1/DSS1 信令；若各车站配置的是远端模块，则局端与远端均采用制造商所提供的内部信令。

②调度电话子系统。在调度电话子系统中，调度机与各车站调度终端之间，利用传输系统的 E1 双向通道组成有线调度用户接入网。即位于控制中心的调度机通过传输系统所提供的双向 E1 通道，以点对点的方式为每个车站提供从调度机到车站的 TDM 传输通道。在调度机侧（局端），调度机通过 30B+D（B 信道用于通话或传送图像，D 信道用于传送信令）接口与传输设备的 E1 接口直接相连；在车站侧（用户端），传输设备的 E1 接口连接 PCM 接口架，由 PCM 接口架分出数个由中心连接该站的 64 kbit/s 数字话音通路落地。落地的数字话路连接电话用户接口卡所对应的 POTS 接口，或连接 N-ISDN BRI 用户接口卡所对应的 2B+D 接口，这些用户接口用以连接车站内的各种有线调度用户终端设备。

(2)无线通信系统。无线通信系统主要为无线调度电话系统,无线集群终端(车台、手持机、固定台等)通过基站进入无线集群交换机。目前一般采用小区制组网,即每个车站或两三个车站配置一个基站。控制中心的无线集群交换机通过传输系统所提供的双向 E1/专用信令中继通道,以点对点方式连接各车站的无线集群基站组成无线集群专网。

(3)视频监控系统。视频监控系统(CCTV)分为车站级与监控中心级两级。城轨视频监控网络可以采用模拟视频监控技术组网或网络视频监控技术组网,通常以模拟/网络混合组网方式为主,即车站级采用模拟方式,监控中心级采用网络方式。

(4)广播系统。控制中心可利用 E1 通道以点对点或总线(共线)方式向各站点发送宽带广播信号,各站点的 ADM 设备或 PCM 接口架通过 D/A 转换,获取来自控制中心的模拟广播信号,并采取收后重发方式转到下一站。广播控制信号可采用 RS-485/422 低速电路数据通道以点对点或总线方式传送。控制中心也可利用 10/100Mbit/s 以太网总线向各站点发送宽带广播信号及其控制/网管信息,各站点通过网关获取来自控制中心的模拟广播信号。

(5)时钟系统。控制中心的一级时钟通常配置 RS-485/422 接口,通过专用传输网的 TDM 通道,以点对点或总线方式连接各车站的二级母钟。一级母钟也可配置 10 M 以太网接口,通过专用传输网的 10M 以太网通道,以总线方式连接各站点的二级母钟。

(6)乘客导乘信息系统。乘客导乘信息系统通过专用传输网的 100M 以太网通道,以总线方式连接控制中心与各车站局域网。

(7)通信各系统监控信息。通信各系统监控信息通过专用传输网的 100Mbit/s 以太网通道,以总线方式连接控制中心、车辆段与各车站局域网。

(8)列车自动监控系统(ATS)。列车自动监控信息通过专用传输网的 100Mbit/s 以太网通道,以总线方式连接控制中心、车辆段与各车站的局域网。

(9)自动售检票系统(AFC)。AFC 的清分中心局域网(LAN)、线路中央系统 LAN、车站系统 LAN,通过传输系统所提供的 100 Mbit/s 以太网总线,将清分系统、线路中央系统和车站系统的现场设备(包括自动售票机、人工售票机、进出站检票机等)构成一个完整 AFC 系统。一个城市有多条线路时,各条线路清分中心局域网通过城市城轨大传输网(由城市各条城轨的传输网互联形成的)互相连接,形成 AFC 系统的广域网。

6. 公务电话系统

城市轨道交通的公务电话网相当于企业的内部电话网,采用通用的程控数字用户交换机组网,并通过中继线路接入当地市话网。一般情况下,用户交换机安装在控制中心和车辆段,而用户话机则分布在控制中心大楼、车辆段和各车站。交换机可利用通信电缆直接连接当地用户话机,也可利用城市轨道交通专用传输网的部分带宽资源作为用户接入网连接远端用户话机。公务电话系统应满足城市轨道交通各部门间进行公务通话及业务联系,并纳入公用网。

7. 专用电话系统

数字程控交换网除了提供一般的公务电话通信之外,还可构成专用电话网。专用电话网通信系统的作用是为控制中心的调度员、车站值班员、车辆段或停车场值班员、各车站的保安人员等提供热线电话和组呼、会议电话等功能,实现快捷而可靠的通信,以组织指挥行车、运营管理及确保行车安全,并为轨旁电话等专用电话提供自动交换功能。专用电话系统主要包括:

调度电话、站间行车电话、车站、车辆段或停车场内直通电话以及区间电话。

1）调度电话

调度电话是专用的热线电话，供控制中心调度员（行调、电调、维调、环调、总调等）与各车站、车辆段或停车场值班员以及与办理行车业务直接有关的人员进行调度通信之用，是城市轨道交通中最主要的专用电话。根据运行组织和业务管理、调度指挥的实际需要，一般设置行车调度电话、电力调度电话、环控（防灾）调度电话、维修调度电话、AFC调度电话、票务调度电话、值班主任（总）调度电话。

（1）行车调度电话用于指挥列车运行，为控制中心行车调度员与各车站、车辆段值班员等进行业务联络，通常在控制中心设置两个或多个行车调度台。

（2）电力调度电话用于保障电力供应，为控制中心电力调度员与各主变电所、牵引（含牵引降压混合）变电所、降压变电所及其它特殊需要的地点的工作人员进行业务联络。

（3）环控（防灾）调度电话用于保证城市轨道交通系统安全运行，为控制中心环控（防灾）调度员与各车站、车辆段、主变电所防灾值班人员之间的通信联络。

（4）维修调度电话系统用于综合维修基地维修调度员与全线各系统维修车间值班员之间的通信联络，可在控制中心与车辆段各设置一台维修调度台。

（5）AFC调度电话用于AFC调度员与各车站现场AFC工作人员进行业务联络，可根据各线路的管理需求选择配置。

（6）票务调度电话用于票务中心值班员与各车站票房工作人员的业务联络，可根据各线路的管理需求选择配置。

（7）值班主任调度电话亦称总调度电话，用于控制中心总值班与各车站总值班、各调度员之间的业务联络，以及协调和监视各调度员的控制操作。

2）站间行车电话

站间行车电话是保证安全行车的专用电话设备。为了提高运行效率，保证运行组织通信联络的可靠性与便捷性，两站设站间直线行车电话，它是供相邻两车站值班员之间联系有关行车业务的电话，也可通过中继线路接入公务电话网。站间行车电话应具备直线电话功能，即任一方摘机不必拨号即可建立相互间的通话关系。站间直线电话的语音信号经由电缆芯线传输。这种直通电话终端设备可独立设置，也可以利用程控交换网在相邻两站的行车电话机之间建立专用的双向热线来实现。站间行车电话设在各车站行车值班室或车站综合控制室，在其回线上不得连接其它电话。站间行车电话通过专用传输通道和PCM接口架所构成的模拟话音通道互连；同时，利用多芯市话电缆的一对芯线作为备用通道。

3）站内电话

一个车站内有站厅、站台、售票房、值班室、站控室和各类机房等不同的工作地点和各类工作人员，这些人员之间通常有频繁的通信联系。若这些站内通信均通过公务电话网来完成，就加重了公务电话交换机和传输系统的负荷，而且通过拨号建立连接的方式并不适合于站内通信，故需要在车站内部配置相对独立的电话交换系统。

站内电话系统由用户小交换机（或公务电话交换机远端模块）、车站值班台（主机）和电话分机组成。其容量在60门左右。车站交换机的站内分机可用普通电话线进行连接，车站交换机与公务电话中心交换机之间通过专用传输系统提供的E1链路进行点对点的连接。

站内电话子系统提供各分机与主机之间的直达通信(延时热线,等待数秒钟,如5s)和分机间的拨号通信服务。车站专用直通电话供行车值班室或站长与本站内运营业务有关人员进行通话联系之用。车辆段(停车场)专用直通电话可根据车辆段或停车场作业性质设置行车指挥电话、乘务运转电话、段(场)内调度指挥电话、车辆检修电话等。

4) 区间电话

区间电话(轨旁电话)安装在线路旁,供司机和区间维修人员与邻站值班员及相关部门联系通话使用。为了城市轨道交通系统运营和维护以及应急的需要,以便司机及其他维修工作人员(紧急情况下)在沿线随时能和控制中心或有关部门直接取得联系,通常在信号机、道岔、接触轨(网)开关柜、通风机房、隔断门等处附近设置电话机箱。一般区段每隔150~200m(地面每隔200~500m)设一处,每2~3台电话机并联后通过专用的电缆直接接到邻近车站的程控交换机。区间电话通过站内电话系统连接邻站的车站值班台或接入公务电话网,程控交换网可为所有的轨旁电话机提供与其它任何分机或调度台联系的功能。

5) 车站集中电话机

为使车站、车辆段的各职能部门与本站、本车辆段相关单位进行便捷的通信联系,各车站和车辆段均设置集中电话机。集中电话机的控制台可采用数字式多功能话机。集中电话机可通过快速呼叫键呼叫其下属分机。下属分机与集中电话机之间建立延时热线,分机呼叫集中台时,分机只需摘机不必拨号,等数秒钟(一般设为5s)后便可与集中台接通通话。如果分机在摘机后数秒钟内拨了其它电话分机的号码就可自由地和其它任何电话分机进行通话。分机间可通过拨号建立联系,分机摘机后数秒内不拨号,则直接接入集中电话机。集中电话机的控制台和分机都联向车站的程控交换机。

6) 传真和数据通信

(1) 传真通信。传真通信是一种在接收端能够得到发送端发出的原件的硬拷贝记录的一种图像通信形式,可以传输任意的文字、图形和图像,已成为现代企业办公自动化中不可缺少的通信手段。

(2) 数据通信。数据通信是以传输数据为业务的通信方式,是计算机与计算机、计算机与数据终端以及终端与终端之间的通信。在城市轨道交通中,控制中心与各车站之间可用数据通信方式来传递文件和数据,以提高工作效率。

8. 视频监控系统

城市轨道交通运用视频监控系统(CCTV)向行车管理人员及安防人员提供各个要害部位(如车站站厅、站台、出入口、机房等)的监视画面,便于管理监控与及时处理。如控制中心的行车调度员实时监视全线各站的情况,车站值班员能实时监视本站情况,司机能在站台停车位看到乘客上下车的情况,即直观的图像信息,以确保列车运行安全。

1) 视频监控系统的监视方式

采用车站、控制中心两级互相独立的监视方式,平常以车站值班员控制为主进行视频监视,控制中心调度员可任意选择上调各车站的任一摄像头的监控画面。在紧急情况下则转换为以控制中心调度员控制为主进行视频监控。在一个城市有多条线路的情况下,上级管理中心可以设置监控中心,根据需要调看各线路监视画面,从而形成车站、控制中心和上级监控中心的三级视频监控系统。

闭路电视监控系统可为车站值班员提供对站厅的售票亭、自动售票机、闸机出入口、自动扶梯出入口、站台、机房等主要区域的监视;可为司机和站台工作人员提供对相应站台的乘客上、下车情况;为控制中心的行车、环控、电力、公安等调度员提供对各站或机房的监视点画面。控制中心调度员可根据其权限选择上调各车站摄像机的监视图像,并能对该摄像机的云台和电动镜头进行控制。出于安全与事故取证要求,车站和控制中心还具有录像功能。

2) 视频监控系统的组成

视频监控系统分为数字视频监控系统(简称数字视频监控或网络视频监控)和模拟视频监控系统(简称模拟 CCTV)。视频监控系统主要由摄像机、监视器以及控制、传输、报警、网管等部分组成,其基本模型如图 5-60 所示。

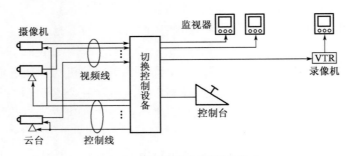

图 5-60 闭路电视监控系统的组成

3) 车站视频监控系统

图 5-61 为车站视频监控系统示意图。在售检票厅、乘客集散厅、上下行站台、自动扶梯等场所,以及设置消防设备及变电设备的地方设监视摄像机。摄像机的安装位置、数量及安装方式应根据乘客流向、乘客聚集地等场所综合考虑。同时,在设置重要设施处也应安装摄像机,以利于监管。应根据车站的布局情况设置监视点,如在地下车站,固定的摄像机设于上、下行站台,根据站台的长度,可在上、下行站台分别设置 1~2 台摄像机,摄像范围应能覆盖站台;配有自动云台的具有调焦功能的摄像机设于站厅,它可以自由偏转进行摄像。在车站控制室内设有显示器及图像选择设备,可以自由地选择所希望监视的车站各部位及对摄像机的云台和焦距进行遥控调整。各站还配有四路图像复用调制设备和光发射设备,以将各站图像经光纤传送至控制中心。

车站视频监控系统为各车站值班员和防灾值班员提供本车站内现场的实况图像,站台区的摄像机还为司机提供旅客上、下车及车门关闭情况的信息。它也受中央控制室的控制,为各调度员提供本站摄像画面。在车站值班室设有监视器和控制键盘。各摄像机输出的视频信号经同轴电缆线接至切换控制设备的图像输入端,切换控制设备的图像输出端中的一部分经图像复用设备和电/光转换后以光纤接至控制中心,用来向控制中心提供本站的现场实况图像信息,另一部分输出端分别接至相应的监视器。车站值班员可从控制台发出控制信号,控制信号包括两部分,一部分用来进行图像切换或选择,即将值班室的监视器与所需监视的现场的摄像机相连接,另一部分用来控制云台的转动和摄像机调焦。

车站监控摄像机的输出还通过一台监视器供通信维修人员使用。

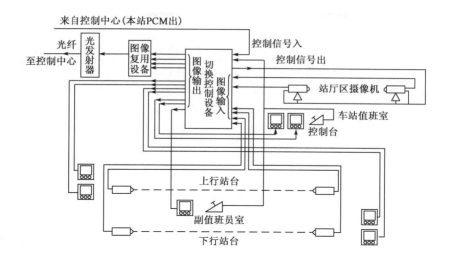

图 5-61　车站电视监控系统示意图

4)控制中心视频监控系统

城市轨道交通的视频监控系统既可由车站值班员控制,也可由控制中心的列车调度员、环境控制调度员控制,当控制中心还设有总调度台时还可由总调度员控制,互不影响。

在控制中心的各调度台上配备一定数量的监视器和一个带键盘的控制台,每位行车调度员和防灾调度员可通过键盘操作来选择他所希望了解的某个或某些车站的某个或某些区域的客流情况或突发事件的图像。控制中心设备及其与车站设备的连接情况如图 5-62 所示。

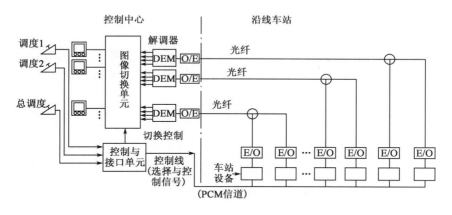

图 5-62　城市轨道交通闭路电视系统示意图

9. 广播系统

广播系统为控制中心调度员、车站值班员、站台工作人员、车辆段或停车场值班员提供对相应区域的广播。广播系统应保证调度员和车站值班员向乘客通告列车运行以及安全、向导等服务信息,向工作人员发布作业命令和通知。在紧急情况下,防灾调度人员可以直接利用广播对其工作人员与乘客进行应急指挥、调度和疏导。广播系统由正线广播和车辆段或停车场广播两个系统组成。车辆段或停车场广播系统为独立于中央控制的有线广播系统。

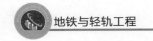

10. 无线通信系统

为了使控制中心调度员、车辆段调度员、车站值班员等固定用户与处于移动状态的相关工作人员(如运行中的列车司机、车站内流动的工作人员、公安警务人员、各工种抢修或维护人员、意外情况下的组织指挥操作人员等)提供便捷可靠的通信联络手段,必须设置无线通信系统,以满足行车指挥及紧急抢险的需要。无线通信系统在城市轨道交通中发挥着十分重要的作用,是调度员与司机通信唯一的可靠手段,也是与移动中的作业人员、抢险人员实现通信的重要手段。

11. 时钟系统

时钟系统是为保证轨道交通运营准时、服务乘客、统一全线设备标准时间而设置的。时钟系统为各线、各车站工作人员、乘客及相关系统设备提供统一的标准时间信息,为其它各系统提供统一的定时同步信号,使整个城市轨道交通执行统一的定时标准,确保通信系统及其它重要控制系统协调一致。

12. 乘客信息系统

城市轨道交通系统的运营管理越来越注重对乘客的服务,越来越以对人的服务为中心,十分重视乘客信息系统(PIS)的建设。乘客信息系统指的是城市轨道交通采用成熟、可靠的网络技术和多媒体传输、显示技术,在指定的时间将指定的信息显示给指定的人群的系统。

在正常情况下,乘客信息系统可提供列车时间信息、政府公告、出行参考、广告等实时多媒体信息。在火灾及阻塞、恐怖袭击等非常情况下,提供动态紧急疏散指示。

二、城市轨道交通控制系统

城市轨道交通控制系统是城市轨道交通的主要技术装备,它担负着指挥列车运行、保证行车安全、提高运输效率的重要任务。现代化的城市轨道交通要求交通控制系统的现代化。

1. 城市轨道交通控制系统概述

城市轨道交通系统的安全、速度、输送能力和效率与控制系统密切相关,以速度控制为基础的列车自动控制系统已成为城市轨道交通控制系统的共同选择。控制系统实际上是城市轨道交通调度指挥和运营管理的中枢神经,选择合适的控制系统可以产生巨大的经济效益和社会效益。

1)城市轨道交通对控制系统的要求

城市轨道交通对其控制系统提出与铁路不尽相同的要求:

(1)安全性要求更高。因城市轨道交通尤其是地下部分隧道空间小,行车密度大,故障排除难度大,若发生事故难以救援,损失将非常严重,所以对行车安全的保证——信号系统提出更高的安全要求。

(2)通过能力大。城市轨道交通一般不设站线,进站列车均停在正线上,先行列车停站时间直接影响后续列车接近车站,所以要求信号设备满足通过能力的要求。另一方面,不设站线使列车正常运行的顺序是固定的,有利于实现行车调度自动化。

（3）保证信号显示。城市轨道交通虽然地面信号机少，地下部分背景暗，但不受天气影响，直线地段瞭望条件好，只是曲线地段受隧道壁的遮挡，信号显示距离受到限制，所以保证信号显示也是一个重要的问题。

（4）抗干扰能力强。城市轨道交通均为直流电力牵引，要求信号设备对其有较强的抗电气化干扰能力。

（5）可靠性高。由于城市轨道交通隧道净空小，且装有带电的牵引接触轨或接触网，行车时不便下洞维修和排除设备故障，所以对信号设备的可靠性要求更高，应尽量做到平时不维修或少维修。

（6）自动化程度高。城市轨道交通站间距离短，列车密度大，行车工作十分频繁，而且地下部分环境潮湿，空气不佳，没有阳光，工作条件差，所以要求尽量采用自动化程度高的先进技术设备，以减少工作人员，并减轻他们的劳动强度。

2）城市轨道交通控制系统的特点

城市轨道交通的控制系统沿袭铁路的制式，但由于其自身的特点，与铁路的信号系统有一定的区别。城市轨道交通控制系统的特点是：

（1）具有完善的列车速度监控功能。城市轨道交通所承担的客运量巨大，对行车间隔的要求远高于铁路，最小行车间隔达到90s甚至更小，因此对列车速度监控的要求极高。

（2）联锁关系较简单。城市轨道交通的大多数车站没有配线，不设道岔，甚至也不设信号机，仅在少数有岔联锁站及车辆段才设置道岔和信号机，故联锁设备的监控对象远少于铁路车站的监控对象，联锁关系远没有铁路复杂；除折返站外，全部作业仅保证旅客乘降，非常简单，通常一个控制中心即可实现全线的联锁功能。

（3）车辆段独立采用联锁设备。城市轨道交通的车辆段类似于铁路区段站的功能，包括列车编解、接发列车和频繁的调车作业，线路较多，道岔较多，信号设备较多，一般独立采用一套联锁设备。

（4）自动化水平高。由于城市轨道交通的线路长度短，站间距离短，列车种类单一，行车规律性很强，因此它的信号系统中通常包含自动排列进路和运行自动调整的功能，自动化强度高，人工介入极少。

（5）不要求兼容。城市轨道交通分线运营，对信号系统不要求互相兼容，即使是同一个城市的各线路所采用的信号系统可以不一样。

3）城市轨道交通控制系统组成

城市轨道交通的控制系统通常由列车运行自动控制系统（ATC）和车辆段信号控制系统两大部分组成，用于列车进路控制、列车间隔控制、调度指挥、信息管理、设备工况监测及维护管理，由此构成一个高效的综合自动化系统，如图5-63所示。

（1）列车运行自动控制系统。列车运行自动控制系统（ATC）包括列车自动防护（ATP）、列车自动运行（ATO）及列车自动监控（ATS）三个系统，简称"3A"。为确保行车安全和线路最大通过能力，根据国内外的运营经验，一般最大通过能力小于30对/小时的线路宜采用ATS和ATP系统，实现行车指挥自动化及列车的超速防护。在最大通过能力较低的线路，行车指挥可采用以调度员人工控制为主的CTC系统。最大通过能力大于30对/小时的线路，应采用完整的ATC系统，实现行车指挥和列车运行自动化。ATO系统对节能、规范运行秩序、实现运行调整、提高运行效率等具有重要的作用,但不同的信号系统设或不设 ATO 会使运营费用差异较大,不过即使是通过能力为 30 对/小时的线路,有条件时也可选用 ATO 系统。

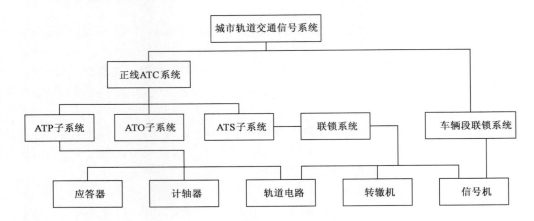

图 5-63　城市轨道交通信号系统框图

系统需设置行车控制中心,沿线各车站设计为区域性联锁,其设备放在控制站(一般为有岔站),列车上安装有车载控制设备。控制中心与控制站通过有线数据通信网连接,控制中心与列车之间可采用无线通信进行信息交换。ATC 系统直接与列车运行有关,因此 ATC 系统中的数据传输要求比一般通信系统的安全性、可靠性、实时性更高。

(2)车辆段联锁设备。车辆段设一套联锁设备,用以实现车辆段的进路控制,并通过 ATS 车辆段分机与行车指挥中心交换信息。车辆段联锁设备前期曾采用 6502 继电集中联锁,近来均采用计算机联锁。

车辆段内试车线设若干段与正线相同的 ATP 轨道电路和 ATO 地面设备,用于对车载 ATC 设备用进静、动态试验。

4)城市轨道交通控制系统的地域分布

按地域城市轨道交通控制系统分成 6 部分:控制中心设备、车站及轨旁设备、车辆段设备、试车线设备、车载设备。

(1)控制中心设备。控制中心设备属于 ATS 子系统,是 ATC 的核心,其设备组成如图 5-64 所示。

控制中心设备主要包括中心计算机系统、综合显示屏、调度员及调度长工作站、运行图工作站、培训/模拟工作站、绘图仪和打印机、维修工作站、UPS 及电池。其中综合显示屏、调度员及调度长工作站设于主控制室,控制主机、通信处理器、数据库服务器、维修工作站设于设备室,运行图工作站设于运行图室,绘图仪和打印机设于打印室,培训/模拟工作站设于培训室,控制中心配备在线式 UPS 及可提供 30min 后备电源的蓄电池,UPS 设于电源室,蓄电池设于蓄电池室。

(2)车站及轨旁设备。车站分集中联锁站和非集中联锁站。集中联锁站一般为有道岔车站,也可能是无道岔的车站。非集中联锁站一般为无道岔的车站。有道岔车站根据需要和可能也可以由邻近车站制而成为非集中联锁站。车站信号设备组成如图 5-65 所示。

第五章 地铁与轻轨的设备及控制系统

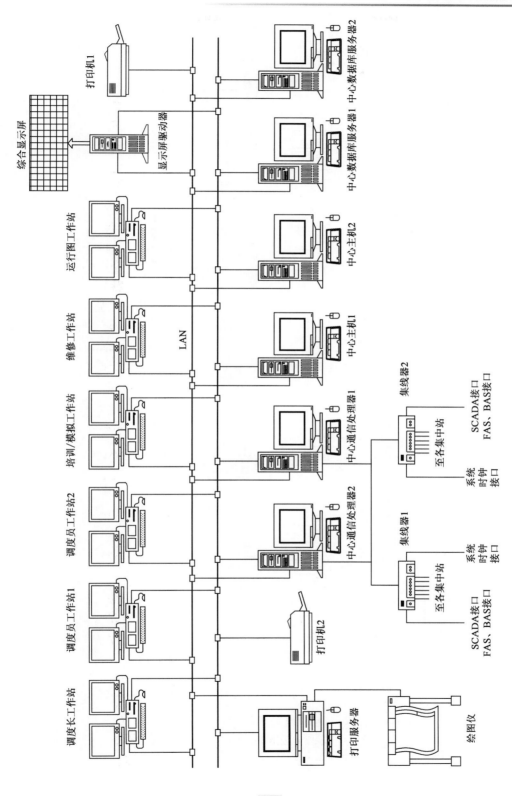

图5-64 控制中心设备

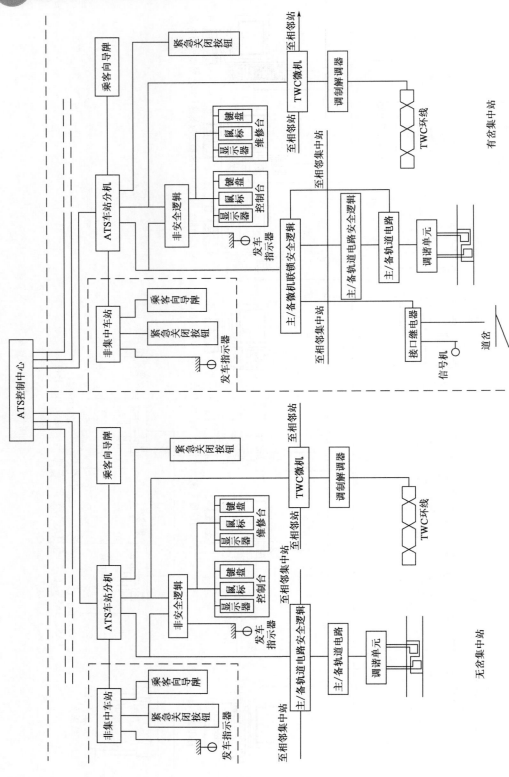

图5-65 车站信号设备组成示意图

(3)车辆段设备。车辆段信号设备包括 ATS 分机、车辆段终端、联锁设备、维修终端、信号机、转辙机、轨道电路、电源设备,其构成如图 5-66 所示。

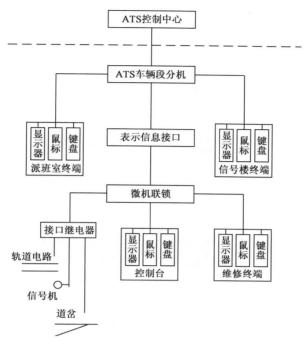

图 5-66 车辆段设备示意图

车辆段一般设一台 ATS 分机。车辆段派班室和信号楼控制台室各设一台终端,与车辆段 ATS 分机相连。

车辆段设一套联锁设备,实现车辆段的进路控制,并通过 ATS 分机与控制中心交换信息。联锁设备只受车辆段值班员人工控制。

设备室内设维修用彩色显示器、键盘及鼠标,显示与控制室相同的内容及维修、监测有关信息,并能对信号设备进行自动或手动测试,但不能控制进路。

车辆段入口处设进段信号机,出口处设出段信号机。存车库线中间进段方向设列车阻挡信号机,段内其它地点根据需要设调车信号机。

车辆段内每组道岔设一台转辙机。

车辆段内轨道电路采用 50Hz 相敏轨道电路,检查列车的占用和空闲。

车辆段信号楼内设置适合于联锁设备、ATS 设备的 UPS 及蓄电池。

(4)车载 ATC 设备。车载设备包括 ATP 和 ATO 两部分,用来接收轨旁设备传送的 ATP 信息,计算列车运行曲线,测量列车运行速度和走行距离,实行列车运行超速防护以及列车自动运行,来保证行车安全和为列车提供最佳运行方式。

5)城市轨道交通控制技术的进步

就控制技术而言,由于信息科学的不断进步,推动了微电子技术、信息传输技术和计算机网络技术的飞跃发展,使轨道交通系统的信号技术得以充分利用这些高新技术成果。信号设备,已从应用电磁和电机技术发展到应用功率电子和计算机技术;从运用普通金属电缆,发展到运用具有高速通信能力的光缆;从单一功能组合系统,向以模块化组成的多层次需要的综合控制系统发展;从对单列列车局部控制技术,向对列车群的综合控制方向发展;从中央集中控制管理方式,向集中管理、分散控制的分散式系统发展;从固定闭塞向移动闭塞方式发展。信号技术的进步,使列车运行的安全度和准点率得到更可靠的保障。

20世纪70年代到90年代前期,我国地铁均采用国产信号设备。但由于我国地铁建设较慢,使得国产信号设备技术水平较低,不能提供一体化的完整系统。因此,当进入20世纪90年代,我国开始了建设城市轨道交通的高潮,在这种情况下,没有国产的地铁信号系统可用。再加上建设地铁向外国贷款,利用外资的附加条件是必须购买贷款国设备,因此纷纷引进国外先进的地铁信号设备。

2. 控制系统基础设备

城市轨道交通控制系统基础设备主要包括信号机、转辙机、轨道电路、计轴器等,它们是城市轨道交通信号系统的重要基础设备。

1) 信号机

城市轨道交通采用色灯信号机。除了车辆段和有岔站外,一般不设信号机。在城市轨道交通中,列车的运行速度不取决于信号显示,即信号为非速差信号。允许信号的绿灯、黄灯并不表示列车的运行速度,而是代表列车的运行进路是走道岔、直股还是弯股。

2) 转辙机

城市轨道交通的正线上一般采用9号道岔,车辆段(停车场)一般采用7号道岔,通常一组道岔由一台转辙机牵引。如果正线上采用的是9号AT道岔,其为弹性可弯道岔,需要两点牵引,即一组道岔需两台转辙机牵引,称为双机牵引。

转辙机可采用外锁闭装置,也可采用内锁闭方式。对于前者采用S700K型电动转辙机或ZYJ7型电液转辙机,后者采用ZD6型电动转辙机,单机牵引时采用ZD6-D型,双机牵引时采用一台ZD6-E型和一台ZD6-J型。

城市轨道交通运行速度不高,可采用普通的直流转辙机,但采用三相交流转辙机优点十分明显:由于采用三相交流电动机,线路上的电能损失大大减少;又由于采用摩擦力非常小的滚珠丝杠传动装置,因此机械效率高。这样,在同样的控制电流下,可增大控制距离,或减小电缆芯线的截面。采用三相电动转辙机后,由于没有直流电动机的整流子,维修工作量大为减少。

3) 轨道电路

对于城市轨道交通,轨道电路不仅用来检测列车是否占用轨道,更重要的是传输ATP信息,所以除车辆段内可采用50Hz相敏轨道电路外,需要采用音频轨道电路。

3. 联锁设备

联锁设备是城市轨道交通的重要信号设备,用来在车站或车辆段实现联锁关系,建立进路、控制道岔的转换和信号机的开放以及进路解锁,以保证行车安全。联锁设备分为正线车站联锁设备和车辆段联锁设备。联锁设备早期采用继电集中联锁,现在多采用计算机联锁。计算机联锁有国产的和从国外引进的。

(1) 计算机联锁应用。城市轨道交通对计算机联锁有特殊的要求,如列车运行的三级控制、多列车进路、追踪进路、折返进路、联锁监控区、保护区段和侧面防护。

(2) 计算机联锁系统应用举例。用于我国城市轨道交通的计算机联锁主要有国产的 TYJL-Ⅱ型计算机联锁、DS6-11 型计算机联锁、VPI 型计算机联锁和 iLOCK 型计算机联锁[卡斯柯信号有限公司由从阿尔斯通信号（美国）公司——原美国 GRS 公司引进专利技术、结合中国铁路运营技术条件经过二次开发]、从国外引进的 SICAS 计算机联锁(SIEMENS 公司研制，为双机热备方式)、MICROLOCK Ⅱ计算机联锁(US&S 公司研制，双机热备方式)。前四种主要用于车辆段，后两种主要用于正线。

4. ATC 系统

列车自动控制(ATC)系统是城市轨道交通控制系统的最重要的组成部分，它能实现行车指挥和列车运行自动化，能最大限度地保证列车运行安全，提高运输效率，减轻运营人员的劳动强度，发挥城市轨道交通的通过能力。ATC 系统的技术含量高，运用了许多当代重要的科技成果。

目前用于我国城市轨道交通的 ATC 系统大多是从国外引进的，有西屋公司的、US&S 公司的、西门子公司的、阿尔斯通公司的和阿尔卡特公司的等。

1) ATC 系统综述

(1) ATC 系统的功能。ATC 系统包括 ATS 功能、联锁功能、列车检测功能、ATC 功能和 PTI 功能五个原理功能。

①ATS 功能可自动或由人工控制线路，及向行车调度员和外部系统提供信息。ATS 功能由完全位于控制中心内的设备实现。

②联锁功能响应来自 ATS 功能的命令，在随时满足安全准则的前提下，管理进路、道岔和信号的控制。进路、轨道电路、道岔和信号的状态信息提供给 ATS 功能和 ATC 功能。联锁功能由分布在轨旁的设备来实现。

③列车检测功能一般由轨道电路完成。

④ATC 功能在联锁功能的约束下，根据 ATS 的要求实现列车运行的控制。ATC 功能有三个 ATC 子功能：ATC 轨旁功能、ATC 传输功能和 ATC 车载功能。ATP/ATO 轨旁功能负责列车间隔和报文生成。ATP/ATO 传输功能负责生成感应信号，它包括报文和 ATC 车载设备所需的其它数据。ATP/ATO 车载设备负责列车的安全运营、列车自动驾驶并给信号系统和司机提供接口。

⑤PTI 功能是通过多种渠道传输和接收各种数据，在特定的位置传给 ATS，向 ATS 报告列车的识别信息、目的号码和乘务组号及列车位置数据，以优化列车运行。

(2) 闭塞及其实现。在城市轨道交通内，列车间隔控制即闭塞是由列车运行自动完成，故为自动闭塞。由于采用了 ATC 系统，各个轨道电路区段即闭塞分区均不设通过信号机，而由车载 ATP 系统予以显示。也没有铁路那样专用的闭塞设备的概念，闭塞作用由 ATP 系统完成。

按照闭塞实现的方式，城市轨道交通的闭塞可分为固定闭塞、准移动闭塞、移动闭塞。

准移动闭塞式和移动闭塞式 ATC 系统可以实现较大的通过能力，对于客运量变化具有较强的适应性，可以提高线路利用率，具有高效运行、节能等作用，并且控制模式与列车运行特性相近，能较好地适应不同列车的技术状态，其技术水平较高，具有较大的发展前景。虽然固定闭塞式 ATC 系统技术水平相对较低,但由于可满足 2min 通过能力的行车要求,且价格相对低廉,因此也宜选用。根据实际情况,因地制宜选择三种不同制式的 ATC 系统是完全必要的。

(3) CBTC。采用轨间电缆感应通信和无线通信的列车控制系统称为基于通信技术的列车控制系统(CBTC)。该系统的使用代表着目前世界上列车运行控制系统的发展趋势,是近年来城市轨道交通领域积极采用的一种移动闭塞方式。CBTC 是一种采用先进的通信、计算机技术,连续控制、监测列车运行的移动闭塞方式的列车控制系统,它摆脱了用轨道电路判别列车对闭塞分区占用与否,突破了固定(或准移动)闭塞的局限性。

(4) ATC 系统控制模式。ATC 系统应包括:控制中心自动控制模式;控制中心自动控制时的人工介入控制或利用 CTC 系统的人工控制模式;车站自动控制模式;车站人工控制模式。

每种模式说明了操作对给定车站和归属控制地段中的列车运行所采取的控制等级,然而在同一时间只能处于一种模式。以上控制等级应遵循的原则是:车站人工控制优先于控制中心人工控制、控制中心人工控制优先于控制中心的自动控制或车站自动控制。

(5) 列车驾驶模式。城市轨道交通列车的主要驾驶模式应包括:列车自动运行驾驶模式;列车自动防护驾驶模式;限制人工驾驶模式;非限制人工驾驶模式。此外,还有自动折返驾驶模式。

自动驾驶模式和无人驾驶模式可以提高列车行车效率,实现列车运行自动调整、维护列车运行秩序、减少驾驶人员劳动强度和人员的数量。然而,由于无人驾驶涉及车辆、行车组织、车辆段配置等多种因素,系统造价高,我国刚开始运用,需要在探索经验后逐渐采用。

2) ATP 子系统

ATP 子系统是保证行车安全、防止错误进路、防止列车进入前方列车占用区段和防止速度码升级的设备。ATP 负责全部的列车运行保护,是列车安全运行的保障。ATP 是 ATC 的基本环节,属于故障—安全系统,必须符合故障—安全的原则。

(1) ATP 功能。ATP 子系统执行以下安全功能:速度限制的接收和解码、超速防护、车门管理、自动和手动模式的运行、司机控制台接口、车辆方向保证、永久车辆标识。ATP 功能分为 ATP 轨旁功能、ATP 传输功能、ATP 车载功能。

(2) ATP 设备组成。采用轨道电路传送 ATP 信息时,ATP 子系统由设于控制站的轨旁单元、设于线路上各轨道电路分界点的调谐单元和车载 ATP 设备组成,以及与 ATS、ATO、联锁设备的接口设备。

连续式 ATP 系统利用数字音频轨道电路向列车连续地发送数据,允许连续监督和控制列车运行。对于 ATP,在轨旁无需其它传输设备。当轨道电路区段空闲时,发送轨道电路检测电码;当列车占用时,向轨道电路发送 ATP 信息。轨道旁的轨道电路连接箱内(发送、接收端各一个)仅有电路调谐用的无源元件,包括轨道耦合单元及长环线。

车载 ATP 设备完成命令解码、速度探测、超速下的强制执行、特征显示单、车门操作等任务。车载 ATP 设备包括两套 ATP 模块,两个速度传感器和两个接收线圈、车辆接口、驾驶台上相关仪表及控制按钮等组成。车载 ATP 设备根据地面控制中心的数据(由 ATP 天线接收)与预先储存的列车数据计算出列车实时最大允许速度,并将此速度与来自轮脉冲发生器测得的列车实际运行速度相比较,超过允许速度时,报警后启动制动器。同时在司机台上给出必要的显示,如最大允许速度、实际运行速度、目标距离、目标速度等。

ATP 系统的基本配置包括驾驶室内的操作和控制单元(MMI)。借助于 MMI,司机可以按照 ATP 系统的指示运行。MMI 包括供司机察看的显示功能和供司机操作的外部接口两个子功能。显示功能向司机显示实际速度、最大允许速度、ATP 设备的运行状态,以及列车运行时产生的重要故障信息,在某些情况伴有音响警报。供司机操作的外部接口包括释放驾驶室的设备、允许按钮、车门释放按钮以及确认按钮。

3) ATO 子系统

ATO 即列车自动驾驶,它代替司机操纵列车驱动、制动设备,自动实现列车的启动、加速、匀速惰行、制动等驾驶功能。

(1) ATO 功能。ATO 系统的功能分为基本控制功能和服务功能。基本控制功能包括:自动驾驶、自动折返、车门打开;服务功能包括:列车位置、允许速度、巡航/惰行、PTI 支持功能等。

(2) ATO 设备组成。ATO 子系统包括地面和车载 ATO 单元两部分。ATO 地面设备是设在每个车站 ATC 设备室内的车站停车模块或 ATO 通信器、沿每个站台设置的一组地面标志线圈或环路,以及和 ATP、联锁系统的接口设备。

ATO 车载设备包括每一端司机室内的一个由微型计算机构成的 ATO 控制器,以及车底部的标志线圈和对位天线(接收、发送天线)。

ATO 具有一个双向通信系统,通过车载 ATO 天线和地面 ATO 环线允许列车直接与车站内的 ATS 连接,可以实现最佳的运营控制,完成下列 ATO 功能:程序停车、运行图和时刻表调整、轨旁/列车数据交换、目的地和进路控制功能。

ATO 还具有定位停车系统,包括车底部的标志线圈和对位天线,以及每个车站 ATC 设备室内的车站停车模块和沿每个站台设置的一组地面标志线圈,为列车提供精确的位置信息。

(3) ATO 与 ATP 的关系。在 ATP 系统的基础上安装了 ATO 系统,列车就可采用手动方式或自动方式进行驾驶。在选择自动驾驶方式时,ATO 系统代替司机操纵,诸如列车启动加速、匀速惰行、制动等基本驾驶功能均能自动进行。然而,不论是由司机手动驾驶还是由 ATO 系统自动驾驶,ATP 系统始终执行其速度监督和超速防护功能。可以这样认为:

手动驾驶 = 司机人工驾驶 + ATP 系统。

自动驾驶 = ATO 系统自动驾驶 + ATP 系统。

ATP 系统主要负责"超速防护",起保证安全的作用,是不可少的安全保障;ATO 系统主要负责正常情况下列车高质量地运行,是提高列车运行水平(准点、平稳、节能)的技术措施。因此,ATP 是 ATO 的基础,ATO 不能脱离 ATP 单独工作,必须服从 ATP 系统基础信息;而且,只有在 ATP 的基础上才能实现 ATO,列车安全运行才有保证;ATO 是 ATP 的发展和技术延伸,ATO 在 ATP 的基础上实现自动驾驶,而不仅仅停留在超速防护的水准上。

4) ATS 子系统

ATS 子系统能与 ATP 子系统、计算机联锁设备或继电联锁设备配套使用,并预留与时钟系统、旅客向导系统和综合监控系统的接口。

(1) ATS 系统功能。ATS 系统在 ATP 和 ATO 系统的支持下,根据运行时刻表完成对列车运行的自动监控,可自动或由人工监督和控制正线(车辆段、试车线除外),及向调度员和外部系统提供信息。

（2）ATS 系统组成。ATS 子系统应由控制中心设备、车站设备、车辆段设备、列车识别系统及列车发车计时器等组成。

思考题

1. 城市轨道交通车辆有哪些特点？
2. 城市轨道交通车辆由哪些基本结构组成？
3. 转向架有哪些基本作用及要求？一般由哪些基本功能模块组成？
4. 城市轨道交通列车的制动系统应具备哪些基本条件？
5. 简述牵引供电系统的组成及供电方式。
6. 简述架空式接触网的组成。
7. 简述刚性悬挂的结构组成。
8. 电力监控系统的作用是什么？
9. 城市轨道交通的通信系统包括哪几部分？
10. 通信系统在城市轨道交通中的应用有哪些？
11. 光纤通信系统的构成？各部分的作用是什么？
12. 城市轨道交通控制系统的特点是什么？
13. 城市轨道交通控制系统包括哪几部分？

第六章　地铁与轻轨土建施工

第一节　地铁明挖施工法概述

明挖法是修建地铁车站的常用施工方法,具有施工作业面多、速度快、工期短、易保证工程质量、工程造价低等优点,因此,在地面交通和环境条件允许的地方,应尽可能采用。

明挖法是先从地表面向下开挖基坑至设计高程,然后在基坑内的预定位置由下而上地建造主体结构及其防水措施,最后回填土并恢复路面。明挖法施工的地铁车站或隧道,其主体结构施工与地面工程相似,本书不再赘述,仅对常见的基坑开挖与支护方法作一介绍。明挖法施工中的基坑可以分为放坡开挖基坑和有围护结构的基坑两类。

一、放坡开挖基坑

当隧道埋深较浅、施工对周围环境影响较小、基坑开挖仅仅依靠适当坡率即可保持土体稳定时,可采取放坡施工开挖。基坑边坡坡度是直接影响基坑稳定的重要因素,当基坑边坡土体中的剪应力大于土体的抗剪强度时,边坡就会失稳坍塌,其次施工不当也会造成边坡失稳。

为保持基坑边坡的稳定,可采取必要的工程措施。

(1)根据土层的物理力学性质确定基坑边坡坡度,并于不同土层处做成折线形或留置台阶;

(2)必须做好基坑降排水和防洪工作,保持基底和边坡的干燥;

(3)基坑放坡坡度受到一定限制而采用围护结构又不经济时,可采用坡面土钉、挂金属网喷混凝土或抹水泥砂浆护面;

(4)严格控制基坑边坡坡顶1~2m范围堆放材料、土方和其它重物以及较大机械等荷载;

(5)基坑开挖过程中,随挖随刷边坡,不得反挖边坡。

二、具有围护结构的基坑

地下铁道明挖基坑所采用的围护结构种类很多,主要围护形式包括钢板桩、灌注桩、挖孔桩及地下连续墙等,其施工方法、工艺和所用的施工机械也各异,因此,应根据基坑深度、工程地质和水文地质条件、地面环境条件等,特别要考虑到城市施工这一特点,经综合比较后确定。

1. 钢板桩围护结构

钢板桩强度高,桩与桩之间的连接紧密,隔水效果好,可多次使用,因此,沿海城市如上海、天津等地修建地下铁道时,在地下水位较高的基坑中采用较多。钢板桩常用断面形式多为U形或Z形。我国地下铁道施工中多用U形钢板桩,其沉放和拔除方法、使用的机械均与工字钢桩相同,但其构成方法则可分为单层钢板桩围堰及屏幕等。由于地下铁道施工时基坑较深,为保证其垂直度又方便施工,并使其能封闭合拢,多采用屏幕式构造,结构示意如图 6-1 所示。

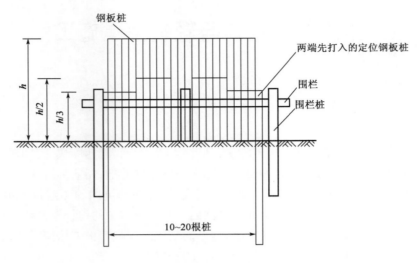

图 6-1　钢板桩围护结构

2. 钻孔灌注桩围护结构

钻孔灌注桩一般采用机械成孔。地下铁道明挖基坑中所采用的成孔机械,多为螺旋钻机或冲击式钻机。此外,正反循环钻机,由于采用泥浆护壁成孔,故成孔时噪声低,适于城区施工,在地下铁道基坑和高层建筑深基坑施工中得到广泛应用。灌注桩围护结构见图 6-2。

(1) 螺旋钻机成孔。螺旋钻机分为长螺旋钻机和短螺旋钻机两种。由于地质条件受限,长螺旋钻机应用较广。短螺旋钻机,由于钻进中挤入钻杆叶片间的土要待钻头提升到地面后反转甩出,因反复钻进和提升,孔壁扰动后易于坍塌,在黏性土中较为适用,其它软土底层,则受到一定限制。

图 6-2　钻孔灌注桩围护结构

长螺旋钻机钻孔直径一般为 $\phi300 \sim \phi800mm$,钻深可达 25m;而短螺旋钻机钻孔直径一般为 $\phi400 \sim \phi500mm$,钻深可达 35m。

螺旋钻机一般只适宜于干作业钻进。其施工程序为:钻孔至孔底,随压浆提升钻杆,吊放钢筋笼并灌注石子,以形成钢筋混凝土桩。此种钻孔方法,因随提钻随压水泥(砂)浆护壁,解决了螺旋钻机水中钻进问题。

(2) 钢丝绳冲击钻机成孔。利用悬吊着的钻头的冲击力,将钻孔的土或岩层冲碎,并采用泥浆护壁,通过捞渣将钻孔内的大部分泥土清出孔外。其操作要点为:钻孔前,先在孔口处埋设护筒,然后使钻机就位,并使钻头中心对准护筒中心;钻进过程中当深度在护筒底以下 3～4m 时,应低锤冲击,锤高控制在 0.4～0.6m,并及时加泥浆护壁,保持孔壁稳定;钻进中,每冲击 3~4m 掏一次渣,并及时加水保持孔壁内水位高度,防止坍孔。掏完渣后向孔内加护壁泥浆并保持正常浓度,这样反复冲孔、掏渣、注浆,直至设计深度。

(3) 正循环回转钻机成孔。它是在钻机驱动钻具回转钻进的同时,冲洗液沿钻杆与孔壁之间的环形空间上升,然后从空口返回沉淀池,形成正循环回转钻进。钻机的主要部件有转盘、电动机、卷扬机、钻架、钻杆、钻头和水管等。

(4) 反循环回转钻机成孔。反循环回转钻机成孔的冲洗液流向是从地面沿钻具与孔壁之间的环形空间,或采用专门管线以及双壁钻杆的外环间隙流向孔底,然后沿钻杆的中心孔上升返回地面,形成反循环排渣回转钻进。其主要设备与正循环钻进成孔的设备基本相同,但一般不需要泥浆泵。按吸升泥浆和排渣方法不同,需配置泥浆泵与真空泵或空气吸泥机和水力吸泥机等。

3. 土钉墙围护结构

土钉就是置于基坑边坡土体中、以较密间距排列的细长金属杆。土钉依靠它与土体接触面的黏结力或摩擦力,与其周围土体形成一个有自承能力的挡土墙体系,承受未加土钉土体施加的侧压力,以保持基坑边坡的整体稳定性。

这种围护结构近年来在北京、广州、深圳等城市的高层建筑深基坑中采用较多,在北京地下铁道西客站预埋区间隧道的明挖基坑中也已采用,取得较好的效果。土钉墙的施工流程如图 6-3 所示。

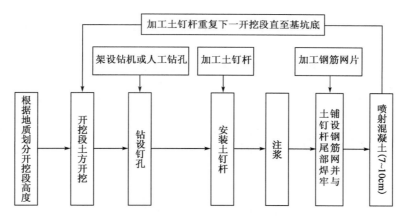

图 6-3 土钉墙施工流程

4. 地下连续墙施工

地下连续墙又称地下连续壁或连续地中壁。该技术起源于欧洲,它是根据打井和石油钻井所用膨润土泥浆护壁以及水下混凝土施工方法的应用而发展起来的。1950 年前后开始应用于工程,当时以法国和意大利采用的最多,随后推广到欧美各国。1959 年日本开始应用该技术,并于 1961 年在日本地铁 4 号线采用。1958 年我国水电部将该技术用于青岛月子库水坝防渗墙工程。由于地下连续墙具有挡土、防水抗渗及承重等功能,目前在建筑物地下基础、深基坑支护结构、地下车库、地下铁道、地下泵站、地下电站、水坝防渗墙等方面得到广泛应用。地下连续墙分为现浇地下连续墙、预制地下连续墙、排桩地下连续墙,目前广泛应用于地下工程并作为基坑开挖的围护结构,也可作为地下结构物的一部分。

1) 地下连续墙的特点

地下连续墙施工具有很多优点,例如施工时振动小,噪声低,在城市施工易于推广;通过改进地下连续墙的接头构造,提高了地下连续墙的防渗性能,除特殊情况外,施工时不需降低地下水位;地下连续墙刚度大,能承受较大的侧压力,在基坑开挖时,变形小,因而周围地面沉降少,不会危害附近建筑物或构筑物;地下连续墙适用于多种地基条件,除溶岩地质外可适用于各种地质条件,在承受水头很高的砂砾石层采取措施后,也能采用;工程实践中,也可将地下连续墙与"逆筑法"施工结合起来,以地下连续墙为基础墙,地下室梁板作支撑,地下部分施工可自上而下与上部建筑同时施工。

但是地下连续墙施工也有一些需要解决的问题,例如施工完后对废泥浆要进行处理,管理不善时会造成现场泥泞,同时还会对地基及地下水造成污染,可能会对环境造成一定影响;地下连续墙面虽可以保证垂直度,但比较粗糙,尚需加工处理后方可作衬壁等。

2) 现浇地下连续墙

现浇地下连续墙是在地下开挖一段狭长的深槽,在槽内放入钢筋笼,浇注成一段钢筋混凝土墙体,把这些墙体逐段连接起来即为一道连续的地下墙壁,即为地下连续墙。

(1) 施工准备。包括编制施工组织设计;审阅技术文件;测量放线,场地规划与拆迁;便道、供水、供电等临时设施的建设;机械设备、材料的落实及设立试验室等。

(2) 护墙泥浆。在地基中进行钻孔或挖槽时,可通过泥浆的静压力来防止槽孔坍塌或剥落,维持槽孔的形状。同时泥浆还具有悬浮土渣或将土渣排出的功能。槽孔形成之后,浇注混凝土把泥浆由槽孔中置换出来。

① 泥浆的种类。地下连续墙使用的泥浆有膨润土泥浆、聚合物泥浆、CMC 泥浆、盐水泥浆等;使用的外加剂有分散剂、CMC 增黏剂、加重剂、防漏剂、盐水泥浆剂等。

② 泥浆的使用方法。如果挖槽过程中不用泥浆排渣,泥浆在槽内仅起护壁作用时,可在抓斗挖槽时不断注入新泥浆,直到浇注混凝土将泥浆置换出来为止。如果挖槽过程中使用泥浆排渣,则需用泵使泥浆在槽底与地面之间进行循环,将土渣排出地面。循环方法有正循环及反循环两种。

③ 泥浆的质量要求。拌制和使用泥浆时,必须随时检验,对不合格的泥浆必须及时处理。泥浆性能指标包括新泥浆质量指标;存放 24 小时质量指标;使用过程中的质量指标;废弃泥浆指标。未达到废弃程度的泥浆可回收,使用振动筛、旋流器或沉淀池进行除砂净化再生利用。

(3) 导墙。导墙的作用是在挖槽孔时起导向作用,提高槽孔的垂直精度;储存泥浆,保持泥浆液面高度,稳定槽壁;支撑表土,支承施工设备及固定钢筋笼、接头管;防止泥浆渗漏及地表水流入。

导墙分为现浇或预制拼装钢筋混凝土以及 H 型钢等。常用现浇钢筋混凝土导墙,导墙深度一般为 1.2~2.0m,内净宽比地下连续墙宽 5~10cm,顶面应高出地表 15cm 以上,并高于地下水位 1.5m。导墙中心线定位,应考虑成槽垂直误差和地下连续墙变位,适当外移,防止侵限。

导墙形式根据地质及地表情况不同,可选用不同的形式,有矩形、槽形、L 形、倒 L 形。在拐角处,常将其平面形式设计成 L、T 或十字形。

导墙宜建在密实的地基上,背后开挖回填部分需用黏性土分层夯实。导墙应做成连续的,施作完成后,应及时在墙间加设支撑,防止导墙在外力作用下内挤变形。

(4)挖槽机械。挖槽是地下连续墙施工最主要的工序之一。施工中应根据地质条件差异及不同的功能要求,选择不同的挖槽方法和挖槽机械。按挖槽机理来分,挖槽机可分为两大类:挖斗式挖槽机、钻头式挖槽机。

①挖斗式挖槽机。这类机械的特点是既对土层进行破碎,又将土渣运出槽外,构造简单耐用,故障少,广泛用于软弱土层施工。挖斗式挖槽机的构成包括土斗,使土斗开闭、旋转、上下运行的原动机,传动及动力结构,专用机架(或履带式起重机)。挖斗式挖槽机有蚌式挖槽机、铲斗式挖槽机、回转式挖槽机、螺旋钻等。

蚌式抓斗挖槽机比较常用,其主要结构如图6-4所示。挖槽机利用斗齿切削土层并将土渣收容在斗内提出地面卸渣,然后返回到挖土位置,进行新的循环。这类挖槽机又可分为钢索式抓斗挖槽机、液压式抓斗挖槽机和导杆式抓斗挖槽机3种。

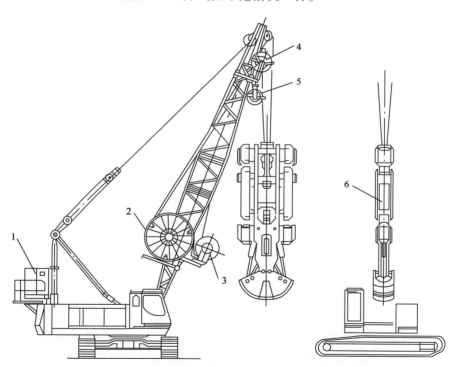

图6-4 MHL液压式抓斗与履带吊车起重机配套示意图

1-液压装置配电盘;2-软管卷筒;3-电缆卷筒;4-软管导向轮;5-电缆导向轮;6-MHL抓斗

②钻头式挖槽机。这类机械是用钻头对地层进行破碎,借助泥浆循环将土渣排出槽外。依据钻头对地层的破坏方式可分为冲击式挖槽机、回转式挖槽机、凿刨式挖槽机和双轮铣槽机。其载运机械是专用机架或履带式起重机。

冲击式挖槽机就是冲击钻机,它通过钻头上下运动,冲击破碎地基土,借助泥浆循环把土渣携出槽外,适用于大卵石、大孤石等较大障碍物和软硬不均的复杂的地层。冲击式挖槽机的挖槽精度较高,但速度较慢,多用于钻导孔和接合面的防渗构造施工。

回转式挖槽机就是回转钻机,它是将钻头压入土层并使之回转来破碎土层,在松软的地层中速度快、精度高,但在砾石等硬地层中施工较困难。回转式挖槽机又分为独头回转钻机和多头钻机。

多头钻机由数个钻头组合成一体,工作原理图如图 6-5 所示。回转钻头切削土层,利用边刀上下滑动刮平槽壁,钻头边挖边下降。施工过程中通常多头钻机由标准支架悬吊,也可将其吊在履带式起重机上。多头钻机挖槽精度高,但维修保养要求高,辅助设备较多,地质不均匀时,部分钻头易超负荷运转造成损坏。

独头回转钻机只有一个钻头,开挖断面为圆形;叠合钻孔成槽速度较慢,主要用于钻导孔。

(5)挖槽。

①导孔施工。蚌式抓斗挖槽机施工前,常先以一定间距钻出垂直导孔,其作用是提高挖槽效率和垂直精度,也便于接头施工。导孔的直径为地下连续墙的厚度,导孔间距为挖斗宽度。导孔可视具体情况采用回转式挖斗机、螺旋钻机、冲击式钻机、独头回转钻机等进行施作。

②槽段的划分和施工机械。槽段长度选择应根据地质、地下水位、有无地下管线等因素来决定。考虑槽壁稳定性和钢筋笼重量,槽段一般长 4~6m,不良地层、附加荷载

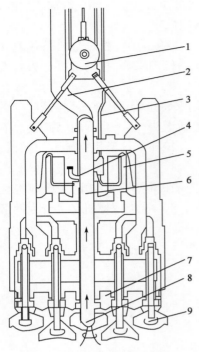

图 6-5 多头钻机结构示意图
1-滑轮组;2-反循环软管;3-电缆;4-压缩空气喷嘴;5-潜水电机;6-反循环轴;7-边刀;8-反循环钻头;9-回转钻头

大时为 2~3m,条件好时可至 7~8m。槽段有一段式和多段式,多段式应跳挖,分段及开挖如图 6-6 所示。

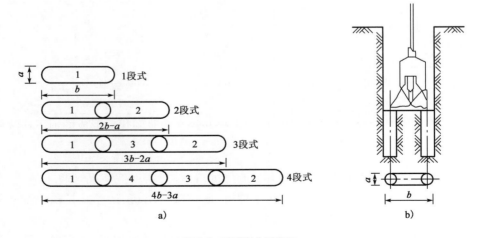

图 6-6 槽段划分及开挖

(6)调入接头构件。接头构件可采用钢管、接头箱、型钢、预制钢筋混凝土等,前两种可以拔出,重复利用。常用钢管做接头管,又称锁口管,吊入时表面涂油,尽量使其紧靠原土层,垂

直缓慢插入。

（7）刷壁、清底。刷壁、清底的目的是清除接头部位的凝聚物、沉聚物、槽底已松动的泥块、沉淀物、不合格的泥浆。这些不利因素将使混凝土局部不良部分增加，影响混凝土的强度和流动性及接头部位的防渗性，降低混凝土的灌注速度，促使钢筋笼上浮。此外沉聚物还将加速泥浆变质，沉渣在槽底很难被混凝土置换，将使地下连续墙承载力降低，沉降量加大；沉渣过多会阻碍钢筋笼插入到预定位置，影响结构的高程。

刷壁时一般是用吊车将刷壁器下到槽底，向已灌侧靠拢贴紧，提起刷壁器，多次反复将泥土清除干净。清底一般采用抓斗抓泥或置换泥浆两种方法。

（8）钢筋笼制作及吊装。钢筋笼一般在现场模型台架上制作，其大小视槽段长宽、起吊能力、净空高度而定，可制成整幅式或分段式。钢筋笼应按设计设置保护层垫块、连接钢筋、支撑预埋件等。钢筋笼起吊点附近两排竖向主筋应焊成 W 形抗弯钢筋片，以减小起吊时钢筋笼的变形。在灌注混凝土导管处的竖向筋应设在导管侧，以利导管的上下活动。钢筋笼制作误差应在允许范围内，并注明上下、里外侧及槽段编号。

钢筋笼起吊前应验算起吊能力，钢筋笼吊装就位应保证上下前后左右位置的正确性，起吊时钢筋笼下端不得在地下拖拉、碰撞，应系上拖绳防止其摆动，运至槽口对准后慢速下降就位。钢筋笼在水中的浸泡时间不应大于 24h，以免降低混凝土对钢筋的握裹力。

（9）浇筑混凝土。地下连续墙采用导管法进行水下混凝土浇筑，施工时导墙上槽口应铺设盖板，防止混凝土掉入槽内。导管事先应检查并进行水压试验。导管与漏斗相接，每幅槽段一般用两根导管，其间距不大于 3m。灌注时交叉使用两导管，尽量使混凝土表面平整上升。导管埋入混凝土深度 2～6m。

水下灌注的混凝土应比设计等级提高一级，水灰比在 0.5～0.6 之间，水泥用量宜大于 $400kg/m^3$，并具有良好的和易性和黏聚性。骨料宜采用中粗砂及粒径不大于 40mm 的碎石，水泥宜采用普通硅酸盐水泥。浇筑时必须确保混凝土的供应能力，使浇筑能连续进行，中断时间不宜超过半小时；浇筑过程中，应经常测量导管与混凝土面高差，根据测量结果决定提升及拆除导管的长度。

（10）拔出接头构件。混凝土浇筑完成后，根据混凝土初凝时间，依次适当地拔动导管，最后全部拔出。拔管过早会影响接头的强度和形状，拔管过晚可能拔不出来，一般是浇注后 2～3h 开始拔动，每次拔 10cm 左右，当拔出 0.5～1.0m 后，每隔半小时拔 0.5m 左右。

3）预制地下连续墙

预制地下连续墙是指挖槽后用预制的墙板组拼并经水泥浆固化后形成的地下连续墙。预制地下连续墙有板—梁法和板—板法。板—梁法中，板的作用是将土压力传递到梁上，因梁比板长，梁设有锚杆，锚固于更深的地层。常用的形式为板—板法，它又可分为板榫槽体系和板槽体系，平面简图如 6-7 所示。

预制地下连续墙施工的主要工序有：
①导墙施工；
②制备护壁泥浆；
③挖槽；
④清底和刷壁；

⑤用锚固水泥浆替换护壁泥浆；
⑥吊装预制墙板；
⑦接缝处理。

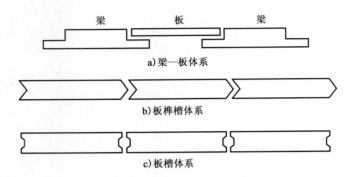

图 6-7 预制地下连续墙平面简图

锚固水泥浆是用水、起缓凝作用的膨润土、砂子以及抗腐蚀作用的水泥、黏结掺和料调制而成。其相对密度约为 1.25，水灰比约为 0.3。清底和刷壁完成后，把锚固水泥浆注入基坑底部，吊放预制墙板，转换全部护壁泥浆。为了使墙板顺利压入槽内，并将其嵌住，应采用流动性较大的水泥浆。水泥浆的强度等级随墙的高度而变化，底部采用强度等级较高水泥浆，以承受较大竖向荷载，靠土侧采用防水水泥浆。

板间接缝主要采用灌浆连接，如图 6-8 所示。

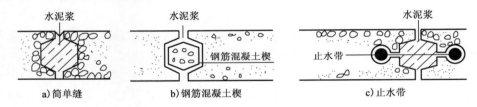

图 6-8 板间接缝处理

①简单缝可向两板间的缝隙灌入水泥浆；
②为了提高接缝抗剪强度，可在缝中放置钢筋混凝土楔；
③在水泥浆中放止水带。

与普通地下连续墙相比，预制地下连续墙的墙板生产效率高，施工速度快；墙的防水性能好，表面平整；墙的位置较准确，工程精度高，后续表面处理也较简单。但预制墙板生产和储存需要较大场地，每块墙板重量大，安装需要较大吨位的起重机械配合。

4) 排桩地下连续墙

排桩地下连续墙是指把各个独立施工的桩连成一体的地下连续墙，主要形式有钻冲孔排桩地下连续墙及挖孔排桩地下连续墙。

(1) 钻冲孔排桩地下连续墙。采用"两钻一冲"，即按一定桩距钻孔并浇注钢筋混凝土成桩，然后在两桩间冲孔再浇注钢筋混凝土，形成排桩地下连续墙。此种连续墙比较适合在狭窄、净空高度受限制、大卵石等障碍物较多地段和无大型挖槽机情况下使用，其施工平面如图 6-9 所示。

钻冲孔排桩地下连续墙的钻孔可采用旋转钻或冲击钻;泥浆制备及导墙施工工序也与现浇地下连续墙相似;成孔时,要求每一根桩孔都要满足垂直精度要求;浇注水下混凝土时,为确保钻孔桩的混凝土保护层,在连续墙纵向、桩的钢筋笼两侧挂上2根定位钢管,横向在钢筋笼上焊定位钢块,浇注混凝土后拔出钢管。

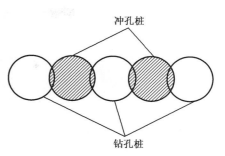

图6-9 钻冲孔排桩地下连续墙平面示意图

与普通地下连续墙相比,排桩地下连续墙不但具有防水挡土承重功能,且施工简单,成本较低;无需设置笨重的接头管,省去吊放和拔除接头管的大型设备;孔壁稳定性好,不需要大型挖槽机;钻孔的时间差与冲孔的时间差要求不高;便于流水作业,可多工作面施工。但排桩地下连续墙也有接合面多、整体性和抗渗性较差、工艺要求较严、施工速度较慢等缺点。此外还具有以下特点:

①要求桩径适中。如桩径小,有效搭接面小,防渗效果较差;桩径过大,搭接面大,但会造成冲孔难度大。

②排桩钢筋笼的位置准确度有严格要求,偏斜过大,冲孔时会碰上钢筋造成卡锤现象。

③冲孔时,冲锤的冲程需要根据现场条件经试冲后确定;冲锤对钻孔桩两边的混凝土进行切割,冲程过大,容易造成卡锤。

④锤齿磨损较大,应勤换冲锤。

⑤墙顶宜设压顶梁,以增加墙体的整体稳定性。

(2)挖孔排桩地下连续墙。在地下水影响不大、适合人工挖孔的地下工程中,可采用挖孔排桩地下连续墙作为围护或主体结构的一部分,其断面多采用带护壁的方桩。图6-10为挖孔排桩地下连续墙施工示意图。其优点为:可多工作面同时作业,速度快;无需大型拔管、吊装、挖槽设备;地下连续墙的尺寸精度、防水、混凝土的质量等都能得到很好的保证;施工简便,材料消耗少,造价低。

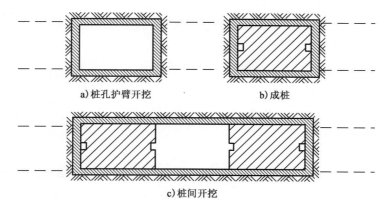

图6-10 挖孔排桩地下连续墙施工平面图

挖孔排桩施工方法和步骤为:根据地质条件间隔挖孔,及时施作护壁,保持土体稳定;挖到桩底高程后,吊装桩身钢筋笼就位,并浇注混凝土,完成挖孔桩;然后在已做好的挖孔桩相邻桩位挖土,凿除已成桩护壁的混凝土,将钢筋与新桩钢筋相接,浇注护壁混凝土;挖到新桩底高程,吊装钢筋笼就位,浇注混凝土,新旧桩连为一体,形成地下连续墙。

第二节　地铁暗挖施工法概述

一、新奥法施工

1. 新奥法的概念

所谓新奥法即新奥地利隧道修建方法的简称(New Austrian Tunnelling Method,NATM),是以喷射混凝土锚杆作为主要支护手段,通过监测控制围岩变形,充分发挥围岩的自承能力的施工方法。这种方法是由奥地利的学者腊布希维兹在喷锚支护的基础上提出来的,并在1954~1955年首次应用于奥地利的普鲁茨—伊姆斯特电站的压力输水隧道工程建设中。后经其他国家隧道工作者的理论研究和工程实践,于1963年在奥地利召开的第八次国际土力学会议上正式命名为新奥法,并取得专利权。

新奥法是随隧道工程设计理论和施工工艺的不断发展,尤其是岩体力学的兴起和不断完善,在隧道设计施工领域取得的革命性突破。其与传统方法相比最根本的区别在于,传统方法把围岩看作荷载的来源,其围岩压力全部由支护结构承担,围岩被视为松散结构,无自承力。而新奥法恰恰相反,它把支护结构和围岩本身看作一个整体,二者共同作用达到稳定洞室的目的。这一概念的提出,使隧道设计理论和施工工艺发生了根本的变革,之后迅速被许多国家的隧道工作者接受,并应用于各种各样的隧道工程中。

我国从20世纪60年代开始引进新奥法,到80年代才开始大量应用于工程实践中。在许多隧道及地下工程的设计施工贯彻新奥法基本原理,形成设计施工技术规范及作业指南。实践证明,在隧道及地下工程的设计和施工中采用新奥法,可以节省大量木材,改善施工条件,降低工程造价,同时,也为大型机械化施工提供了条件。若采用严格有效的施工监测和管理措施,可使支护系统既经济合理,又安全可靠。

2. 新奥法的基本内容

新奥法摒弃了传统隧道及地下工程中应用厚壁混凝土结构支护松动围岩的理论,与传统方法有根本区别,其可归结为如下几点:

(1)开挖作业宜采用对围岩扰动较小的控制爆破和较小的开挖步距,避免过度破坏岩体的稳定。

(2)隧道的开挖应尽量利用围岩的自承能力,充分发挥围岩的自身支护作用。

(3)根据围岩特征,采用不同的支护类型和参数,及时施作密贴于围岩的柔性支护,如钢拱架、喷射混凝土和锚杆等,以控制围岩的变形和松弛。

(4)在软弱破碎地段,使支护断面及早闭合,从而有效地发挥支护体系的作用,保证隧道的稳定性。

(5)二次衬砌原则上是在围岩和初期支护变形稳定的条件下修建,使围岩和支护结构形成一个整体,从而提高支护体系的安全度。

(6)尽量使隧道断面周边轮廓圆顺,避免棱角突变处应力集中。

(7)通过施工中对围岩和支护的动态观测,合理安排施工程序,修正不合理的设计和进行日常施工管理。

总之,新奥法不能单纯理解为隧道施工的某一种方法,它是把隧道的设计与施工合为一体,以弹塑性理论的成果进行支护结构的设计,并以现场量测的手段修正设计、指导施工的一种理论。这一理念集中体现在支护结构种类、支护结构构筑时机、围岩压力、围岩变形四者的关系上,自始至终贯穿于不断变化的设计、施工过程中。

3. 新奥法施工程序

新奥法的施工过程主要包括:开挖、初期支护、构筑防水层、二次模筑混凝土衬砌4部分。

1) 开挖

为了充分利用围岩的自承能力,尽量采用较大的断面进行开挖,地质条件较差时可采用台阶式开挖或分块环形开挖。爆破宜采用光面爆破或预裂爆破。

开挖时,一次开挖的长度应根据围岩条件和开挖方式确定。围岩条件好时,长度可大些,条件差时,长度应减小。同样条件下,采用台阶开挖时长度可大一些,而采用全断面开挖时长度要小一些。

2) 初期支护

初期支护也称初支,包括以下几个工序:一次喷射混凝土、打设锚杆、设置钢筋网、必要时架设钢支撑、二次喷射混凝土等。一次喷射混凝土的厚度为 3~5cm,二次喷射混凝土达到设计厚度即可。当喷射混凝土厚度较大时,可采用多次喷射,每次 5~8cm。初支所用的钢筋网、钢支撑等均应埋在喷射混凝土层内。

3) 构筑防水层

在初支完成后,临近二次衬砌前构筑防水层。防水层设置在初期支护和二次衬砌之间,其形式和材料根据设计而定。

4) 二次模筑混凝土衬砌

当围岩与初期支护变形收敛稳定后,用模筑混凝土构筑二次衬砌。

新奥法施工程序可用图 6-11 表示。

4. 新奥法基本施工方法

1) 新奥法施工的基本原则

根据我国在隧道及地下工程中多年积累的设计施工经验,新奥法施工的基本原则可以归纳为"少扰动、早支护、勤量测、紧封闭"。

(1)少扰动:是指在进行隧道开挖时,尽量减少对围岩的扰动次数、扰动范围和持续时间。采用钻爆法开挖时,应严格进行控制爆破;尽量采用大断面开挖;根据围岩类别、开挖方法、支护条件选择合理的循环进尺量;支护要尽量紧跟开挖面,缩短围岩应力松弛时间。

(2)早支护:是指开挖后及时施作初期锚喷支护,使围岩的变形进入受控状态。这样做一方面是为了使围岩不致因变形过度而产生坍塌失稳;另一方面是使围岩变形适度发展,以充分发挥围岩的自承能力。必要时可采取超前预支护措施。

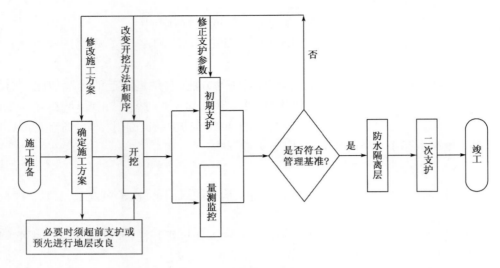

图 6-11　新奥法施工工序图

（3）勤量测：是指以直观、可靠的量测方法和量测数据来准确评价围岩（或围岩加支护）的稳定状态，判断围岩动态的发展趋势，以便及时调整支护形式、开挖方法，确保施工的安全和顺利进行。

（4）紧封闭：一方面是指采取喷射混凝土等防护措施，避免围岩长时间暴露而导致强度和稳定性的衰减（尤其是对易风化的软弱围岩）；另一方面是指要适时对围岩施作封闭形支护，这样做不仅可以及时阻止围岩变形，而且可以使支护和围岩能进入良好的共同工作状态。

2）新奥法的开挖方法

新奥法常用的开挖方法大致分为全断面法、台阶法和分部开挖法 3 大类及若干变化方案，如图 6-12 所示。

隧道开挖方法的选择，主要根据工程地质及水文地质条件、施工条件、围岩级别、隧道埋置深度、隧道断面尺寸和长度、衬砌类型等因素，以施工安全为前提，以工程质量为核心，并结合隧道的使用功能、施工技术水平、施工机械装备、工期要求和经济可行性等因素综合考虑研究选定。

在城市地铁隧道施工对周围环境产生不利影响时，应该把隧道工程的环境条件作为选择施工方法的因素之一。同时应考虑围岩变化时施工方法的适应性及其变更的可能性，以免造成隧道工程失误和增加不必要的工程投资。采用新奥法开挖时，还应对施工过程中辅助作业方式和对围岩变化量测监控方法，以及隧道穿越特殊地质地段时施工手段等进行综合考虑，合理选择。

二、浅埋暗挖法施工

浅埋暗挖法是参考新奥法的基本原理，在开挖中采用多种辅助施工措施加固围岩，充分利用围岩的自承能力，开挖后及时支护，封闭成环，使其与围岩共同作用形成联合支护体系，有效地抑制围岩过大变形的一种综合施工技术。

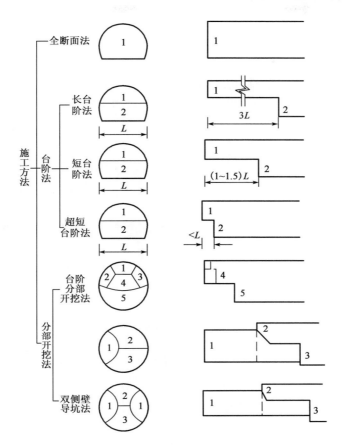

图 6-12 新奥法开挖方法示意图

采用浅埋暗挖法应与明挖法、盖挖法、盾构法等施工方法进行经济、技术及环境因素的多方面的分析比较后确定。

1. 浅埋暗挖法的工艺流程和技术要求

浅埋暗挖法的工艺流程和技术要求主要是针对埋置深度较浅、松散不稳定的土层和软弱破碎岩层施工而提出来的。

浅埋暗挖法整个工艺流程应从地质调查开始,包括设计、施工、监测反馈等过程,与新奥法的总原则相似,不过浅埋暗挖法更强调地层的预支护和预加固。因为地下铁道多在城区施工,对地表沉降的控制要求比较严格。与一般深埋隧道新奥法施工不同之处是浅埋暗挖法支护衬砌的结构刚度比较大,初期支护允许变形量比较小,这样对保护周围地层的自承作用和减少对地层的扰动是必须的。

我国在施工中总结了一套浅埋暗挖法的工艺技术要求,"管超前、严注浆、短开挖、强支护、快封闭、勤量测"。这 18 个字基本概括了浅埋暗挖法施工的工艺技术要求。

2. 地层预加固和预支护

在城市地下铁道浅埋暗挖法施工中,经常遇到砂砾土、砂性土、黏性土或强风化基岩等不稳定地层。这类地层在隧道开挖过程中自稳时间短暂,往往在初期支护尚未来得及施作,或喷射混凝土尚未获得足够强度时,拱墙的局部地层已开始坍塌。为此需采用地层预加固、预支护的方法,以提高周围地层的稳定性。

1) 小导管超前预注浆

小导管超前预注浆是在开挖前,沿坑道周边,向前方围岩钻孔并安装带孔小导管,或直接打入带孔小导管,并通过小导管向围岩压注起胶结作用的浆液,待浆液硬化后,坑道周围岩体就形成了有一定厚度的加固圈。在此加固圈保护下即可安全地进行开挖等作业。这是开挖单线区间隧道所常用的方法。注浆小导管采用 $\phi 38 \sim \phi 50$ mm 的焊接钢管制成,导管沿上半断面周围轮廓线布置,间距 $0.2 \sim 0.3$ m,仰角控制在 $10° \sim 15°$,如图 6-13 所示。

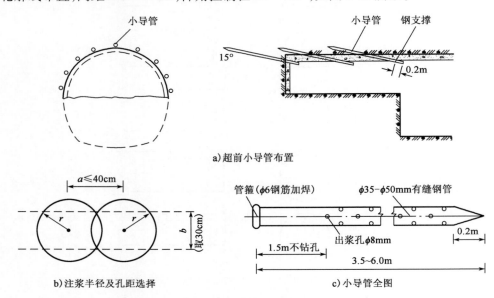

图 6-13 小导管超前注浆施工示意

注浆小导管管头为 $25° \sim 30°$ 的锥体,管长 $3 \sim 3.5$ m,其中端头花管长 $2.0 \sim 2.5$ m,花管部分钻有 $\phi 6 \sim \phi 10$ mm 孔眼,每排 4 个孔,交叉排列,间距 $10 \sim 20$ cm 左右。注浆小导管用风钻打入。

注浆材料及配比应根据地质条件和施工要求,通过现场试验确定。控制注浆压力是这项作业的一个重要技术环节,应根据地质条件、周围建筑物情况及施工要求,通过现场试验确定,一般控制在 $0.3 \sim 0.7$ MPa 之间。

2) 超前深孔帷幕注浆

对于断面比较大的双线隧道或跨度较大的渡线部分,因注浆小导管加固范围有限,可采用超前深孔帷幕注浆。深孔预帷幕注浆一般宜超开挖面 $30 \sim 50$ m,可以形成有相当厚度和较长区段的筒状加固区,使得堵水效果更好,也使得注浆作业次数减少,适用于有地下水及地下水丰富的地层中,多用于采用大中型机械化施工。注浆机理根据不同的岩层,可采用渗透注浆、劈裂注浆、压密注浆、高压喷灌注浆;注浆方式多采用地表注浆、作业面注浆及平行导坑超前注浆等方法,如图 6-14 所示。

对于 $70 \sim 100$ m² 断面的隧道可布置 $12 \sim 18$ 个注浆孔,其中 15m 左右的长孔布置 $6 \sim 11$

个,5m 左右的短孔布置 6~7 个,并采用隔孔注浆的方法。水泥浆的配合比及注浆压力通过现场试验确定。

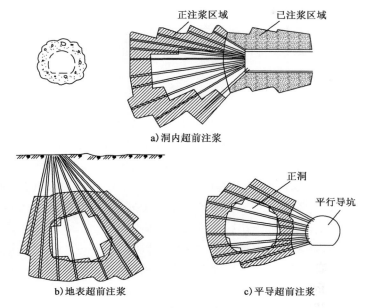

图 6-14 开挖面深孔注浆施工示意

3) 管棚超前支护

当地下铁道通过自稳能力很差的地层,或地表通过车辆荷载过大,威胁施工安全,或邻近有重要建筑物,为防止由于地铁施工造成超量的不均匀下沉,往往采用管棚法。

所谓管棚,就是把一系列直径为 10~60cm 的钢管沿隧道外轮廓线或部分外轮廓线,顺隧道轴线方向依次打入开挖面前方的地层内,以支撑来自外侧的围岩压力。管棚超前预支护如图 6-15 所示。管棚排列的形状,有帽形、方形、一字形及拱形,可依据工程需要及断面形式确定。而管棚设置的范围、间距、管径则应根据工程地质和水文条件及隧道的埋置深度等因素确定。

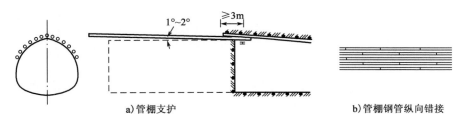

图 6-15 管棚超前支护示意图

管棚施工的工艺流程分为:封闭开挖面;设置钻机平台;铺设钻机走行轨;测定孔位;钻机就位;钻孔作业;钻机退出;注浆封孔。

3. 区间隧道土方开挖

在松散不稳定地层中采用浅埋暗挖法开挖作业时,所选用的施工方法及工艺流程应保证最大限度地减少对地层的扰动,提高周围地层自承作用和减少地表沉降。根据不同的地质条件及隧道断面,选用不同的开挖方法,但其总原则是预支护、预加固一段,开挖一段;开挖一段,支护一段;支护一段,封闭成环一段。初期支护封闭成环后,隧道处于暂时稳定状态,通过监控量测,确认达到基本稳定状态时,可以进行二次衬砌的混凝土浇筑工作。如量测结果证明尚未稳定,则需继续监测;如监测结果证明支护有失稳的趋势时,则需及时通过设计部门共同协商,确定加固方案。

4. 浅埋暗挖法的初期支护

在软弱破碎及松散、不稳定的地层中采用浅埋暗挖法施工时,除需对地层进行预加固和预支护外,隧道初期支护施作的及时性及支护的强度和刚度,对保证开挖后隧道的稳定性、减少地层扰动和地表沉降,都具有决定性的影响。在诸多支护形式中,钢拱锚喷混凝土支护是满足上述要求的最佳支护形式,所以国内外在不稳定地层中采用浅埋暗挖法时的初期支护,均采用有钢拱或无钢拱支撑的锚喷混凝土。这类支护的特点如下:

(1)开挖后能及时施作,并且施作后能尽快承受荷载。
(2)施工简便,不需要大型施工场地及大型施工机具。
(3)支护与周围地层之间密贴不留空隙,减少地层扰动。
(4)适用于不同断面形式和断面尺寸。
(5)支护的强度和刚度便于调整,便于后期补强。
(6)工程造价相对比较便宜。

5. 浅埋暗挖法的二次衬砌

在浅埋暗挖法中,初期支护的变形达到基本稳定后,可以进行二次混凝土衬砌浇筑工序。通过监控量测,掌握隧道动态,及时提供信息,指导二次衬砌施作时机,这是浅埋暗挖法中二次衬砌施工与一般隧道衬砌施工的主要区别。其它浇筑工艺和机械设备与一般隧道衬砌施工基本相同。

二次衬砌模板可以采用临时木模板或金属模板,更多情况则使用模板台车。因为区间隧道的断面尺寸基本不变,有利于使用模板台车,加快立模和拆模的速度。衬砌所用的模板、墙架、拱架,均应样式简单、拆装方便、表面光滑、接缝严密。使用前应在样板台上校核,重复使用时,应随时检查并整修。

6. 监控量测

利用监控量测信息指导设计与施工是浅埋暗挖法施工工序的重要组成部分,在设计文件中应提出具体要求和内容,监控量测的费用应纳入工程成本。在实施过程中,施工单位要有专门机构执行与管理,并由技术总管统一掌握、统一领导。

1)监控量测项目

根据工程性质及工程地质条件,监控量测项目可分为 A 类和 B 类。A 类是必测项目,为指导施工、监测工程安全状态服务;B 类是选测项目,主要为了解周围地层和支护系统的工作状态,为设计提供依据,以便进一步优化设计。监控量测的测点布置见图 6-16,项目安排见表 6-1。

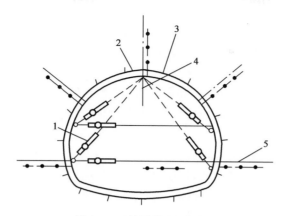

图 6-16 地铁隧道测点布置图

1-隧道周边位移量测；2-衬砌内应力量测；3-锚杆轴力量测；4-拱顶下沉量测；5-围岩内位移量测

A、B 类监控测量项目表　　　　表 6-1

类别	项目名称	段距(m)	安全测点数	测试频率		
				0~15 天	16~30 天	31 天后
A 类	掌子面地质观测	全隧道	掌子面	1 次/天	1 次/天	1 次/天
	净空收敛量测	10~50	2~6 对测点	1 次/2 天	1 次/2 天	1 次/周
	拱顶下沉	10~50	1 点	1 次/2 天	1 次/2 天	1 次/周
	地表下沉					
B 类	地层物理力学参数	200~500				
	地层内变位测量	200~500	3~5 个测孔	1~2 次/2 天	1~2 次/2 天	1~2 次/2 周
	锚杆轴向力	200~500	3~5 个测孔	1~2 次/2 天	1~2 次/2 天	1~2 次/2 天
	衬砌内应力测定	200~500	切向径向各 3~5 点	1~2 次/2 天	1~2 次/2 天	1~2 次/2 天
	支护接触应力测量	200~500	5~9 个测点	1~2 次/2 天	1~2 次/2 天	1~2 次/2 天
	地层弹性波	500	2~4 个测点	1 次	1 次	1 次

2）监控量测信息对施工的控制

根据位移随时间变化的测试资料进行回归分析，推算最终位移（收敛）值，此最终位移值即可作为净空预留量。

根据位移—时间曲线，可以确定二次衬砌施作时间。

3）监控量测数值处理

监控量测的各种变量如位移、应力、应变等，应及时绘出位移—时间曲线、应力—时间曲线、应变—时间曲线，横坐标为时间，纵坐标为各类变量（位移、应力、应变）。这些曲线可能形成极不规则的散点连线，如果将工序标在水平坐标上，就可以看出各工序对隧道变形的影响。这个散点图是第一手原始资料，作为分析判断地层是否稳定的重要依据。

4）测试数据的反馈

测试数据对施工的反馈作用有以下几点：

（1）最大允许位移值的控制。最大位移值与地质条件、埋深、断面大小、开挖方法、支护类型和参数有关。在规定最大位移值时，必须考虑这些因素的影响。

经验证明，拱顶下沉是控制稳定较直观的和可靠的判断依据；水平收敛和地表下沉有时也是重要的判断依据。对于地下铁道来讲，地表下沉测量显得尤为重要。

（2）二次衬砌施作时间的控制。按规定，二次衬砌是在初次支护变形基本稳定后施作的。基本稳定的标志是外荷载基本不再增加，位移不再变化，因此可用周边接触应力和位移值这两项指标控制。

（3）测试数据对设计的反馈。地质条件的复杂性使地下工程设计不得不采用信息化的设计方法，即通过施工中监测到的围岩动态信息（主要是指位移信息），然后采用反分析技术，推求围岩的本构模型和力学参数，如弹性模量、内摩擦角、黏聚力、黏性系数等等，再采用正分析技术，求出围岩和支护结构中新的应力场和位移场，验算和核实预设计的可靠性，并对其进行修改。

第三节　地铁盾构法施工概述

一、城市地铁盾构法施工概述

1. 盾构法施工简介

盾构是一种集施工开挖、支护、推进、衬砌、出土等多种作业于一体的大型暗挖隧道施工机械。盾构法施工的概貌如图 6-17 所示。

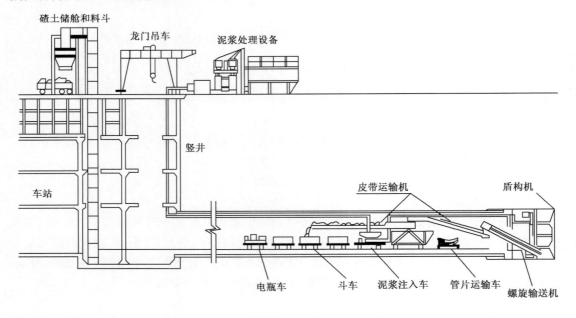

图 6-17　盾构法施工概貌

盾构法施工的主要步骤为：

(1)在盾构法隧道的起始端和终端各建一个工作井；

(2)盾构在起始端工作井内安装就位；

(3)依靠盾构千斤顶推力（作用在已拼装好的衬砌环和工作井后壁上）将盾构从起始工作井的墙壁开孔处推进；

(4)盾构在地层中沿着设计轴线推进，在推进的同时不断出土和安装衬砌管片；

(5)及时地向衬砌背后的空隙注浆，防止地层移动和固定衬砌环位置；

(6)盾构进入终端工作井并被拆除，如施工需要，也可穿越工作井再向前推进。

2. 盾构法施工特点

城市地铁的盾构法施工具有以下优点：

(1)除竖井施工外，其它施工作业均在地下进行，既不影响地面交通，又可减少对附近居民的噪声和振动影响；

(2)盾构推进、出土、拼装衬砌等主要工序循环进行，施工易于管理，施工人员也较少；

(3)隧道的施工费用不受覆土量多少影响，适宜于建造覆土较深的隧道；

(4)施工不受风雨等气候条件影响；

(5)当隧道穿过河底或其它建筑物时，不影响施工；

(6)只要设法使盾构的开挖面稳定，则隧道越深、地基越差、土中影响施工的埋设物等越多，与明挖法相比，经济上、施工进度上越有利。

但盾构法施工也存在以下一些问题：

(1)当隧道曲线半径过小时，施工较为困难；

(2)在陆地建造隧道时，如隧道覆土太浅，则盾构法施工困难很大，而在水下时，如覆土太浅则盾构法施工不够安全；

(3)盾构施工中采用全气压方法以疏干和稳定地层时，施工条件差，对劳动保护要求较高；

(4)盾构法隧道上方一定范围内的地表沉陷尚难完全防止，特别在饱和含水松软的土层中，要采取严密的技术措施才能把沉陷限制在很小的限度内；

(5)在饱和含水地层中，盾构法施工所用的拼装衬砌，整体结构防水的技术要求较高。

二、盾构机械的分类及构造

1. 盾构机的分类

盾构机类型很多，按不同分类标准分为不同类型的盾构。按开挖方式不同可分为：手工挖掘式、半机械挖掘式和全机械挖掘式三种；按断面不同可分为：圆形、拱形、矩形和马蹄形四种；按前部构造不同可分为：敞胸式和闭胸式两种；按排除地下水与稳定开挖面的方式不同可分为：人工井点降水、泥水加压、土压平衡式的无气压盾构、局部气压或全气压盾构等。随着科技发展，盾构机械的种类越来越多，适用性更加广泛。常见的盾构机分类如表6-2所示。

盾 构 机 分 类 表　　　　　　　　　表 6-2

挖掘方式	构造类型	盾 构 名 称	开挖面稳定措施	适用地层	附 注
手工挖掘式	敞胸式	普通盾构	千斤顶支撑临时挡板	地质稳定或松软均可	辅以气压、人工井点降水及其它地层加固措施
		棚式盾构	将开挖面分成几层,利用砂的安息角和棚的摩擦角稳定开挖面	砂性土	
		网格式盾构	利用土和钢网状格棚的摩擦稳定开挖面	软土淤泥	
	闭胸式	半挤压盾构	胸板局部开挖,依靠盾构千斤顶推力土砂自然流入	可塑性软黏土	辅助措施
		全挤压盾构	胸板无孔,不进土	淤泥	
半机械挖掘	敞胸式	反铲式盾构	手掘式盾构装上反铲挖土机	土质坚硬,开挖面能自立	辅助措施
		旋转式盾构	手掘式盾构装上软岩掘进机	软岩	
全机械挖掘式	敞胸式	旋转刀盘式盾构	单刀盘加面板,多刀盘加面板	软岩	辅助措施
		插刀盾构	千斤顶支撑挡土板	硬土层	
	闭胸式	局部气压盾构	面板与隔板间加气压	含水松软地层	无需辅助措施
		泥水加压盾构	面板与隔板间加有压泥水	含水地层的冲积、洪积层	辅助措施
		土压平衡盾构	面板与隔板间充满土砂产生的压力和开挖处的地层压力保持平衡	淤泥,淤泥夹砂	
		网格式挤压盾构	胸板为网格,土体通过网格孔挤入盾构	淤泥	

2. 盾构机的构造

盾构机的通用、标准外形是圆筒形,也有矩形、马蹄形或半圆形等与隧道断面相近的特殊形状。盾构机的种类繁多,其基本构造包括盾构壳体、推进系统、拼装系统3大部分。

(1)盾构机壳体。盾构机的壳体由切口环、支承环和盾尾3部分组成,借外壳钢板连成整体,盾构体构造如图6-18所示。

①切口环部分:它位于盾构的最前端,施工时切入地层并保护开挖作业。切口环前端设有刃口,以减少切土时对地层的扰动。切口环的长度主要决定于支撑、开挖方法以及槽上机具和操作人员的工作回旋余地等。大部分手掘式盾构切口环的顶部比底部长,犹如帽檐。有的还设有千斤顶操纵的活动前檐,以增加掩护长度。机械化盾构机切口中能容纳各种专门挖土设备。在局部气压式、泥水加压式和土压平衡式盾构中,其切口部分的压力高于隧道内的常压,故切口环与支承环之间需用密闭隔板分开。

②支承环部分:支承环紧接于切口环后,位于盾构机的中部,是一个刚性较好的圆环结构。地层土压力、所有千斤顶的顶力以及切口、盾尾、衬砌拼装时传来的施工荷载均由支承环承担。支承环的外沿布置盾构机推进千斤顶。大型盾构机的所有液压、动力设备,操纵控制系统,衬

砌拼装机具等均设在支承环位置,小型盾构机则可把部分设备移到盾构机后部的车架上。正面局部加压盾构机,当切口环内压力高于常压时,支承环内要设置人工加压与减压闸室。

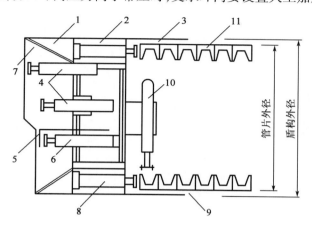

图 6-18 盾构构造简图

1-切口环;2-支承环;3-盾尾部分;4-支撑千斤顶;5-活动平台;6-活动平台千斤顶;7-切口;8-盾构推进千斤顶;9-盾尾空隙;10-管片拼装器;11-管片

③盾尾部分:盾尾一般由盾构机外壳钢板延长构成,主要用于掩护隧道衬砌安装工作。盾尾末端设有密封装置,以防止水、土及注浆材料从盾尾与衬砌之间进入盾构内。盾尾密封装置损坏时,还要在盾尾部分进行更换,因此,盾尾长度要满足以上各项工作的作业要求。盾尾厚度从结构上考虑应尽可能减薄,但盾尾除承受地层土压力外,遇到隧道纠偏及弯道施工时,还有一些难以估计的施工荷载,受力情况复杂,所以其厚度应综合上述因素来确定。

(2)推进系统。盾构机的推进系统由液压设备和千斤顶组成,通过控制液压设施,操纵千斤顶,使其按要求伸出或缩回,以此来驱动盾构机。

(3)衬砌拼装系统。衬砌拼装系统最常用的是杠杆式拼装器,由举重臂和驱动部分组成。举重臂采用杠杆作用原理,一端为卡钳装置,另一端为可调节的平衡锤。举重臂的功能是夹住管片或衬砌构件,将其送到需要安装的位置。驱动部分是由液压系统及千斤顶组成,采用手动操纵阀驱动举重臂作平面旋转与径向移动。举重臂多数安装在盾构机支承环上,也有与盾构机脱离安装在车架上的。

近年来国外多采用环向回转式拼装机,在拼装衬砌时由油马达驱动大转盘,控制环向旋转,其径向及纵向移动由液压千斤顶控制。

3. 盾构机的选型

根据不同的工程地质、水文地质条件和施工环境与工期的要求,合理地选择盾构机类型,对保证施工质量,保护地面与地下建(构)筑物安全和加快施工进度是至关重要的。因为只有在施工中才能发现所选用的盾构机是否适用。不适用的盾构机将对工期和造价产生严重影响,但此时想更换已不可能了。盾构选型的根据,按其重要性排列如下:

1)工程地质与水文地质条件

(1)隧道沿线地层围岩分类、各类围岩的工程特性、不良地质现象和地层中含沼气状况;

(2)地下水位,穿越透水层和含水砂砾透镜体的水压力、围岩的渗透系数以及地层在动水压力作用下的流动性。

2)地层参数

(1)表示地层固有特性的参数:颗粒级配、最大粒径、液限 W_L、塑限 W_P、塑性指数 I_P 等;

(2)表示地层状态的参数:含水率 w、饱和度 S_r、液性指数 I_L、孔隙比 e、渗透系数 K、湿土重度 γ_e;

(3)表示地层强度和变形特性的参数:不排水抗剪强度 S_u、黏聚力 C、内摩擦角 φ、标准贯入度 N、压缩系数 α、压缩模量 E。

3)地面环境和地下建(构)筑物

地上建筑和地下构筑物对地面沉降的敏感度。

4)隧道尺寸

包括长度、直径、永久衬砌的厚度。

三、盾构施工的准备工作

盾构施工准备工作主要有:盾构竖井的修建、盾构拼装和拆卸、配合盾构施工附属设施准备等。

1. 盾构机竖井的修建

盾构机施工是在地表以下一定深度进行的,在盾构机起始开挖位置上要修建一竖井进行盾构机的拼装,称为盾构机拼装井;另在盾构机施工的终点位置还需拆卸盾构机并将其吊出,也需要修建竖井,这一竖井称为盾构机到达或盾构机拆卸井。若盾构机推进长度很长,在隧道中段或隧道弯道半径较小的位置,还应修建盾构机检修工作井,称为盾构法施工中间井。盾构机拼装井如图6-19所示。

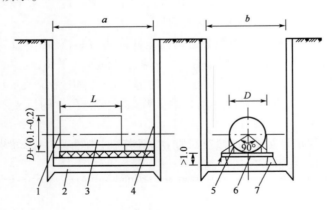

图6-19 盾构机拼装井(尺寸单位:m)

1-盾构机进口;2-竖井;3-盾构机;4-后背;5-导轨;6-横梁;7-拼装台基础;D-盾构机直径;L-盾构机长度;a-拼装井长度;b-拼装井宽度

盾构机拼装井的形状和尺寸应根据盾构机拼装及施工要求来确定。盾构机拼装井的形状多为矩形,也有圆形,拼装井的形状尺寸应能满足盾构机拼装及推进时初始阶段的出渣、运入衬砌材料、拼装检查所需空间要求。

拼装井内设置盾构机拼装台，拼装台一般为钢结构或钢筋混凝土结构。拼装台上设有导轨，承受盾构机自重和其它荷载。支承盾构机的两根导轨，应能保证盾构机推进时方向准确而不生摆动。

盾构机刚开始掘进时，其推进反力要靠竖井井壁承担，必须保证竖井后部（后背）与隧道中心线垂直，确保盾构机初始推进时不致因为后部竖井井壁的倾斜而引起轴心线偏移。在盾构机与后背之间常采用废衬砌管片作为后座传力设施，管片之间错缝接长连接螺栓要拧紧，盾尾在脱离竖井后要及时在拼装台基座与后座管片表面之间打好木楔，使拼装好的后座管片平稳地坐落在盾构机拼装台基座的导轨上，保证施工安全。一般在盾构机到达下一个中间竖井后才拆除后座管片。若能确保盾构机推力能由隧道衬砌与地层之间的摩阻力平衡，也可拆除后座管片。

盾构法施工中竖井的施工方法取决于竖井的规模、地层的地质水文条件和环境条件等。竖井常用的施工方法有：明挖法、沉井法、地下连续墙法等。

2. 盾构机拼装检查

盾构机的拼装一般在拼装井底部的拼装台上进行，小型盾构机也可以在地面拼装好之后，采取整体吊装进入竖井内。盾构机的拼装必须遵照盾构机安装说明书进行，拼装完毕的盾构机必须进行以下项目的技术检查，验收合格后方可投入使用。

（1）外观检查；

（2）主要尺寸检查；

（3）液压设备检查；

（4）无负荷运转试验检查；

（5）焊接检查；

（6）电器绝缘性能检查。

3. 盾构施工附属设备的准备

盾构施工的附属设备，主要有供电照明设备、通风及空压机房、排水泵房、充电间、出土有轨运输系统及工作井垂直运输系统等，若采用管道运输还有泥水处理系统等。根据盾构机类型、地质水文条件等，盾构施工设备可分为洞内设备和洞外设备两部分。

（1）洞内设备。洞内设备应根据土质、水文条件、施工方式、施工计划、开挖速度及洞外设备进行平衡设置，一般包括排水设备、通风设备、运输设备、装碴设备、电器设备、衬砌设备、工作平台设备、背后压浆设备等。

（2）洞外设备。洞外设备一般包括电力设备、通讯联络设备、低压空气设备、高压空气设备及土渣运输设备等。

四、盾构法施工土体开挖及盾构机推进

1. 土体开挖

盾构机的开挖可分为敞开式开挖、机械切削开挖、网格式开挖及挤压式开挖等方式。无论采取哪种开挖方式，在盾构机开挖之前，都必须确保竖井的盾构机进口封门拆除后地层暴露面的稳定，必要时可对竖井周围和进出口区域的地层预先进行加固。盾构机通过封门后，应使用混凝土将管片后座与竖井井壁四周的间隙填充密实,防止土砂流入。为使盾构机推进时的推力均匀传给井壁,必要时应立即压浆防止土层松动、沉陷。

1) 敞开式开挖

在地质条件好,开挖面在掘进中能维持稳定或采取措施后能维持稳定,用手掘式及半机械式盾构机时,均为敞开式开挖,开挖程序一般是从顶部开始逐层向下挖掘。

2) 机械切削开挖

利用与盾构机直径相当的全断面旋转切削大刀盘开挖,配合运土机械可使土方从开挖到装运均实现机械化。

3) 网格式开挖

开挖面用盾构机正面的隔板与横撑梁分成格子,盾构机推进时,土体从格子里呈条状挤入盾构机中。这种出土方式效率高,是我国大、中型盾构施工常用的方式。

4) 挤压式开挖

挤压式和局部挤压式开挖,由于不出土或部分出土,对地层有较大的扰动,施工中应精心控制出土量,以减小地表变形。

2. 盾构机的推进与纠偏

盾构机推进过程中应保证其中轴线与隧道设计中心线的偏差控制在规定范围内。导致盾构机偏离隧道中线的因素很多,例如土质的不均匀;地层中有孤石等障碍物,造成开挖面四周阻力不一致;盾构机千斤顶的顶推力不一致;盾构机重心偏于一侧;闭胸挤压式盾构机有明显的上浮;盾构机下部土体流失过多时造成盾构机下沉;因为衬砌防水材料压密度不一致,压缩后导致后座面不平整等,这些因素会使盾构机推进的轨迹产生左右偏差或上下起伏。因此,在盾构机推进过程中要随时精确测量,了解偏差量并及时纠偏。目前盾构机操作与纠偏主要采取以下几方面的措施来综合控制。

(1) 正确调整盾构机千斤顶工作组合;
(2) 控制盾构机推进纵坡和曲线;
(3) 及时调整开挖面阻力;
(4) 控制盾构机自转。

五、衬砌拼装及防水

软土层盾构施工的隧道,多采用预制拼装衬砌形式;少数采用复合式衬砌,即先用薄层预制块拼装,然后再浇筑内衬。

1. 衬砌拼装

预制拼装通常由称作"管片"的多块弧形预制构件拼装而成。拼装程序有"先纵后环"和"先环后纵"两种。先环后纵法是拼装前缩回所有千斤顶,将管片先拼成圆环,然后用千斤顶使拼好的圆环沿纵向向已安好的衬砌靠拢连接成洞。此法拼装,环面平整,纵缝质量好,但可能形成盾构机后退。先纵后环,因拼装时只缩回该管片部分的千斤顶,其它千斤顶则轴对称地支撑或升压,所以可有效地防止盾构机后退。含水土层中盾构施工,其钢筋混凝土管片支护除应满足强度要求外,还应解决防水问题。管片拼接缝是防水关键部位,目前多采用纵缝、环缝设防水密封垫的方式。防水材料应具备抗老化性能,在承受各种外力而产生往复变形的情况下,应有良好的黏着力、弹性复原力和防水性能。特种合成橡胶比较理想,实际应用较多。

2. 衬砌防水

衬砌完成后,盾尾与衬砌间的建筑空隙需及时充填,通常采用壁后压浆,以防止地表沉降,改善衬砌受力状态,提高防水能力。

压浆分一次压注和二次压注。当地层条件差,不稳定,盾尾空隙一出现就会发生坍塌时,宜采用一次压注。压浆材料以水泥、黏土砂浆为主体,终凝强度不低于 0.2MPa。二次压注是当盾构机推进一环后,先向壁后的空隙注入粒径 3~5mm 的石英砂或石粒砂;连续推进 5~8 环后,再把水泥浆液注入砂石中,使之固结。压浆宜对称于衬砌环进行,注浆压力一般为 0.6~0.8MPa。

六、地表变形及隧道沉降问题

用盾构机施工时,一般在隧道上方均会引起地表变形,这种现象在松软含水地层或其它不稳定地层中尤为显著。地表变形的程度与隧道埋深、隧道直径、地层土质情况、盾构施工方法、地面建筑物基础形式等都有很大关系。隧道衬砌脱离盾尾以后,也会产生一些沉降变形,其大小与地层的地质情况、施工方法、压浆工艺和衬砌防水工艺等有关。但盾构机开挖完成后,被扰动地层的重新固结是隧道沉降变形的重要因素。

1. 导致地表变形的原因

1) 地层原始应力状态的改变

在原来处于稳定状态的地层中,不论用何种开挖方法开挖隧道,对周围的土体必有扰动影响。盾构机掘进时开挖面土体的松动和坍塌,尤其是地下水位的变化,将导致地层原始应力状态的改变和土体极限平衡状态的破坏,从而引起地表下沉变形。

2) 盾构机的挤压扰动

各种开挖方式的盾构机,掘进时都不同程度地对土层产生挤压扰动。其中全闭胸挤压盾构机扰动最大。此外,盾构机掘进遇到弯道以及进行水平或垂直纠偏时,也会使周围的土体受到挤压扰动,从而引起地表变形,其变形大小与地层的土质及隧道的埋深有关。

3) 降水引起的影响

盾构机进出洞经常要采用降水措施,由于降水会使地层中原来的静水水位在井点管四周改变成漏斗状曲面,使含水地层中土的有效应力增加;还由于周围地下水的不断补充,在一定土层范围内产生动水压力,也导致土中有效应力增加,这就相当于使土层受到附加荷载的作用,从而产生固结沉降。因此,降水引起地表变形的范围要扩大到漏斗曲线的范围,其沉降量及沉降时间与土的孔隙比及渗透系数有关。在渗透系数较小的黏性土中,固结时间较长,因而沉降较慢。

4) 盾尾空隙充填不足的影响

盾尾建筑空隙必须及时进行充填,在不稳定地层施工时,这一点更显得重要。压浆材料的性能及充填量均影响到地表沉降及其速率。盾构施工中的纠偏或弯道施工时的局部超挖,会造成盾尾后部建筑空隙的不规则扩大,其扩大量难以估计,空隙又无法做到及时充填,从而导致地表沉降。

5）管片环的变形

隧道衬砌脱出盾尾之后，在土压力的作用下管片环产生的变形，也会导致地表的少量沉降。

2. 地表变形的控制

1）减少对开挖面地层的扰动

（1）施工中采取灵活合理的正面支撑或施加适当的气压压力，来防止土体坍塌，保持开挖面的稳定。条件许可时，尽可能采用泥水加压盾构机、土压平衡式盾构机等较先进的施工开挖方法，可基本上不改变地下水位，以减少由于地下水位变化而引起的土体扰动。

（2）在盾构机掘进时，严格控制开挖面的出土量，防止超挖。即使是对地层扰动较大的局部挤压盾构机，只要严格控制其放土量，仍有可能控制地表变形。根据上海在软黏土中的盾构施工经验，当用挤压式盾构机时，其放土量控制在理论土方量的80%~90%，地表可不发生隆起现象。

（3）控制盾构机推进一环时的纠偏量，以减少盾构机在地层中的摆动和对土层的扰动，同时应尽量减少纠偏需要的开挖面局部超挖。

（4）提高施工的速度和连续性。实践表明，盾构机停止推进时，会因正面土压力的作用而产生后退。其后退量虽可采取措施减少一些，但后退总难避免。因此，提高隧道施工速度，避免盾构机停搁，对减少地表变形有利。若盾构机要中途检修或因其它原因必须暂停推进时，务必采取有效的防止后退的措施，正面及盾尾要严密封闭，以尽量减少搁置期间对地表沉降的影响。

2）保证做好盾尾建筑空隙的充填压浆

（1）保证压注工作的及时性，尽可能缩短衬砌脱出盾尾的暴露时间，以防地层塌陷。

（2）保证压浆数量，控制注浆压力。注浆材料要产生收缩，因此压浆注量必须超过理论建筑空隙的体积，一般超过10%左右。过量的压浆会引起地表隆起及局部跑浆等现象，对管片受力状态也有影响。由于盾构机纠偏、局部超挖、地层存在孔隙等原因，往往使实际的建筑空隙无法正确估计。为此，还应以控制注浆压力，作为充填程度的标准。当压力急骤升高时，说明已充填密实，此时就应停止压注。对注浆数量及注浆压力要兼顾。如果注浆数量已达到规定标准而压力很低，则说明空隙较大。此时，应增加注浆数量，以压力升高到规定值为准。

（3）改进压浆材料的性能。施工时，地面拌浆站要严格掌握压浆材料的配合比，对其凝结时间、强度、收缩量要通过试验不断改进。提高注浆材料的抗渗性能，将有利于隧道防水，相应也会减少地表沉降。

3）充分考虑地面沉降对建筑群的影响

隧道设计选线时，选择盾构法施工的隧道区间线路时，要顾及地面建筑状况，尽可能避开建筑群或使建筑物处于地表均匀沉降区内。对双线盾构隧道，还应预计到先行掘进会产生的二次地表沉降。最好在盾构机出洞后的适当距离内，对地表沉降及隆起进行量测，取得资料，作为控制地表变形的依据。

3. 隧道沉降

隧道衬砌成环、脱离盾构机以后,就开始有沉降现象出现。起初比较大,随着时间的增加而逐渐减小,进而趋向稳定。在正常情况下,造成隧道沉降的主要原因,是盾构机在掘进过程中对开挖地层的扰动,以及地基土的重新固结。

引起隧道沉降的另一个原因,是隧道的渗漏水。严重的漏水、漏泥会造成隧道周围的水土流失,危及隧道结构的安全。所以隧道渗漏水应及时堵好。

盾构机开挖方法不同,对土层扰动的大小不一样,对隧道最终沉降的影响也不一样。不同的土层,由于沉降固结的时间不一样,因而使隧道到达稳定沉降的时间也有所不同。为避免由于隧道沉降而使竣工后的隧道轴线往下偏离设计位置,通常按经验确定一个沉降值,提高盾构施工轴线,使沉降后的隧道接近设计轴线。

第四节 地铁其它施工方法简介

一、盖挖法施工

盖挖法是先盖后挖,即先以临时路面或结构顶板维持地面畅通再向下施工。按其主体结构的施工顺序,盖挖法可分为盖挖顺作法、盖挖逆作法、盖挖半逆作法。早期多使用盖挖顺作法,即在支护基坑的钢桩上架设钢梁,铺设临时路面维持地面交通,开挖到基坑底后,先浇筑底板,然后浇筑侧墙,最后浇筑顶板;后来多使用盖挖逆作法,即用刚度更大的围护结构取代了钢桩,用结构顶板作为路面系统和支撑,结构施作顺序是自上而下,挖土后先浇筑顶板,然后浇筑侧墙,最后浇筑底板。盖挖半逆作法的施工程序是:围护结构→浇筑顶板→挖土到基坑底→浇筑底板及其侧墙→浇筑中板及其侧墙。

盖挖法施工的优点是:结构的水平位移小;结构板作为基坑开挖的支撑,节省了临时支撑;缩短占道时间,减少对地面干扰;受外界气候影响小。其缺点是:施工过程中出土不方便;板墙柱施工接头需进行防水处理;工效较低,速度较慢;结构框架形成之前,中间立柱需要支承上部荷载。在城市地铁等轨道交通工程中,盖挖法常用作地下车站工程施工方法。

1. 盖挖顺作法

在路面交通不能长期中断的道路下修建地下铁道车站时,可采用盖挖顺作法,该方法系于现有道路上,按所需宽度,由地表面完成挡土结构后,以定型的预制标准覆盖结构(包括纵、横梁和路面板)置于挡土结构上维持交通,往下反复进行开挖和加设横梁,直至设计高程。依序由下而上建筑主体结构和防水措施,回填土并恢复管线路或埋设新的管线路。最后,视需要拆除挡土结构的外露部分及恢复道路,施工工序如图 6-20 所示。

盖挖顺作法主要依赖坚固的挡土结构,根据现场条件、地下水位高低、开挖深度以及周围建筑物的临近程度,可以选择钢筋混凝土钻(挖)孔灌注桩或地下连续墙。对于饱和的软弱地层,应以刚度大、止水性能好的地下连续墙为首选方案。随着施工技术的不断进步,工程质量和施工精度更易于掌握,故现在盖挖顺作法中的挡土结构常用来作为主体结构边墙体的一部或全部。

图 6-20　盖挖顺作法施工步骤

如开挖宽度很大,为了缩短横撑的自由长度,防止横撑失稳,并承受横撑倾斜时产生的垂直分力以及行驶于覆盖结构上的车辆荷载和吊挂于覆盖结构下的管线重量,经常需要在建造挡土结构的同时建造中间桩柱以支撑横撑。中间桩柱可以是钢筋混凝土的钻(挖)孔灌注桩,也可以采用预制桩打入规定深度,还可以采用底部扩孔或挤扩桩。

定型的预制覆盖结构一般由型钢纵、横梁和钢—混凝土复合路面板组成。路面板通常厚 200mm、宽 300～500mm、长 1500～2000mm。为便于安装和拆卸,路面板上均设有吊装孔。

2. 盖挖逆作法

如果开挖面积过大、覆土较浅、周围沿线建筑物过于靠近,为尽量防止开挖基坑而引起邻近建筑物的沦陷,或需及早恢复交通,但又缺乏定型覆盖结构,可采用盖挖逆作法施工。其施工步骤:先在地表面向下做基坑的围护结构和中间桩柱,和盖挖顺作法一样,基坑围护结构多采用地下连续墙,或钻孔灌注桩,或人工挖孔桩,中间桩柱则多利用主体结构本身的中间立柱以降低工程造价。随后即可开挖表层土至主体结构顶板面高程,利用未开挖的土体作为土模浇筑顶板。它还可以作为一道强有力的横撑,以防止围护结构向基坑内变形,待回填后将道路复原,恢复交通。以后的工作都是在底板覆盖下进行,自上而下逐层开挖并建造主体结构直至底板。在特别软弱的地层中,且临近地面附近的临时横撑,应施加不小于横撑设计轴力70%～80%的预应力。盖挖逆作法施工工序如图 6-21 所示。

为了减少围护结构及中间桩柱的入土深度,可以在做围护结构和中间桩柱之前,用暗挖法预先做好它们下面的底纵梁,以扩大承载面积。当然,这必须在工程地质条件允许暗挖施工时才可能实现,而且在开挖最下一层土和浇筑底板前,由于围护结构和中间桩柱都无入土深度,故必须采取措施,如设置横撑以增加它们的稳定性。

采用盖挖逆作法施工时,若采用单层墙或复合墙,结构的防水层较难做好。只有采用双层墙,即围护结构与主体结构墙体完全分离,无任何连接钢筋,才能在两者之间敷设完整的防水层。但需要特别注意中层楼板在施工过程中因悬空而引起的稳定和强度问题,一般可在顶板和楼板之间设置吊杆予以解决。

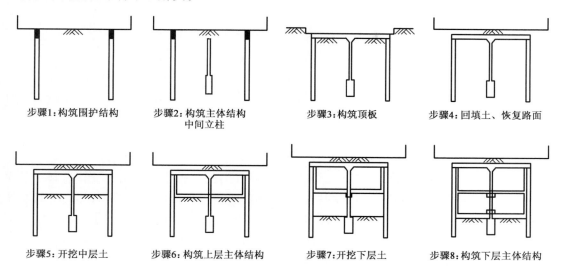

图 6-21 盖挖逆作法施工步骤

盖挖逆作法施工时,顶板一般都搭接在围护结构上,以增加顶板与围护结构之间的抗剪能力和便于铺设防水层。所以,需将围护结构外露部分凿除,或将围护结构仅做到顶板搭接处之高程,其余高度用便于拆除的临时挡土结构围护。

3. 盖挖半逆作法

盖挖半逆作法类似逆作法,其区别仅在于顶板完成及恢复路面后,向下挖土至设计高程后先建筑底板,再依次序向上逐层建筑侧墙、楼板。在半逆作法施工中,一般都必须设置横撑并施加预应力。盖挖半逆作法施工工序如图 6-22 所示。

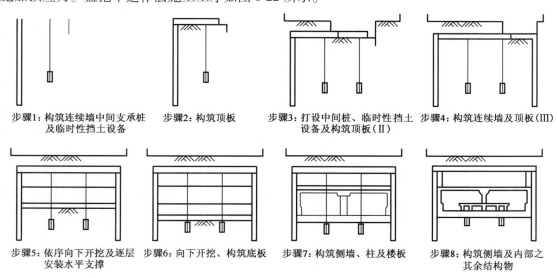

图 6-22 盖挖半逆作法施工步骤

采用逆作或半逆作法施工时都要注意混凝土施工缝的处理问题,由于它是在上部混凝土达到设计强度后再接着往下浇筑的,而混凝土的收缩及析水,施工缝处不可避免地要出现 3～10mm 宽的缝隙,将对结构的强度、耐磨性和防水性产生不良影响。

在逆作法和半逆作法施工中,如主体结构的中间立柱为钢管混凝土柱,而柱下基础为钢筋混凝土灌注桩时,需要解决好两者之间的连接问题。一般是将钢管柱桩插入混凝土内 1.0m 左右,并在钢管柱底部均匀设置几个孔,以利混凝土流动,同时也可以加强桩、柱间连接。有时也可以在钢管柱和灌注桩之间插入 H 型钢加以连接。

二、沉管法施工

沉管法又称沉埋法,是修筑水底隧道或地铁跨越江河的一种施工方法。沉管法施工工序为:先在隧址附近修建的临时干坞内预制管段;预制的管段采用临时隔墙封闭,然后将管段浮运到隧址的设计位置;预先在隧址处挖好水底基槽,管段定位后,向管段内灌水、压载,使其下沉到设计位置;就位后将管段与相邻管段在水下连接,并进行基础处理,最后回填覆土,完成水底隧道施工。沉管法施工过江隧道如图 6-23 所示。

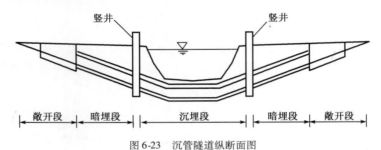

图 6-23　沉管隧道纵断面图

1. 沉管法施工特点

(1)对地质水文条件适应能力强。由于沉管法隧址基槽开挖较浅,基槽开挖和基础处理的施工技术比较简单,而且沉管受到水浮力作用,隧道基础所受荷载较小,因而对各种地质条件适应能力较强。隧道管段采用先预制再浮运沉埋的方法施工,避免了难度很大的水下作业,故可在深水环境中施工,而且对潮差和流速的适应能力也强。例如美国旧金山海湾地铁隧道的水面至管段基底深达 40.5m。

(2)一般隧道埋深较浅,与两岸道路衔接容易。

(3)沉管隧道的防水性能好。由于预制管段较长,因而沉管隧道的管段接缝数量较少,且沉管接头采用水力压接法,可达到滴水不漏的程度。

(4)施工工期短。沉管隧道管节预制可同时组织施工,管段预制与基槽开挖可同时进行,管段浮运沉放也较快,所以沉管隧道的施工工期与其它施工方法相比要短得多。

(5)隧道造价较低。沉管隧道水底挖基槽的土方数量少,一般比地下挖土单价低,管段预制费用也较盾构法隧道管片预制费用低;此外由于埋深较浅,隧道全长相对而言要短,所以隧道造价要比盾构法要低。

(6)施工条件较好。沉管隧道施工过程中,除少量潜水作业外,预制管段及浮运沉放等主要工序均为陆地及水上进行,水下作业量极少,因此施工条件好,作业较为安全。

(7)沉管隧道可做成大断面结构。

2.隧道管段的预制

(1)钢筋混凝土管段制作。在钢筋混凝土管段制作中,最重要的是保证管段沉埋水中使用时不产生渗漏,预制完成后在水中浮运时能有合适的驳运性能。因此,在浇筑管段混凝土时,要求保证管段混凝土的均质性和水密性。

为保证管段预制的均质性,在管段制作时必须经常检查管段的尺寸,严格控制混凝土的密实度与均质性;结构模板选用刚度大、精度高、可微动调速的大型滑动台车模板;浇筑混凝土过程中,严格控制模板的变形走样,模板制作与安装要达到毫米级的精度。

为确保管段的水密性,重点是防止结构混凝土裂缝,采取特殊措施控制结构裂缝的宽度。钢筋混凝土管段的防裂、防水措施有四种:管段自身防水、管段外侧防水、施工接缝防水及预应力提高抗裂性能等措施。

(2)封端墙。在管段混凝土浇筑完成并拆除模板之后,为了使管段能在水中浮起,必须在管段两端离端面50~100cm处设置端墙。封端墙可采用钢板或钢筋混凝土制成。钢筋混凝土封端墙的优点是变形较小,易于确保不漏水,但缺点是拆除封端墙时较麻烦;钢板封端墙是由端面钢板、主梁及横肋组成的正交异性板,采用防水涂料封缝,其密封性可靠,防水效果良好,且装拆方便。

封端墙上还安装水力压接设施,主要包括:人字孔钢门、给气阀、排水阀、鼻式托座和拉合结构。所有装置应设密封性能良好的密封条止水设施。

(3)压载设施。沉管隧道的预制段具有自浮性,浮运拖拉就位后要沉放到水底,在沉放时不加压就压不下去。加压下沉时,可用石渣、矿渣、砂砾等压载方式,但现多采用水箱压载方式,简单方便,安全实用。

3.沉管基槽的开挖

(1)沉管基槽开挖的基本要求。沉管隧道施工中,在隧址处的水底沉埋管段范围,需要开挖沉管基槽。管段及基槽如图6-24所示。沉管基槽开挖的基本要求如下:

①槽底纵坡应与管段设计纵坡相同;

②沉管基槽的断面尺寸应根据管段断面尺寸和地质条件确定。

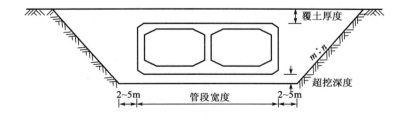

图6-24 沉管基槽开挖要求

(2)沉管基槽开挖的方法。水中基槽一般采用吸扬式挖泥船疏浚,用泥驳运泥。泥质基槽一般分两个阶段进行挖泥,粗挖时挖到离管底高程约1m处,精挖时应在临近管段沉放前开挖,以避免淤泥沉积。挖到基槽底设计高程后,应将槽底浮土和淤泥渣清除。

当基槽土层较坚硬,水深超过 20～25m 时,可选择抓斗式挖泥船配合小型吸泥船清槽及爆破,对硬质土层也可采用单斗挖泥船施工。

对岩石基槽,首先清除岩面以上覆盖层,然后采用水下爆破方法挖槽,最后清礁。

4. 沉管预制管段浮运与沉放

(1)沉管预制管段浮运。浮运一般包括管段拖运出坞及浮运到隧址两步。

在干坞内预制管段完成后,可向干坞内灌水,使预制管节浮起。在浮起过程中,利用在干坞四周预先为管段浮运布设的锚位,用地锚绳索固定在浮起的管段上,然后通过布置在干坞坞顶的绞车将管段逐节牵引出坞。

管段出坞后,需要运到隧址就位,一般可采用拖轮拖运,或用岸边岩石上的绞车拖运管段。当拖运距离较长,水面较宽时,一般采用拖轮拖运管段。拖轮的大小和数量根据管段的长、宽、高、拖拉航速及航运条件(航道形状、水深、流速等),通过力学计算分析选定。

(2)预制管段沉放就位。管段浮运就位后,需将管段沉放到水底基槽中并与相邻管段对接。管段沉放就位受到自身尺寸大小、气象、水流、地形等条件的直接影响,还受到航运条件的一定制约。因此,在施工时需根据这些具体条件选择合适的沉放方法,并制订实施性水中作业方案,安全稳定地将管段沉放就位。

目前,沉管隧道管段的沉放方法主要有两大类:一类是吊沉法,另一类是拉沉法。采用吊沉法的居多。吊沉法又分为:起重船吊沉法、浮箱或浮筒吊沉法、水上自升式作业平台吊沉法和船组或浮箱组吊沉法。

5. 管段水下连接及基础处理

1)管段水下连接

管段沉放完毕后,还必须与已沉放好的管段或竖井连接成一个整体,这一过程称为管段水下连接。水下连接的方法有两种:一种是用水下混凝土连接,另一种是水力压连接。

(1)水下混凝土连接法。采用水下混凝土连接时,应先在接头两侧管段的端部安设平堰板(与管段同时制作),待管段沉放完毕后,在前后两块平堰板左右两侧水中安设一个圆弧堰板,围成一个圆形钢围堰,然后在围堰内灌注水下混凝土,形成管段的水下连接。

水下混凝土连接法作业工艺复杂,水下作业工作量大,管段接头处混凝土容易开裂漏水,除了一些特殊环境下,现在已很少采用。

(2)水力压接法。水力压接是利用在管段上的巨大水压力使安装在管段前端周边上的一圈胶垫发生压缩变形,形成一个水密性非常可靠的管段接头。具体施工方法是:在管段沉放就位后,先将管段拉向前面已安装完毕的既设管段并紧靠,这时接头胶垫产生了第一次压缩变形,并且有初步止水作用;随即将既设管段后端封端墙与新设管段前端封端墙之间的水(此时已与外界河水隔离)排走。排水后,作用在新设管段前、后两端封端墙上的水压力变形了 1 个大气压的空气压力,于是作用在后封端墙上的巨大水压力将新铺管段推向前方,使接头胶垫产生第二次压缩变形,从而保证接头有非常可靠的水密性。水力压接法如图 6-25 所示。

水力压接法所用的接头胶垫的性能及形状对密封效果有明显影响,目前常用的有两种类型:一种是尖肋形橡胶垫,另一种是"W"或"Ω"形橡胶板,一般安装在管段接头的水平方向。

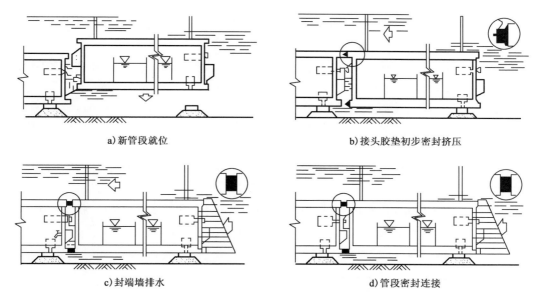

图 6-25 水力压接法

2）沉管基础处理

沉管基础处理是水底地下隧道施工的最后工序。因沉管隧道在基槽开挖、管段沉放、基础处理和回填覆土后，其抗浮系数（管段总重与管段排水量之比）仅为 1.1~1.2，因此作用在地基上荷载比开挖前的还小，一般不会产生由于土质固结或剪切破坏引起的沉降。然而由于开挖基槽作业后槽底表面与沉管之间存在着很多不规则的空隙，会导致地基受力不均匀而产生局部破坏，从而引起地基不均匀沉降，使沉管结构受到较大的局部应力而开裂。因此，在沉管隧道中必须进行基础处理，其目的是将管段底面与地基之间的空隙垫平、充填密实，以消除对沉管结构有危害的空隙。

沉管隧道的基础处理主要是垫平基槽底部。其处理方法较多，主要有两大类 8 种方法：一类是先铺法，包括刮砂法、刮石法两种；另一种是后铺法，包括灌砂法、喷砂法、灌囊法、压浆法、压砂法和桩基法。

第五节 高架结构施工概述

地铁与轻轨交通系统应根据城市环境、路网规划等因素选择适合的形式，例如可以随着城市地势的变化或城区建筑群的不同，或从空中走，形成高架；或进入地下，形成隧道；也可以在地面。采用高架线时，结构工程包括高架区间和高架车站两部分，均属城市永久性建筑，应统筹考虑结构的经济性、耐久性，并尽量与城市的规划相协调，作为城市景观的一部分。

一、高架结构工程的特点

城市轨道交通高架桥梁与一般城市高架道路桥梁和铁路桥不同，其特殊性主要体现在以

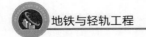

下方面:

(1)桥上多铺设无缝线路无砟轨道结构,因而对结构形式的选择及上、下部结构的设计造成特别的影响。

(2)高架结构在必要地段要设置隔音屏障以减轻车辆运行噪声对周围环境的影响,桥上应设置养护、维修人员及疏散旅客的安全通道。

(3)建设地点一般位于城区或郊区,对景观要求、施工工期及环保要求较高。

(4)当高架结构跨越铁路、公路、城市道路时,桥梁孔径及桥下净空应满足有关规范的限界规定。

(5)当高架结构跨越一般河流时,桥梁孔径应保证设计频率洪水、流水及其它漂浮物或船只通过的安全要求。

(6)高架结构施工期间应考虑到尽可能避免对城市交通和市民生活的干扰,在施工现场应不中断原有市内交通,避免在临近原有建筑物采用打入桩施工;对地下管线要调查探明,若与结构基础有干扰,要采取适当的改进措施。

二、地铁与轻轨高架的构造形式

高架结构应构造简单、结构标准、安全经济、耐久适用,同时满足城市景观要求,力求与周围环境相协调。

上部结构优先采用预应力混凝土结构,其次才是钢结构,还应有足够的竖向和横向刚度。墩台布置符合城市规划要求。

高架桥两侧挡板应与主体结构有牢固的连接,并考虑预留声屏障的位置及安装的可能,人行道板的边缘设置栏杆。同时应考虑运营过程中对其进行检查、维修所需的空间及设施。

曲线地段及道岔区的桥面宽度,根据曲线半径和渡线形式分别进行加宽。结构设计应预留安装设备所需的管道及孔洞位置。

1. 梁跨结构形式

1)结构体系

城市中、小跨度的桥梁,多采用简支梁体系或连梁体系,在特殊地段也有采用其它结构体系如斜拉桥、斜腿刚构等。

2)梁形

高架桥标准区间梁形的选择,应从受力、经济和施工等因素综合考虑,并注意梁与墩身的线形,以满足美观的要求,较适合的结构有预应力混凝土箱梁(单室双箱梁、单室单箱梁、双室单箱梁)、预应力混凝土板梁(空心板梁、低高度板梁)、后张法预应力混凝土 T 形梁、下承式槽形梁等形式。

(1)预应力混凝土箱梁。箱形的闭合薄壁截面抗扭刚度大,整体受力性能好,因而应用较广泛。其截面形式主要有单室双箱梁(图6-26)和单室单箱及双室单箱梁(图6-27)。

(2)预应力混凝土板梁。板梁截面主要有空心板(图6-28)、低高度板(图6-29)和异形板。异形板梁在美观上占有优势,采用单片梁形式,一般采用现浇施工。

(3)预应力混凝土 T 形梁。T 形梁(图6-30)与箱梁同属肋梁式结构,它兼具箱梁刚度大、材料用量省的特点。每跨梁由多片预制主梁相互连接组成,吊装重量小,构件容易修复或更换,避免了箱形梁内模的拆除困难。

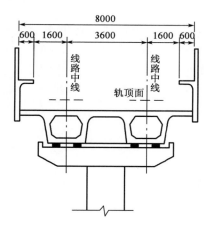

图6-26 单室双箱梁(尺寸单位:mm)

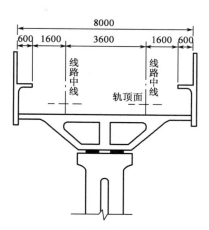

图6-27 双室单箱梁(尺寸单位:mm)

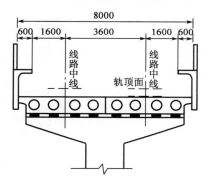

图6-28 空心板梁(尺寸单位:mm)

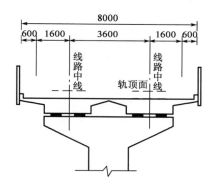

图6-29 低高度板梁(尺寸单位:mm)

（4）组合箱形梁。预应力混凝土组合箱形梁,即在预制厂内用先张法制造槽形梁,架立后再在它上面现浇钢筋混凝土连续桥面板,将槽形梁连成整体,形成组合式箱形梁,见图6-31。

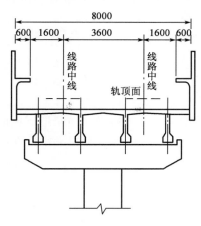

图6-30 T形梁(尺寸单位:mm)

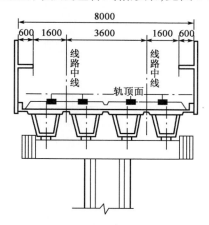

图6-31 组合箱梁(尺寸单位:mm)

组合箱梁在区间由 4 片简支梁组成,一般经济跨度为 23m,吊装重量约 25t。该方案兼具箱梁整体性好、抗扭刚度大的优点;同时,现浇连续梁桥面克服了简支梁接缝多的缺点,使行车条件得到改善。

(5)高架脊梁式结构。脊梁式结构分上承式和下承式两种。上承式是在单箱梁的上部带大悬臂(挑臂)结构,下承式是在脊梁的下底板位置带大悬臂(挑臂)结构,如图 6-32 所示。一般城市轨道交通大多采用后者。这种结构主要靠脊梁来承受纵向弯矩,挑臂板作为行车道板,同时将列车荷载传到脊梁上。挡墙主要是防止噪声和作为防护车辆倾覆的保护体,也可以作为结构的一部分,起边梁作用,改善挑臂的受力。

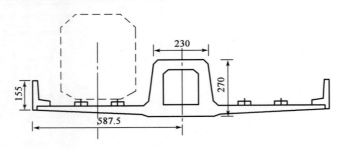

图 6-32 脊梁式箱梁结构(尺寸单位:cm)

下承式脊梁翼板式结构另一重要组成部分是挑臂板。挑臂板的结构形式可采用纵向连续板、空心板或者用多根悬臂梁代替。

2. 高架墩台形式

在桥梁的总体设计中,桥梁下部结构除应有足够的强度和稳定性、避免在荷载作用下的过大位移和转动外,下部结构的选型对整个桥梁结构的设计方案有较大影响。合理选型能使上下部结构协调一致,轻巧美观,特别是地铁或轻轨高架线为跨线桥梁结构,常受地形、地物、交通等限制;下部结构的造型又与城市建筑及环境密切相关,其造型就格外重要。造型合理能使高架桥与城市环境和谐、匀称,使行人有一种愉快的感觉;同时由于交通立交,要求桥墩位置和形状要尽量多透空,保证行车有较好的视线。高架墩台一般有如下几种形式:

(1)T 形桥墩。T 形桥墩自重小,节省圬工材料,能减少占地面积,墩身可做成圆柱、矩形、六角形等,具有较大的强度和刚度,其与上部结构的轮廓线过渡平顺,受力合理,如图 6-33 所示,特别适用于高架桥和地面道路斜交的情况。桥墩由基础之上的承台、墩身和盖梁组成。

(2)双柱式桥墩。双柱式桥墩在横向形成钢筋混凝土刚架,受力清晰,稳定性好,其盖梁的工作条件比 T 形桥墩的盖梁有利,无须施工预应力,一般使用高度在 30m 以内,常用的形式如图 6-34a)所示。河中桥墩为了避免漂流物卡在两柱之间影响桥梁安全,可做成如图 6-34b)所示的哑铃形。在城市立交桥中,哑铃式墩可抵抗更大的侧向撞击力。也可在高水

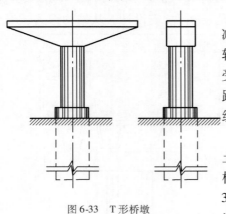

图 6-33 T 形桥墩

位以上或撞击高度以上分为两柱,以下部分为实体圆端形墩,如图 6-34c)所示。

(3) Y 形桥墩。Y 形桥墩结合了 T 形桥墩和双柱式桥墩的优点,如图 6-35 所示,下部呈单柱式,占地面积小,有利于桥下交通,空透性好;而上部则呈双柱式,对盖梁工作条件有利,无须施加预应力,造型轻巧美观,只是施工比较复杂。

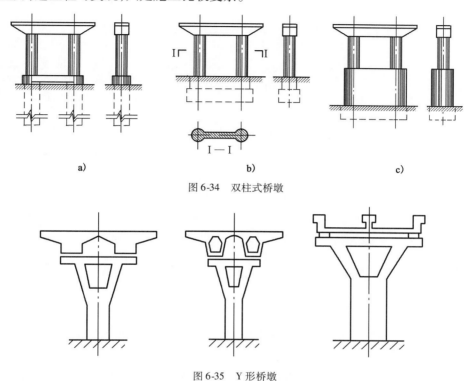

图 6-34 双柱式桥墩

图 6-35 Y 形桥墩

3. 高架车站结构形式

车站高架结构,应考虑纵、横向地基不均匀沉陷的影响,包括不均匀沉陷对车站结构的影响和轨道梁桥独立布置时不均匀沉陷对站台高程的影响。轨道梁桥与车站结构完全分开布置时,轨道梁桥应按现行国家标准《铁路工程抗震设计规范》进行抗震设计。从结构形式上看,高架车站主要分为 3 类:

(1) 站、桥分离。如图 6-36 所示,高架桥从车站穿过,与车站的构件不发生任何关系。这种形式结构体系传力途径明确、振动和噪声对周围环境影响小,结构耐久性好,且便于处理同区间的接口问题。但在站厅层由于存在截面较大的桥墩,而使建筑平面布局不灵活。

(2) 站、桥结合式。如图 6-37 所示,即行车道处设行车道梁,该梁简支在车站框架横梁上,支承点采取减振措施。这种形式结构体系传力途径较明确,结构整体性好,振动和噪声对周围环境有一定影响,

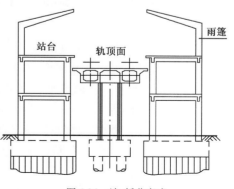

图 6-36 站、桥分离式

且同区间的接口问题不好处理,施工难度大,桥道板与其下的结构板较难施工。

(3)站、桥合一式。如图6-38所示,即车站部分框架结构作为行车道,列车直接在框架梁板上行走。这种结构形式建筑布局不受限制,施工方便且结构整体性好,但结构传力不够清晰,同区间的接口问题不好处理,同时振动和噪声对环境影响大,结构耐久性差,需采取特殊的减振措施。

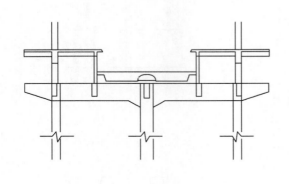

图6-37 站、桥结合式

图6-38 站、桥合一式

三、地铁与轻轨高架工程施工

1. 基础施工

轻轨高架桥桥墩及车站框架柱对沉降要求严格,因此多采用独立承台下桩基础的形式,对于车站框架结构则另加连系梁。

(1)桩基础施工。桩基础按施工方法不同,可分为预制桩和灌注桩两大类。

①预制桩主要有预应力钢筋混凝土PHC桩及预制钢筋混凝土桩两种。PHC桩一般由工厂预制,场地许可情况下也可在现场制作钢筋混凝土方桩。预制桩一般分上、下两节,上节桩为C40混凝土,下节桩为C35混凝土,吊运时混凝土强度达到设计值的85%,沉桩时混凝土强度应达到设计强度100%,且龄期不小于28天。沉桩时桩尖达到设计高程,且贯入度满足要求时可停止锤击,否则应与设计单位联系,研究决定施工方案。

②灌注桩多为钻孔桩或挖孔桩,桩径有$\phi 800mm$、$\phi 1200mm$、$\phi 1500mm$三种。钻孔成孔时,选择合适的钻机,成孔时多采用原土造浆正循环方法。对于$\phi 1500mm$直径的桩,钻到孔深高程后可使用反循环泵进行清洗。如桩尖持力层为粉细砂层,由于孔径较大,为保持孔壁稳定,防止孔底坍塌,钻进时宜采用较浓的泥浆,待灌注混凝土前的二次清孔时再将泥浆相对密度调整至规范允许值。当钻进到设计高程后,利用钻机反循环系统的泥浆泵持续吸渣,使孔底沉渣基本清除,并同步灌入相对密度较小的泥浆。

(2)承台施工。承台的测量放样采用极坐标方法,在邻近的高层屋顶上设置控制点,然后由上至下投点,这样既可以控制较大的区域,又可以避免线路太长而视线受阻。承台轴线的临时控制点,校正后再使用。

承台土方开挖到桩顶高程时,要改为人工挖土,避免抓斗碰坏桩头。为防止土方塌陷,应采取放坡、打钢板桩、加木支撑等支护方式。承台位于沟浜范围内,承台底高程高于沟浜底高程时,应挖去剩余淤泥,填充碎石,排清积水后再浇混凝土。

2. 墩柱及桥梁施工

为保证墩柱外观的光滑、平整及内在质量,又能加快施工进度,一般采用拆装方便的大型整体式钢模。施工时钢模在现场预拼装,符合要求后,再由吊车整体吊装就位。在吊装前,对拼缝进行嵌密处理,钢模内表面涂两次脱模剂。墩柱混凝土浇筑派专人负责,保证适当速度供料,防止间隔时间过长而产生冷缝。

对于双柱有连系梁的墩柱,由于墩柱模板的模数不可能相当精确,为了保证墩柱混凝土外观的质量,可采用墩柱一次成型再做连系梁的施工方法。横梁内预留16mm钢筋,采用预埋钢筋接驳器方法施工。

3. 梁体施工

(1) 预制吊装法。对于预应力混凝土空心板梁,跨径一般在20m左右,多在预制厂预制后运至现场吊装就位。板梁分为先张法预应力空心梁和后张法预应力空心板。板梁长度大,重量大,吊装高度高,一般采用双机抬吊的方法。实施双机抬吊作业的关键是因地制宜选择吊车的最佳作业位置和动作协调,大都采用隔跨同向位或同跨同向位作用,板梁运输进入位置基本和架设方向平行。

对横向自稳性较差的T形梁和I形梁,应与先安装的构件进行可靠的横向连接,防止倾倒。安装在同一孔跨的梁板,其预制施工的龄期差不宜超过10天,梁、板上有预留孔道的,其中心应在同一轴线上,偏差不应大于4mm。对于弯、坡、斜桥的梁、板,其安装的平面位置、高程及几何线形应符合设计要求。

此外,梁体的预制、移动、存放、运输等过程也应符合相关规定。

(2) 支架现浇法。支架现浇混凝土箱梁,跨径一般为30~40m,大多搭设满堂支架后现浇施工。满布支架的地基表面应平整,并设有防、排水措施;支架位于坡地上时,宜将地基的坡面挖成台阶;支架应稳定、牢固,其地基应有足够的承载力;支架位于软弱地基上,应采取措施对地基进行处理,使其承载力满足施工要求;支架位于水中时,其地基宜采用桩基。

现浇梁式桥支架的预压应根据支架的类型和结构形式、地基的沉降量和承载能力以及荷载大小等因素确定。

浇筑混凝土时,应在顺桥向从低处向高处进行浇筑,在横桥向宜对称进行浇筑。混凝土浇筑过程中,应对支架的变形、位移、节点和卸架设备的压缩及支架地基的沉降进行监测,如发现超过允许值的变形、变位时,及时采取措施予以处理。

(3) 悬臂浇筑法。当桥跨需跨越江河水系或跨径较大时,可采用悬臂浇筑法施工。悬臂浇筑法常用挂篮有滑动挂篮、预应力斜拉式挂篮、菱形挂篮及自承式挂篮等几种形式。

挂篮质量与梁段混凝土的质量比宜控制在0.3~0.5,特殊情况下不得超过0.7;挂篮施工、行走时的抗倾覆安全系数不得小于2,允许最大变形为20mm;自锚固系统的安全系数不得小于2,斜拉水平限位系统安全系数和上水平限位安全系数不得小于2。

悬臂浇筑施工应对称、平衡地进行,悬臂梁段应全断面一次浇筑完成,并应从悬臂端开始,向已完成梁段推进分层浇筑,两端悬臂上荷载的实际不平衡偏差不得超过设计规定值。悬臂浇筑的施工过程控制宜遵循变形和内力双控的原则,且宜以变形控制为主;悬浇过程中梁体的中轴线允许偏差控制在 5mm 以内,高程允许偏差为 ±10mm。挂篮前移时,宜在其后方设置控制其滑动的装置或在滑道上设置制动装置,前移就位后,应立即将后锚固点锁定,防止倾覆。

思考题

1. 地铁明挖施工有哪些施工方法？各有什么特点？
2. 什么是地下连续墙？简述地下连续墙主要施工工序。
3. 地铁隧道土建施工监控量测的目的、内容及方法是什么？
4. 简述新奥法的基本概念。
5. 明挖法、盖挖法、新奥法、浅埋暗挖法施工各有什么特点？
6. 浅埋暗挖法施工地铁时地层预加固和预支护措施有哪些？
7. 沉管法施工的特点是什么？
8. 试述沉管法施工的防水措施有哪些？
9. 城市轻轨交通常用的梁跨形式有哪些？
10. 简述轻轨交通高架结构墩台的结构形式及特点。

第七章 地铁与轻轨的灾害防护

第一节 地铁与轻轨工程的灾害概述

地铁与轻轨项目通常都是大城市最大的基础设施之一,其投资额巨大,施工周期长,环境因素复杂,风险大。建成后的城市轨道交通是城市客运交通的大动脉,称为城市生命线,其灾害破坏可以导致城市和区域经济与社会功能的瘫痪。

地铁与轻轨在施工和运营期间可能发生的灾害大致分为两大类:自然灾害和人为灾害。自然灾害主要有洪涝、水淹、地震、雪灾、台风、泥石流、滑坡等;人为灾害主要有战争(炮弹、炸弹、核弹、生化武器)、交通事故、火灾、泄毒、化学爆炸、环境污染、工程事故(靠近地铁车站或隧道打桩、开挖深大基坑、抽取地下水)和运营事故等。大的灾害往往同时伴随一种或几种次生灾害,如大的地震往往伴随着大范围火灾、暴雨;核武器爆炸将引起火灾、放射性灾害。对资源的过度的开采,违反客观规律的大型的工程活动,也会导致自然灾害频率增加,例如泥石流、滑坡、局部地表沉陷等一类地质灾害大都与不合理采石开矿有关联。地铁大部分处在由地下车站和隧道构成的半封闭区域内,四周为围岩介质包裹,地铁对来自外部的灾害防御能力好,对来自内部的灾害抵御能力差。在地下狭小空间里,人员和设备高度密集,一旦发生灾害,疏散和抢救十分困难。从世界地铁 100 多年的历史教训看,地铁灾害中发生频率最高、造成损失最大的是火灾。地铁与轻轨常见灾害成因及破坏特点如表 7-1 所示。

地铁与轻轨常遇见灾害成因及破坏特点　　表 7-1

灾害分类		灾害成因	破坏特点
自然灾害	气象灾害	大气内部的动力和热力过程演变,形成雨雪、雷电、飓风等	暴雨,海啸潮水倒灌淹没车站、隧道设施,冲垮高架桥墩;台风卷走高架桥、接触网、供电设施;雷电击穿通信、信号、供电系统等
	地震灾害	地壳构造运动	强烈的垂直、水平振动,地面沉陷开裂,高架桥墩台倾覆坍塌,梁板塌垮,隧道车站开裂,渗漏水,甚至倒塌,引起次生火灾等
	地质灾害	气象、地震、人类工程活动	泥石流、滑坡毁灭掩埋地铁车站、隧道、桥梁;抽取地下水造成地层沉陷、开裂使轨道交通工程破坏等
人为灾害	战争灾害	政治、经济、民族矛盾冲突激化	炮弹、核弹冲击、爆炸,震坍地铁车站和隧道、桥梁;毒气或其它生化武器造成人员伤亡,电子干扰通信、指挥、管理硬件软件系统等
	运营灾害	设计、施工存在瑕疵,管理、维修不合理,监控系统不完善	调度指挥失误造成碰撞、追尾等交通事故,设备老化引起火灾、停电,工程结构失稳,地面地下水渗漏,设备故障泄漏电等
	工程事故	工程设计不合理,监督不到位,盲目、野蛮施工	打(压)桩,深大基坑开挖,采石、采矿,隧道平行交叉施工,使已有地铁隧道、车站、高架桥开裂、坍塌,轨道倾斜弯曲等

虽然各类灾害表现形式不同,其共同的特点是空间分布有限性、潜在性、突发性,发生灾害的时间、空间及强度随机性。对其发展发生的规律机理人们还缺少充分的认识,因此造成灾害无法避免。随着人们认识的提高,许多自然灾害在未来将逐步得到抑制,相反人为造成的灾害往往因失控而增长。各种自然灾害之间、人类活动与灾害之间、原生灾害与衍生灾害之间有关联性,有着必然的联系。灾害作用和破坏极其复杂,我国抗灾减灾经验不足,特别是地铁与轻轨工程防灾方面技术相对落后,相关的研究不适应迅速发展的我国城市轨道交通工程需要,地铁工程的灾害防护在今后相当长时间内必须予以足够重视。

各种灾害对人员、设备、设施的破坏状况见表7-2。

灾害对地铁和轻轨破坏程度　　　　　　　表7-2

分类	灾害名称	土建工程				设备安装工程					人员
		地下车站	隧道	高架桥	轨道结构	车辆	电气	环卫	通讯	信号	
自然灾害	地震	○	○	◇	□	□	○	○	○	○	□
	洪涝	○	○	○	○	○	□	□	□	□	○
	暴风	△	△	□	△	△	△	△	△	△	
	雷击	○	○	○	□	○	◇	◇	◇	◇	◇
	泥石流滑坡	○	○	○	○	△	△	△	△	△	△
	沼气瓦斯	○	○	△	□	○	○	○	○	○	○
战争灾害	核武器										
	常规武器	○									
	生化武器	◇									
工程事故	火灾	△	△	△	□	◇	◇	◇	◇	◇	◇
	交通事故(碰撞追尾)	△	△	△	△	◇	◇	◇	◇	◇	◇
	环境扰动(打桩、基坑降水)	△	△	△	△	△	△	△	△	△	△
	渗漏水	○	○	△	□	○	□	○	○	○	○

注:◇—产生严重破坏;○—一般性破坏;□—轻微破坏;△—基本无破坏。

第二节　地铁与轻轨的防灾设计

一、防灾设计原则

防灾系统是地铁和轻轨运营管理的重要设施之一,在设计阶段必须严格执行国家、地方、行业颁布的抗震、防火、防洪排涝、抗风、民防和环境保护的设计施工规范和规程,吸收国外先进经验,因地制宜做好地铁与轻轨工程的防灾设计。贯彻国家"以预防为主,防消结合"的工作方针,地铁工程应建立良好的灾害预测、预报、评估及预警系统,定期对投入运营的工程进行诊断和抗灾可靠性评定,建立智能性修复系统;经常结合国内外地铁灾害进行案例分析,建立仿真模型和智能仿真,开发数字减灾防灾综合信息系统。

(1)防灾设计所采用的各种防灾措施,应确保运营期间的安全,一旦发生火灾或其它事故,应尽早发现,迅速扑灭或排除,使灾害事故造成的人员伤亡及经济损失减少到最低限度。地下铁道设计防灾能力,宜按同一时间内发生一次火灾或其它灾害考虑。

(2)当列车在区间隧道内发生火灾事故时,应尽早将列车牵引到车站使乘客安全疏散。也可以利用区间隧道的联络通道,将乘客转移到另一条未出现灾情的隧道,并快速安全疏散。车站人行道的宽度、数量及出入口的通过能力,应保证远期高峰小时客流量,在发生火灾及其它事故时,能在6min内将一列车乘客、候车人员和车站工作人员疏散到地面或安全地点。

(3)地下铁道的车辆选型必须符合地下铁道防灾要求。

(4)地下铁道建筑结构的防灾设计,必须采取安全可靠的防灾措施,并应设有完善可靠的消防和事故防排烟系统,还应设置先进可靠的火灾自动报警、防灾设备的监控及防灾通信系统。

(5)地下铁道的防灾系统与城市总体防灾系统联网,成为其中的一个组成部分,随时从城市总体防灾系统获取各类灾变信息,一旦灾害发生时,能迅速向总体防灾系统报告,并得到城市防灾系统领导的指示和帮助。

二、防灾设计技术要求

1. 防火技术要求

(1)地下铁道及地下工程的出入口、通风亭的耐火等级应为一级。地下铁道的控制中心,车站的行车值班室或车站的控制室、变电所、配电室、通信及信号机房、通风和空调机房、消防泵房、防火剂钢瓶室等重要设备用房,应采用耐火极限不低于3h的隔墙和耐火极限不低于2h的楼板与其它部位隔开。地下铁道车站应采用防火分隔物划分防火分区,除站台和站厅外每个防火分区最大允许使用面积不应超过$1500m^2$。

(2)车站的站台、站厅、出入口楼梯、疏散通道、封闭楼梯间等乘客集散部位,车站控制室、变电所、配电室、通信及信号机房等重要设备用房,其墙、地面及顶面的装修应采用非燃材料;其它部位装修也不可使用可燃材料。石棉及玻璃纤维制品含有害物质,塑料类制品能产生有毒和刺激性气体及大量烟雾,因此这些材料不得在车站建筑中使用。

(3)防火墙是阻止火灾蔓延的重要分隔物。管道穿越防火墙时其缝隙是防火的薄弱环节,因为管道保温材料着火蔓延造成重大火灾的例子时有发生,因此应使用非燃材料将穿越防火管道周围的空隙填塞密实。楼板是划分竖向防火分区的分隔物,如有管道穿越,其缝隙处也应使用非燃材料填塞密实。

(4)防火门应采用平开门,在关闭后能从任何一侧手动开启。疏散楼梯间或主要通道上的防火门,应采用向疏散方向开启的甲级单向弹簧门。人防工程应以各类钢筋混凝土防护密闭门代替防火门。车站设置防火墙或防火门困难时,可采用水幕保护的防火卷帘或复合式防火卷帘。防火卷帘上应当留有小门并采用两级下落式,先降至离地面2m处,在确认无人员遗漏时,最后降落第二级。地下铁道与地下商场等地下建筑物相连接时,必须采取防火分隔措施。站厅与站台间的楼梯处,宜设挡烟垂幕,挡烟垂幕下缘至楼梯踏步面的垂直距离不应小于

2m。车站间两条单线隧道之间应设联络通道,通道内宜设防火卷帘或防火门。地下铁道采用钢结构时应进行防火处理。

(5)每一个防火分区安全出入口数量不应少于2个,并应有一个出口直通安全区域,与相邻防火分区连通的防火门可作为第二个安全出口。竖井爬梯出口不得作为安全出口。供人员疏散的出入口楼梯和通道宽度应满足地下铁道设计规范车站建筑设计的要求。附设于地下铁道的地下商场等公共场所的安全出口门、楼梯和疏散通道的宽度应按其通过100人不小于1m的净宽计算。地铁车站的设备、管理区及附设于地下铁道的地下商场等公共场所的安全出口,门、楼梯、疏散通道的最小净宽应符合表7-3的规定。疏散通道应减少曲折并能向两个方向疏散,疏散通道内不能设置阶梯、门等有碍疏散的物体等。

安全出入口、楼梯疏散通道最小净宽　　　　　　　　　　表7-3

名　称	安全出入口、楼梯(m)	疏散通道(m)	
		单面布置房间	双面布置房间
地下铁道车站、设备管理区	1.06	1.20	1.50
地下商场等公共场所	1.50	1.50	1.80

(6)隧道内消火栓最大间距、最小用水量及水枪最小充实水柱应符合表7-4的规定。车站及折返线消防栓箱内宜设火灾报警按钮;当车站设有消防泵房时,应设水泵启动按钮。地下铁道的车站出入口或通风亭的口部等处应设水泵接合器,并在40m范围内设置室外消防栓和消防水池。当城市管网和水压不能满足地下铁道隧道内消防要求时,必须设消防泵和消防水池。消防水池容积要满足自动灭火器装置按火灾延续1h计算,消防栓按2h计算,但应减去火灾延续时间内连续补充的水量。

消防栓最大间距、最小用水量及水枪最小充实水柱　　　　　　　　　　表7-4

地点	最大间距(m)	最小用水量(L/s)	水枪最小充实水柱(m)
车站	50	20	10
折返线	50	10	10
区间(单洞)	100	10	10

(7)对于与地下铁道同时修建的地下商场,地下可燃物品仓库,Ⅰ、Ⅱ、Ⅲ类地下汽车车库,应设置自动喷水灭火装置。地下变电所的重要设备间、车站通信及信号机房、车站控制室、控制中心的重要设备间和发电机房,宜设气体灭火装置。

(8)地下铁道车站及区间隧道内必须具备事故机械通风系统,排烟系统宜与正常排风系统合用,当发生火灾时应确保正常排风系统转换为排烟系统。事故通风系统应具有下列功能:

①当列车阻塞在区间隧道时,应能向事故地点迎着乘客疏散方向送新风,背着乘客方向排风;

②区间隧道发生火灾时,应能向背着乘客疏散方向排烟,迎着乘客疏散方向送新风;

③当车站站台发生火灾时,应能及时排烟,并防止烟气向站厅和区间隧道蔓延;

④当车站站厅出现火灾时,应能及时排烟,并防止烟气向出入口和站台蔓延。

每一个防烟分区建筑面积不宜超过750m^2,防烟分区不得跨越防火分区。车站的排烟量,应按每分钟每平方米(建筑面积)为 1m³ 计算。排烟设备容量应满足同时排除两个防烟分区的烟量。区间隧道内火灾的排烟量,按单洞区间隧道断面的排烟流速不小于 2m/s 考虑,但排烟流速不得大于 11m/s。列车阻塞在区间隧道时送风断面风速按排烟流速指标计算。排风机及烟气流经的辅助设备如风阀及消声器等,应保证在 150℃ 时能连续工作 1h。

(9)地下铁道应设火灾疏散指示和防灾救护设施。疏散指示灯采用玻璃和其它非燃材料制作的保护套,指示灯设置在有指示标志的地方,如站厅、站台、自动扶梯,自动人行道及楼梯口,人行疏散通道的拐弯处,交叉口及安全出口处。单洞区间隧道及疏散通道每隔 100m 处,疏散指示标志应标明走行方向及距安全出入口距离,其高度距地面 1~1.2m。事故照明灯应设在站厅、站台、自动扶梯、自动人行道、电梯及楼梯口,区间隧道和疏散通道内每隔 20m 左右设一处。事故照明灯及指示照明灯要有单独的耐火供电系统,应符合地下铁道设计规范电气工程设计规定。

(10)地下铁道应设置防灾自动报警与监控系统,并分为防灾控制中心和车站防灾控制室两级控制。两级防灾控制分别具有相应监控、报警和灾害控制的功能。在车站控制室、计算机房、通信机房、信号机房、变电所、配电室、广播室、电缆间、控制中心机房、站厅、站台、售票室、储藏室、管理用房、地下折返线、停车线和车辆段的检修库、列检库、停车库和可燃物品仓库等设火灾自动报警装置。火灾自动报警系统中的信号装置和联动控制装置,应采用自动和手动两种方式。

2. 防水技术要求

地下铁道工程防止水灾,主要有两个方面:一是防止地面洪涝积水沿车站出入口、进排风口灌入地下,破坏地下设施,影响地铁运营;其二是防止地表水、地下承压水沿着结构损伤裂缝和其它薄弱环节向车站和隧道内渗漏,因渗漏水量超过一定程度就会破坏设备,锈蚀装修材料,影响地下铁道的使用寿命。

(1)地下铁道防水设计的原则是以防为主、防排结合、因地制宜、综合治理。首先做到结构本身的自防水,其次是外包防水卷材、弹性防水涂料、各种接缝的防水、盲沟引水等多种措施、多种方法综合处治。防水工程要求精心设计,精心施工,层层设防,处处把关,切不可掉以轻心,即使很小的缺陷,也会造成难以弥补的损失。

(2)地下铁道车站和隧道的防水工程,严格按照地下铁道工程设计施工验收规范设计施工。地下铁道车站及机电设备集中地段的防水等级定为三级,即围护结构不得有线漏,结构表面可有少量漏水点,实际渗漏量小于 $0.5L/m^2 \cdot d$。我国《地下工程防水技术规范》中地下工程防水等级标准规定见表7-5。

地下工程防水等级标准 表7-5

防 水 等 级	渗 漏 标 准
一级	不允许漏水,围护结构无湿渍
二级	不允许漏水,围护结构允许有少量或偶见湿渍
三级	有少量漏水点,不得有线流和漏泥砂,实际渗漏量 $<0.5L/m^2 \cdot d$
四级	有漏水点,不得有线流和漏泥砂,实际渗漏量 $<2L/m^2 \cdot d$

（3）依照地下铁道车站和隧道不同的施工方法，选择不同的防水材料和防水方法，各种防水材料、防水方法、防水施工工艺，必须经过实践的检验，经过试验检查，然后大范围推广应用。

3. 抗震设防技术要求

地震灾害的主要后果是造成工程结构和各类建筑物的破坏和损毁，以及可能继之而来的水灾、火灾、瘟疫等次生灾害。地震灾害直接或间接地对社会财产和人员生命构成危害，因此需进行防范。

地铁与轻轨抗震设防的目的在于减轻地震对建筑物的破坏程度，尽量避免人员的伤亡，减少经济损失。地震是几十年乃至上百年一遇的偶发自然灾害，如果设计过分保守，则必然增加工程造价和施工难度；相反，若建筑物抗震安全度太低，则不能保证在地震时避免由于建筑物倒塌而造成人民生命财产的损失。建筑抗震设计规范规定，当遭受低于本地区设防烈度的多遇地震影响时，一般不受损坏或不需修理仍能继续使用；当遭受高于本地区设防烈度影响时，可能损坏，经一般修理或不需修理仍可继续使用；当遭受高于本地区设防烈度预估的罕遇地震影响时，不致倒塌或发生危及生命的严重破坏，即"大震不倒，中震可修，小震可用"。具体要求包括：

（1）地铁等城市轨道交通作为城市交通工程应执行《建筑抗震设计规范》铁路工程和铁路隧道工程抗震设计和施工规程的相关条款。

（2）设防烈度应按照《中国地震烈度区划图（1999）》，结合所在城市位置采用。

（3）地铁等城市轨道交通工程是城市生命线工程的一个组成部分，按照其重要性，一般定为乙类建筑。特殊重要的地铁与轻轨线路，经过政府批准可确认为甲级建筑，对于甲级建筑要采取特殊的抗震措施。

（4）线路选线时，宜选择在地形开阔平坦、地层土质坚硬或中等坚硬、密实均匀的地段，尽量避开软弱土、液化土以及平面分布上成因、岩性、状态明显不均匀地层（如古河道、断层破碎带、暗埋的塘浜沟谷及半填半挖地基）等，必须避开地震时可能发生滑坡、坍塌、地陷、地裂、泥石流及可能发生地表错位的部位。

（5）轻轨等高架桥线路的抗震设计，除了桥梁强度要满足要求外，其变形（延性）也要达到抗震要求。

（6）隧道和车站抗震设计应该与建筑物抗震设计规范要求一致，以静力法、拟静力法向反应谱和动态时程分析方法过渡，使地下工程结构抗震设计的模型及理论更趋于完善。

4. 战争灾害防护技术要求

地铁的车站和隧道均深埋于地下，本身亦为钢筋混凝土结构，对于防护战时敌人航空炸弹、炮弹、导弹，防护核武器及生化武器均有得天独厚的有利条件，利用地铁作为战时民防工程部分，或用于人员隐蔽、疏散，或用于战时兵员、军事设备、物资调动，都可以增加整个城市的总体防御能力。

（1）结合城市战时的地位、作用和总体防御规划，确定地铁规划网络中的哪一条线，哪几个车站和区间隧道用作等级人防工事，哪一些战时仍然是客运交通工具，不作为人防工事使用。地铁工程一旦确认兼顾人防功能，势必要增加投资，改变结构承受荷载标准，增加防护设施。

(2) 对于明确兼顾人防功能的地下铁道工程,按战术技术要求确定适当的设防等级。经济技术条件许可的情况下,同时严格按照人民防空工程设计和施工规范、地下铁道设计施工规范规定设计施工,满足城市客运交通的设施与满足等级人防的设施同时到位,同步完成。否则,应在设计阶段考虑防护的要求,对于防护设施如防护门、密闭门、防爆防火单元分隔、暴光天窗和大型通道战时封堵、战时清洁通风滤毒通风设备等,施工时仅预留必要的埋件和接口,到临战前再加以改造安装,以达到人防工事要求的等级。上海、南京、新加坡等城市地铁都不同程度地考虑了战时人防功能。

(3) 充分利用地下铁道车站和隧道防护能力,发挥其中通风、给排水、电气、通讯、信号、防灾系统的设备为战时防灾救灾服务。地下铁道的通信系统应与城市人防指挥部,防灾救灾中心联网,随时接受他们的指导,使地铁工程发挥更大的战备效益。

5. 施工引发环境灾害的防护要求

地铁沿线建筑施工(含后期在建地铁施工),对已建成地铁的环境保护而言,在于制定和提供更完善的地铁隧道沿线范围的合理尺度及其有关技术标准和根据。以上海地铁工程为例,目前已制定对建成地铁保护的暂行技术标准,由于深基坑、高楼桩基、降水、堆载、盾构或顶管推进等各种卸载和加载的建筑施工活动,对已建成地铁工程设施综合影响的定量尺度必须符合这个标准。

(1) 在地铁工程(外边线)两侧临近的3m距离范围内不能进行建筑施工。自地铁车站中心线起算的50m(区间隧道中心线起算为30m)两侧施工,要严格符合以下(2)~(6)条款规定;

(2) 地铁结构的绝对沉降及水平位移均应小于等于20mm,地铁隧道产生纵向位移引起圆形管片衬砌结构的径向变形(包括各种加、卸载的最终位移量)应小于等于10mm;

(3) 隧道水平和竖向变形曲线的曲率半径应满足 $R \geqslant 15000 \text{m}$;

(4) 隧道相对弯曲小于等于1/2500;

(5) 由于建筑物垂直荷载(包括基础地下室)以及降水、注浆等施工因素引起的地铁隧道外壁的附加荷载应小于等于20kPa;

(6) 由于打桩和工程爆破等产生的振动,对地铁隧道引起的峰值振动速度应小于等于2.5cm/s。

地铁的管理和监护单位应按照上述标准,结合各地已建地下工程质量及工程地质条件,对正在运营的地铁工程进行长期监测、变形控制和工程的保护,以免发生人为工程活动引发的灾害损害。

第三节 地铁工程的火灾防护

与洪涝、泥石流、滑坡、台风、爆炸冲击等灾害相比,火灾对地下工程威胁比地面建筑更大。此外,扑灭地下工程的火灾比起扑灭超高层建筑的火灾还要困难。引起地铁工程火灾的原因,除了地铁电气设备线路老化、短路引发火灾外,还有机械碰撞、摩擦引起的火花引燃车站和车

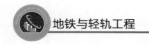

厢内易燃的装修材料或其它化学药品;吸烟、乘客携带易燃易爆的物品都可能引发火灾。

目前,我国缺少专门的地下铁道防火设计及施工验收规范,缺少适合于地铁车站和隧道消防的专用设备;地铁车站及隧道电气设备复杂,通信和信号管线密集,电气设备及线路不能及时检修更新,均可能因短路引发火灾。有些地铁车站和综合开发的地下商场片面追求豪华的内装修,而忽视装修材料的耐火等级,存在着不少火灾隐患。

一、地铁工程火灾的特征及危害

地下建筑与地面建筑相比有许多不同之处。地下工程是在地下通过挖掘的方法获得的建筑空间,外部仍有岩土介质包围,它只有内部空间。地面建筑有门、窗、墙与大气相连,室内外光热交换容易,而地下空间与外部联系孔洞少,面积小,气热交换难,散热慢,能见度低。

1. 排烟困难散热慢

地下建筑内失火,与地上建筑失火情况完全不同。地上建筑着火时,可以开启门窗,进行散热和排烟。地下建筑被钢筋混凝土衬砌和岩土介质包围,出入口较少且面积有限,有时人员出入口可能就是喷烟口。由于烟的迅速聚集和在工程空间内的扩散,工程空间内很快充满烟,有限的人员出入口会变成"烟筒",热烟运动方向与人员疏散方向一致。通常烟的扩散速度比人群疏散速度快得多,致使人员无法逃脱烟气流危害,多层地下空间发生火灾时危害更大。地下建筑通风条件不如地面建筑,对流条件很差,因而排烟排热也不如地面建筑。随着空气温度的升高,体积增大,则压力也会相应增大,因此对人员安全疏散和消防扑救都十分不利。根据试验,当空气温度达到400℃时,则空气体积增大1倍,当空气温度达到800℃时,则空气体积增大2倍。浓烟使地下建筑室内可见度下降,造成人们心理恐慌,更增加人员疏散难度。火灾造成地下建筑物内人员的最初伤亡大部分是由于缺氧窒息,中毒昏倒死亡。浓烟,特别是含有有毒性粉尘的烟雾,也增加了消防人员接近火场灭火的困难。

2. 高温全面燃烧

在地下建筑封闭空间内,一旦发生火灾,大量可燃物燃烧,室内温度升高很快,较早地出现"全面燃烧"现象。根据地面建筑燃烧试验,当火灾房间的温度上升到400℃以上时,起火房间会在瞬间由局部燃烧变为全面燃烧,房间一切可燃物会在瞬间统统烧着,形成全面燃烧,释放巨大能量,温度迅速上升,火灾房间空气体积急剧膨胀,烟气中的一氧化碳、二氧化碳等有害气体的浓度迅速提高。这种高温有毒的浓烟冲到哪里,就会使那里的可燃物燃烧,这时地下建筑物内部像锅炉的炉膛,而楼梯通道口则如烟囱。我国地下建筑先后发生过几十次火灾,都出现过高温现象。如山西某地下仓库总面积2810 m^2,着火后连续燃烧41天,火灾温度长期维持在1000℃左右。除库内可燃性物质全部烧毁外,库内的搪瓷缸和水壶熔化,石灰石烧成石灰,混凝土被大面积破坏,局部结构塌方。江西南昌老福山地下商场,1987年发生特大火灾,燃烧17小时,高温使工程范围内一切可燃物质烧成灰烬,铝合金柜台烧毁,钢筋混凝土结构大面积露筋,烧灼深度达到十多厘米,温度达800~900℃。

3. 安全疏散困难

地下建筑内的安全疏散有以下几方面的不利因素:
(1)有些地下建筑内的各种可燃物质燃烧时会产生大量烟气和有毒气体如一氧化碳、二氧化碳及其它有毒气体,不仅严重遮挡视线,使能见度大大降低,还会使人中毒窒息,危害极大。当空气中含氧量下降到15%时,人的肌肉活动能力下降;当空气中含氧量降到10%～14%时,人就会四肢无力,产生判断失误;当空气中含氧量降到6%～10%时,人就会昏倒。地下建筑火灾造成的室内缺氧比地面建筑火灾严重得多,据一次大的地下建筑火灾取样测定,空气中的含氧量降到5%以下时,CO浓度高达人能承受浓度的2 000倍。部分可燃物质燃烧时产生的有毒气体如表7-6所示。

部分可燃物质时产生的有毒气体　　　　表7-6

可燃物名称	有毒气体	可燃物名称	有毒气体
木材	CO_2	聚氯乙烯	氯化氢,CO_2,CO
羊毛	CO_2,CO,H_2S,NH_3,氯化氢	尼龙	乙醛氨,CO_2,CO
棉花,人造纤维	CO_2,CO	酚树脂	氨,氰化物,CO
聚四氟乙烯(特氟陶)	CO_2,CO	三聚氰胺—醛树脂	氨,氰化物,CO
聚苯乙烯	苯,甲苯	环氧树脂	丙酮,CO_2,CO

(2)地下建筑发生火灾时,室内由于正常的照明电源切断,变得一片漆黑。如果地下工程内不装设事故照明和紧急疏散标志指示灯,人员根本无法逃离火场。地面建筑即使是月夜,地面照度也有0.2lx,地下建筑内无任何自然光源,加上浓烟滚滚,使疏散极为困难。

(3)温度升高快,对人体危害大。地下建筑发生火灾时,热量不易散失,爆燃出现快,室内温度短时间内可达到800℃以上。火焰本身或火焰产生的高温,能把人烧死烧伤,这是因为人体在火焰的燎烤下,使心脏跳动加速,同时出汗增多,人就很快产生疲劳脱水现象,当热的强度超过人体能承受的界限时,就会很快死亡。另外,由于人吸入大量的热气到肺部,使血压急剧下降,毛细血管受破坏,从而导致血液循环系统破坏,人也会很快死亡。

(4)疏散距离长,路径复杂。有的地下街或地下铁道的车站长达数百米或数千米,如日本青函隧道、英法海峡隧道长达50km以上,从进口到出口,一般地下建筑可达几十米,大型工程可达100余米,交通工程可达几百米或数千米,火灾时逃生的出口和路线比地面建筑少。地下建筑人员逃生的线路只有通向出口的楼梯、阶梯、坡道、爬梯和扶梯,最终的出口很少,一般只有一二个。遇火灾逃生时,地面建筑中人向下走,只要越过火灾层,就比较安全了,因为火灾烟向上扩散。地下工程就不同了,人逃生往上走,火灾烟也是往上蹿,人逃生方向与烟火的自然扩散方向一致,人要到达安全区,从某些意义上讲必须逃到地面上。一般烟扩散速度比人疏散行走快,烟的水平扩散速度为0.5～1.5m/s,烟的垂直上升速度比水平方向快3～4倍。

4. 扑救困难危害大

地下建筑的火灾比地面建筑火灾扑救要困难得多。国外一个消防专家把扑救地下工程的火灾难度,看作与扑救超高层建筑最顶层火灾的难度相当。我国地下建筑发生的数起大的火灾,最长的燃烧时间41小时。与地面建筑相比,地下工程火灾扑救困难在于:

(1)探测火情困难。地下建筑火灾发生后,只见浓烟从出口冒出,无法确切知道火灾究竟发生在哪一个部位。目前,尚没有能在浓烟中探测火情的消防机器人,消防人员必须冒生命危险,深入到地下建筑内探火。

(2)接近火场困难。对于一般没有完善的排烟设施的地下工程,消防人员进入口同时也是烟、热排出口,高温、浓烟、毒气使消防人员无法接近火场。由于地下铁道一般都比较长,一旦在隧道中间或距进出口较远的地点发生火灾事故,施救几乎无法进行。

(3) 通信指挥困难。地面建筑火灾,有线、无线通信器材、高音扩音器等一切通信手段都可使用,地下火场灾情只能靠人传递信息,速度慢、差错多。因为指挥员无法直观火场,需详细询问,研究工程图,分析可能发生火灾的部位,可能出现的危险情况,方能做出灭火方案,致使灭火时间长、难度大。

(4) 缺少地下工程报警消防专门器材。目前国内自动报警及联动控制系统大部分采用"报警"自动化,在火灾被确认后,操作人员手工操作使联动系统投入运营。采用这种运营方式的原因是火灾探测器的品质尚不能百分之百的准确预报火灾,误报率较高;自动喷淋、自动消防的水源水库容量不足,水压力不适合超长距离供水;水闸阀未进入自备状态;无机械式自动通风排烟系统,排烟阀不能自动打开;自动喷淋灭火系统的保养管理不善,喷头因吊顶天花板安装或悬挂其它物品而损坏等。

二、地铁工程火灾防护对策

严格执行地下工程防火规范,贯彻"预防为主,防消结合"的方针。组织国内建筑工程消防专家编写专门的消防设计规范和施工技术规程,进一步完善人防工程防火设计及施工规范,地下工程防火设计和施工必须尽快做到有法可依。

1. 科学规划,合理布局

城市的地下铁道等轨道交通工程,应与城市地下总体布局规划相结合,增强城市总体防灾、抗灾功能。许多国家的城市地下铁道出口与地面建筑的地下室出口连接。但是地面建筑地下室与地下铁道出入口连接处,墙壁及顶板的耐火极限必须达到 3h 以上;常开的门必须使用耐火极限 2~3 h 的防火门。火灾发生时,地下铁道、地面建筑、其它地下通道之间要有可靠的防火分隔,有效地阻止火势蔓延扩大,减少火灾的损失。

2. 主体结构采用钢筋混凝土

地下建筑物主体结构材料应选择钢筋混凝土,而且钢筋的保护层应满足地下工程钢筋混凝土结构设计规范规定的厚度。大火连续延烧几十小时,隧道内部钢筋混凝土保护层只是局部脱落、部分烧灼,大部分经检查修复后可以继续使用。地下建筑发生火灾时长时间高温燃烧,会引起钢木结构大面积倒塌,基本上无法修复。

3. 合理选择装修材料

地下工程的装饰材料应选择不燃、难燃材料和阻燃处理的材料,这样可以使装饰材料燃点增高,使其不易着火,或即使着火,燃烧蔓延速度较小,以便为扑灭初期火灾及安全疏散赢得时间。作为吊顶的承重材料龙骨,应选用轻钢龙骨,吊顶天花板应选用模压轻质铝合金板。木龙骨极易燃烧,五夹板、钙塑板、铝塑板、PVC 泡沫天花板易燃烧,散发大量烟雾和毒气,应限制使用。石棉和玻璃纤维制品,燃烧时散发大量有害气体,应禁止使用。

4. 合理选择出入口位置和数量

一个车站出入口通过能力总和应大于该车站远期超高峰的客流量。鉴于目前我国地下铁道车站浅埋占多数,故要求浅埋车站出口数量不宜少于4个,小站出口可适当减少,但不能少于2个,并随客流量的增加,出口数量也要相应增加。出入口应选择在人员不太集中地区,不可选择在影剧院、体育馆、多功能厅等人员集中场所,且离开这些场所不小于250m。出入口离开幼儿园、托儿所、小学校门口至少200m。为了便于人员疏散,当出口提升高度超过8m时,宜设上行自动扶梯;超过12m时,除设上行自动扶梯外,还宜设下行自动扶梯。站厅和站台面的高差不超过5m时,宜设上行自动扶梯,高差超过5m时,除设上行自动扶梯外,还应设下行自动扶梯。

5. 防火分区划分及要求

地下铁道车站面积多为5000~6000m²,一旦发生火灾,如无严格的防火分隔设施,势必蔓延成大面积火灾,造成不应有的损失,对此应采用防火墙、防火卷帘加水幕或复合防火卷帘等防火分割物划分防火分区。每一个防火分区(除站台厅和站厅外)最大允许使用面积不应超过1500m²。站厅和站台是乘客进出站、上下车的场所,按远期规划的发车间隔时间,一般定为1.5~2.0min。由于客流量大且进出频繁,因此在站厅和站台上采用防火隔墙划分防火分区是不恰当的。这时可采取较灵活的防火处理设施,如用水幕保护的防火卷帘代替防火墙或防火门。防火卷帘上留小门并采用两级向下滑落的金属门,目的是便于消防人员的扑救和乘客及工作人员的安全撤离。防火门必须向疏散方向开启,避免在紧急疏散时,造成人员堵塞门前,引起不应有的伤亡事故。考虑到能使个别未及时逃脱的人员疏散出去,以及外部人员进入着火区进行扑救的需要,要求防火门在关闭后能从任一侧手动开启。每一个防火分区安全出入口不少于两个,当其中一个出口被烟火堵住时,人员可由另一个出口疏散。竖井爬梯对妇孺老幼使用不便,且疏散人数有限,因此不能作为安全出口。

6. 联络通道的防火作用

根据国内外地下铁道运营中事故的灾害分析,列车在区间隧道发生火灾而又不能牵引到车站时,乘客必须在区间隧道下车。为了保证乘客安全疏散,两条隧道之间应设联络通道,这样可使乘客通过另一条隧道疏散到安全出口。联络通道两端应设防火卷帘门,人员撤出着火隧道后,应及时落下防火卷帘,以免火焰向另一条隧道蔓延。

7. 钢结构的防火保护处理

钢结构如不作保护处理,在高温和火焰作用下,一般在15min左右就会塌落。这是因为在火焰和高温作用下,在15min内,其强度将降低一半以上,进行了防火保护处理,可以提高耐火能力。钢结构的防火涂料厚度与其耐火极限见表7-7。

钢结构防火涂料耐火极限　　　表7-7

防火涂料厚度(mm)	耐火极限(h)	防火涂料厚度(mm)	耐火极限(h)
0.4	1.0	3.5	2.5
2.0	2.0	4.0	3.0

8. 地铁车站和隧道的机械通风及排烟

根据火灾资料统计,地下铁道发生火灾造成的人员伤亡,绝大多数是被烟气熏倒、中毒、窒息所致,因此有效地排烟已成为地下铁道火灾救援的重要组成部分。考虑到地下铁道的站厅和站台的使用面积一般约为3500m², 地下工程的防火、防烟分区比地面建筑要小。日本《地下铁道防灾设备设计标准》规定, 车站防火区划分, 除站台和站厅外, 以不超过1500m²使用面积划分一个防火分区, 并用耐火材料构造的地面、墙壁和甲级防火门与相邻分区隔离。防烟分区通常取防火分区一半, 故每个防烟分区面积不宜超过750m³。按我国国家标准《人民防空工程设计防火规范》(GBJ 98—97)及日本消防法规要求, 防烟分区按地面面积$1m^3/(m^2 \cdot min)$排烟量计算排除两个防烟分区烟量, 要求设备的排烟能力为$2 \times 750 \times 1 = 1500m^3/min$。选用排风机每小时排风总量为$1500 \times 60 = 90000m^3/h$。区间隧道排烟量, 按单洞区间隧道截面的排烟流速不小于2m/s, 排烟速度不应大于11m/s。这样的要求基于两点考虑: 一是发生火灾时, 烟气水平方向流动速度为0.3~0.8m/s, 因此, 送排风的速度必须大于0.8m/s, 才能使烟气按规定的方向流动。二是地下铁道发生火灾时, 规定了乘客迎着新鲜空气方向迅速撤离, 因此, 必须造成一种气流使乘客感到有新鲜空气流动, 从心理上产生安全感, 会鼓足勇气, 迅速地迎着新鲜空气流入的方向步行到安全地区。使人们能感受到有新鲜空气流动的最低速度为2m/s。

同时, 要求排烟流速不应大于11m/s。因为当排烟速度大于11m/s时, 新鲜空气的流动速度也大于11m/s, 在此速度下, 乘客行走困难, 不能尽快跑到安全地带。

至于地下铁道列车阻塞在区间隧道时的送风量, 则可按区间隧道断面风速不小于2m/s计算, 但风速不应大于11m/s。

9. 地下铁道火灾自动报警系统设置

考虑原则应当是, 凡是发生火灾后而影响全局的重要部位和火灾危险大的部位均应设置火灾自动报警系统。以下场所宜设火灾自动报警装置。

(1) 车站控制室、计算机房、通信机房、信号机房、变电所、配电室、广播室、电缆及控制中心等重要场所;

(2) 站厅、站台、售票室、储藏室及管理用房;

(3) 地下折返线和停车线;

(4) 车辆段的检修库、列车库、停车库和可燃物品库房。

设有火灾自动报警的场所, 应在适当部位增设手动报警按钮。

三、地铁工程的消防

目前地下铁道工程的消防主要由自动报警系统、水消防系统和化学消防系统三部分组成。

1. 自动报警系统

一条地铁线路的火灾自动报警系统由设在控制中心的中央一级自动报警、各车站及车辆段的二级报警组成。中央火灾自动报警系统通过地铁通信系统提供的数据传输通道实现与各车站(车辆段)火灾自动报警系统联网, 以对全线进行消防监控。各车站(车辆段)火灾自动报警系统独立对本站(包括相邻区间隧道)范围内各保护区进行火灾监视, 联动控制相关消防设备, 适时向中央火灾自动报警系统传送火灾报警信息和消防系统设备运行状态信息, 并根据中央火灾自动报警系统的控制指令启动区间隧道事故通风系统。中央火灾自动报警系统亦可直接启动相关车站事故通风系统。

火灾报警系统的功能应有报警、监视、控制、通话及信息储存打印功能。探测器一旦探测到"火情",能迅速向系统控制器发出信息,并由控制器指示出"火情"发生的地点和时间。系统控制器能自动发出巡检信号,对控制器内部及外部各回路上的末端设备进行故障检测,一旦发生设备损坏、失落、线路中断等现象时均能发出声光信号并指示故障位置、类型、发生时间等。对消防设备的运行状况监视,一旦某设备运行状态异常,控制盘立即发出信号并指示出该设备名称、目前状态。根据预定的火灾运行工况对消防控制设备(如事故风机、防火阀、消防泵等)发出动作指令,进行消防联动控制,实施相应的灭火措施。

2. 水消防系统

(1)消防水源与进水方式。消防用水由城市自来水管道供给,随给水工程同时实施。各车站和车辆使用两路进水方式,由消防泵直接从城市自来水管道抽水,不设消防水池。有条件的车站和车辆段可从不同的两路自来水管道分别接水;若进水点只有一路自来水管道,则在该路管道引接加装一个阀门,然后再从阀门两旁各接出一路进水管(形成假两路)到车站内。

(2)消火栓系统。城市自来水管内供水压力为 1~2kPa,而地下车站和区间隧道位于 6~30m 深处,自来水管内压力一般能满足消防栓出口压力,但考虑到有些车站是从一路城市自来水管放水(假两路)的可靠性,每座地下车站均应设一间消防增压泵房,内有两台消火栓泵,一用一备。

每座车站及相邻区间隧道的消火栓系统由消火栓泵、管道、若干消防栓箱组成。车站内每隔 45m 设置一只消火栓箱。

区间隧道内消火栓水源来自相邻两座车站,其消防水管与相邻车站管道贯通,隧道内每隔 45m 设置一只消火栓箱。车站与区间隧道防火区域内任何一点着火,要求消火栓交汇水柱不得少于 4 股,每股水柱量为 5 L/s。

(3)水幕系统。由于地铁车站特殊的结构形式和使用功能,不可能设防火卷帘门,一般在站台与站厅之间楼梯之上设置水幕,使之分成两个防火区域。每座车站的消防泵房内设两台水幕增压泵,一用一备。水幕隔断系统,以一个楼梯为一个单元,在楼梯间设雨淋阀室,采用双路进水。管道环路布置,沿站台板下敷设,按不设防火卷帘门水幕强度为 2 L/(m·s)。

(4)闭式自动喷水灭火系统。闭式自动喷水灭火系统使用于车辆段的停车库。

3. 化学灭火系统

地铁的供电、信号、通信及相应的中央控制系统对地铁运营至关重要,这些系统设备一旦产生火情,若用水喷淋救火,造成损失更大。一般采用化学灭火系统,如 1301 卤代烷全自动淹没灭火系统。

第四节 地铁工程防水

地铁工程的车站和隧道大都处于地面高程以下,一方面受到地面洪涝灾害积水回灌危害,另一方面受到岩土介质中地下水渗漏浸泡危害。地下水或地表水进入地铁车站和隧道内,可以使装修材料霉变,电气线路、通信、信号元件受潮浸水损坏失灵,造成工程事故。地下水积存,使地铁内部潮湿度增加,加速金属构件的锈蚀,也使进入车站的乘客感到不舒适。

一、防洪水(积水)回灌

降雨在街道积聚,如没有足够的排涝设备,当地面水位高于地铁车站入口高程或风亭、排烟、排水孔高程时,就可能大量向车站回灌。沿海城市受到大海潮汛影响,海水沿内陆河道回流,漫出防汛堤,也可能向地铁出入口回灌。车站出入口及通风亭的门洞下缘应高出室外地面150~450mm,必要时设临时防水淹措施,例如在洪汛期准备封堵进出口水流通道的材料及施工预案。在地铁车站、区间隧道设置足够的泵房设备,一旦进水时能及时外排,防止水淹地铁工程。位于水域下的区间隧道两端应设电动、手动防淹门。

二、地铁工程内部防水

1. 防水材料

(1)防水卷材。目前防水卷材主要为沥青系防水卷材、高聚物改性防水卷材、合成高分子防水卷材三大系列,用于防水层、防腐层、建筑防潮、简易防水及临时性建筑防水等。沥青系防水卷材和高聚物改性沥青系防水卷材主要是各种沥青油毡,合成高分子防水卷材主要是硫化型、非硫化型和合成树脂防水卷材。

(2)防水涂料。防水涂料主要用于构筑物内外墙防水、装饰工程的防渗、堵漏。防水涂料一般按涂料的类型和成膜物质的主要成分进行分类。按涂料类型分为溶剂型、水乳型、反应型三类;按成膜物质的主要成分可分为合成树脂类(如丙烯酸酯类、环氧树脂类)、橡胶类(如聚乙烯类、聚氨酯类等)、橡胶沥青类(如氯丁橡胶沥青类)、沥青类和水泥类五类。

(3)结构自防水材料。结构自防水材料又统称刚性防水材料,是指以水泥、砂石为原材料,掺入少量外加剂、高分子聚合物等材料,通过调整配合比,抑制或减少孔隙率,改变孔隙特征,增加材料界面间密实性的方法,形成一种具有一定抗渗能力的水泥砂浆、混凝土类防水材料,可达到增强混凝土结构自身防水性能的目的。

水泥砂浆类防水材料多作为附加防水层,用于有防水、防潮等要求的地下工程的迎水面和背水面;也用作弥补工程中出现的蜂窝、麻面等缺陷。

混凝土类防水材料是一种既可防水又可兼作承重围护结构的材料,可用于地下工程及各种防水、输水、储水结构工程中。防水混凝土一般分为普通防水混凝土、外加剂防水混凝土和膨胀水泥防水混凝土三种,其特点和适用范围见表7-8。

防水混凝土的适用范围　　　　表7-8

种类		最高抗渗压力(MPa)	特点	使用范围
普通混凝土		>3.0	施工简便、材料来源广泛	适用于一般工业、民用建筑及公共建筑的地下防水工程
外加剂防水混凝土	引气剂防水混凝土	>2.2	抗冻性好	适用于北方高寒地区,抗冻性要求较高的防水工程及一般的防水工程,不适用于抗压强度大于20MPa或耐磨损要求较高的防水工程
	减水剂混凝土	>2.2	拌和物流动性好	适用于钢筋密集或捣固困难的薄壁型防水构筑物,也适用于对混凝土凝结时间(促凝或缓凝)和流动性有特殊要求的防水工程(如泵送混凝土工程)

续上表

种类		最高抗渗压力（MPa）	特点	使用范围
外加剂防水混凝土	三元醇防水混凝土	>3.8	早期强度、抗渗强度高	适用于工期紧迫,要求早强及抗渗性较高的防水工程及一般防水工程
	氯化铁防水混凝土	>3.8	早期抗渗性好、保护钢筋	适用于水中结构无筋、少筋的厚大防水混凝土工程及一般地下防水工程,砂浆修补抹面工程;在接触直流电源或预应力混凝土及重要的薄壁结构上不宜使用
膨胀水泥防水混凝土		3.6	密实性好、抗裂性好	适用于地下工程和地上防水构筑物、山洞非金属油罐和主要工程的后浇缝

注：①不适用于裂缝开展宽度大于现行《钢筋混凝土设计规范》规定；
②不适用于遭受剧烈振动或冲击的结构；
③防水混凝土不能单独用于耐蚀系数（在侵蚀性水中养护6个月的混凝土试块的抗折强度比值）小于0.8的受腐蚀防水工程；但在耐蚀系数小于0.8和地下混有酸、碱等腐蚀性介质条件下,应采取可靠的防腐蚀措施；
④用于受热部位时,表面温度大于100℃,应采取相应隔热措施。

混凝土类防水材料具有较高的抗压（抗拉）强度、耐久性、抗冻、抗老化性能较好,一般为无机材料,不燃烧、无毒、无异味,有透气性,材料易得,造价低廉,施工方便,便于修补,综合经济效果理想,因此结构自防水材料在国内外防水领域中均是发展方向。

（4）镶嵌密封材料。建筑工程用密封材料,主要用于填充构筑物接缝、裂缝、镶嵌部位等,能起到水密、气密性作用。嵌缝材料与密封材料在狭义上有所不同,嵌缝材料只用于裂隙填充,密封材料用于设计上有意安排的接缝。在广义上两者统称嵌缝密封材料,可分为不定型密封材料和定型密封材料,前者是膏糊状材料,后者指按工程要求制成的带、条、垫一类材料。

2. 地铁车站防水

依据车站施工方法、地下水发育程度差别、车站防水等级的高低不同,采用不同的防水施工方案。用钻爆法施工的地铁车站一般采用离壁式结构、复合式支护防水夹层施工方法；浅埋矩形框架车站多采用外包防水卷材的施工方法。利用连续墙挡土,又兼作车站结构一部分时,既要注意连续墙本身的防水性能,又要注意接头的防水,以及充填防水卷材、抹刷防水涂料等防水技术。不管采取何种防水技术,混凝土结构本身的自防水是基础。收缩缝和施工缝是地下工程防水最薄弱的位置,合理设缝并选用有效的接缝嵌固材料是成功防水的关键。

（1）离壁式衬套拱顶与侧墙防水技术。对于开挖的洞室,可以用喷锚支护或者整体现浇保证围岩结构稳定。若由于地下水较发育,采用复合支护的方式难以达到较高的防水要求,此时可采用离壁式支护。图7-1为一地下铁道车站主洞室的离壁式支护防水设计图。

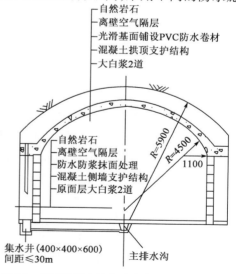

图 7-1 地下铁道车站离壁式支护防水设计示意图（尺寸单位：mm）

（2）复合式衬砌防水技术。地铁车站或者区间隧道当采用复合式衬砌支护时，通常由初期支护、缓冲层、防水卷材、二次衬砌模筑混凝土结构组成。初期支护为钢筋格栅加钢筋网再加喷射混凝土，厚度 0.25~0.30m。

缓冲垫层用较柔软且具有相当强度的片材，以克服喷射混凝土粗糙凹凸不平的基面对防水板（膜）的损伤。防水板（膜）除具有不透水性外，还应具有在二次衬砌浇筑混凝土时承受机械作用不致损伤的性能，具有耐久性良好和接缝处严密且操作简单的特点。二次衬砌为模筑防水混凝土，其抗渗等级为 S8。

（3）卷材防水技术。对于采用明挖法施工的单层双跨矩形隧道或者多层多跨箱形结构车站，主体钢筋混凝土结构施工完成后，回填覆土之前，要施作柔性防水卷材。结构混凝土自防水厚度和强度等级由结构设计选定，抗渗等级不应小于 S8，在混凝土中宜掺微膨胀剂、密实剂、减水剂等。车站地下水位高、水头渗透压力大、防水等级高时，应采用全合成高分子防水卷材，厚度不应小于 2mm，高聚合物改性沥青防水卷材（聚酯胎）厚度不应小于 5mm。防水要求较低时，上述卷材厚度可以相应减小。卷材全外包防水宜采用"外防外贴"法，将卷材直接粘贴在侧墙的结构混凝土外侧，并与混凝土底板下面的卷材防水层连接，以形成整体封闭防水层。

（4）涂料防水。防水涂料与防水卷材同为当今国内公认的并被广泛应用的新型防水材料。防水涂料是一种液态材料，且能形成连续的防水层，不像卷材那样存在很多搭接接缝，施工方便，特别适合于地铁车站复杂的基层施工涂膜防水层。但它不能像卷材防水层那样在工厂加工成型，而是在施工现场由液态材料转变成固态材料，防水膜的厚度不像卷材那样能由工厂生产准确控制，受工地人为因素影响大。虽然有些种类的涂膜可以获得较高的延伸率，但其拉断强度、抗撕裂强度、耐摩擦、耐刺穿等指标都较同类防水卷材低，涂膜一般较薄，长期泡在水中会发生黏结力下降的现象。水乳型涂料自然蒸发固化形成的涂膜，长期泡水后还会呈现溶胀、起皱，甚至局部脱落等情况。地铁车站和隧道的防水层要长期浸泡在水中，经受地层不均匀变形的拉伸影响，因此应选用反应型或溶剂型涂料，不宜选用水乳型涂料。由于地铁车站防水等级要求较高，涂料防水常与结构自防水、卷材防水、防水砂浆防水等手段相结合，以起到保护涂膜和共同防水的作用。

（5）接缝防水。浅埋矩形隧道和箱形车站一般不设置沉降缝，只设置施工缝、伸缩缝或诱导缝和后浇带。

①施工缝。建造长条形、矩形隧道和车站，由于材料、设备、劳力的限制，不可能连续一次浇筑，一般分段、分层施工，两次间隔浇筑的混凝土之间有施工缝。车站分段长度一般 15~24m，按 3 层浇筑，即底板、中板（含底板和侧墙）、顶板（含中板以上侧墙），新旧混凝土接茬结合不致密引起地下水渗漏。无内衬墙车站结构，作为底板、中板、顶板与地下墙纵向连接的施工缝通过设置遇水膨胀腻子止水条等措施防水。对于纵向及环向的施工缝，也可设置镀锌止水钢板或橡胶止水带防水。

②伸缩缝。长条形的隧道和车站，混凝土浇筑硬化过程中，由于内外温度差异，产生膨胀和收缩，在围围岩介质的约束作用下，有可能出现温度应力裂缝。长条形钢筋混凝土结构受到昼夜、季节温差影响，也会产生构造应力裂缝。因此，应设置伸缩缝以释放变形引起的应力集中。在车站主体结构与出入口通道接口处，或与其它附属结构相接处，也要设置伸缩缝。伸缩

缝一般沿纵向 35～50m 设一道。如果有成功的控制混凝土结构温度应力或伸缩的措施,应尽可能减少伸缩缝的数量。

③后浇带(后浇缝)。在后浇混凝土中掺入 UEA 膨胀剂,并使现浇混凝土强度等级高于两侧混凝土,起到补偿收缩作用。宜选择在气温低于主体结构施工时的温度或气温较低时浇筑,以避免并减少收缩裂缝。此外还要保证 14 天以上的湿养护期。

3. 盾构法隧道衬砌结构防水

1)防水设计

目前国内地铁盾构法区间隧道通常采用预制钢筋混凝土管片,采用高强螺栓连接拼装而成圆形隧道。防水要求、内部光滑度要求较高的隧道,在单层装配式衬砌结构内面再浇筑整体式混凝土内衬结构,成为复合式双层衬砌结构。在两层衬砌结构之间,铺设防水卷材,使其防水等级大大提高。国内盾构法施工经验表明,单层衬砌,采用一系列防水措施,也能达到防水要求。

(1)防水原则。完全解决含水软土地层中盾构法隧道的防水问题有相当的难度和复杂性,因此必须采取"以防为主、多道防线、综合治理"的原则。

(2)防水技术要求。根据《地下工程防水技术规程》,地下铁道区间隧道的防水等级为 2 级,设计具体要求为:

①隧道平均渗水量 0.1L/(m^2·d),任意 $100m^2$ 每昼夜渗水量小于 20L;

②隧道拱顶不滴漏,侧墙不挂流,拱底无大面积湿迹;

③环缝张开 3mm,纵缝张开 5mm 时,能抗 0.6MPa 水压;

④在 0.6MPa 水压作用下不渗水;钢筋混凝土管片单块检漏,在 0.8MPa 的恒压下持续2h,渗水最大深度不得超过管片厚度的 1/5。

2)管片自身防水和外防水涂层

除在管片生产前加强对钢模的检验,以保证管片的质量和出厂前进行单块抗渗检漏试验外,还需在管片吊运、堆放中采取保护措施,凡有缺损者(尤其是密封垫沟槽、嵌缝槽处)均应修补,以确保管片的防水效果。对于埋深较大或有显著侵蚀性环境的地段,管片可采用增强防水、防腐蚀性外防水涂料涂刷等。

3)管片接缝防水

为了加强接缝防水效果,可在管片接缝中设置弹性密封垫和嵌缝等两道防水措施,并以弹性密封垫为接缝防水主要措施。

第五节　地铁与轻轨其它灾害的防护

一、地震灾害与防护

1. 地震破坏特征

根据相关调查,地震对地下铁道车站、隧道的破坏形式主要表现为:中柱开裂、坍塌,顶板开裂、折断、坍塌,侧墙开裂等。

地铁轻轨线高架桥受地震破坏的特征与一般桥梁地震破坏相同。如桥墩破坏导致落梁和桥的倾斜、桥面坍塌、桥墩剪切和弯压破坏,桥梁横向错位和沉降不均匀以致桥面屈曲不平或倾斜侧向变形。地基液化、桥墩沉降不均,致使桥面屈曲不平,甚至倾倒。

2. 抗震设计方法

随着对工程抗震的研究与实践的发展,人们把结构的抗震设计分为两部分,即抗震计算设计和抗震概念设计。抗震计算设计是对地震作用效应进行定量的设计;抗震概念设计则包括正确的场地选择、合理的结构造型和布置、正确的构造措施等。这种思想方法同样适合于地下结构设计。由于地震活动的复杂性和不确定性、围岩与结构材料特性的时变效应、结构阻尼随变形而变化的规律、围岩介质与结构的共同作用等因素在结构动力分析中难以确切地考虑,使得目前地下结构抗震计算仍处于低水平,远未达到科学的严密的程度。因此,目前要使地下结构物具有尽可能好的抗震性能,首先应从大的方面入手,做好抗震概念设计。

在进行线路选线时,尽可能避开软弱易液化的土层,避开不均匀土层如古河道、断层破碎带、暗埋沟谷及半填、半挖的地基,避开地震时可能发生滑坡、崩塌、地陷、泥石流等可能发生地层错位部位。无法避开上述不良地质区段时,采用地基处理的措施,防止车站和隧道局部沉陷及液化沉陷。

目前计算地震对地下结构作用的方法主要有拟静力法、反应谱理论和里程分析方法。

3. 抗震结构措施

地面及地下结构的震害主要分为两类:一类是由振动破坏造成的,地震作用使结构物产生惯性力,附加于静荷载之上,最终导致总应力超过材料强度而达到破坏状态。大多数结构的震害属于这一类。减轻这类震害的措施是提高结构的抗震能力,在改善结构几何形状、强度、刚度、延性和整体性上想办法。另一类震害是由地基失效引起的,也就是说,结构本身具有足够的抗震能力,振动作用下本来不至于破坏,但是由于地基沉陷、失稳等原因导致结构开裂、倾斜、下沉,或者使结构损坏、结构不能正常使用。为了减轻这类震害,有效的措施是通过各种方法加固地基。

(1) 在车站、高架桥、隧道下将桩基深入液化层深度以下稳定土层一定深度,对碎石、砾石土、粗中砂、坚硬黏性土和密实粉土不应小于 0.5m,对其它非岩石土不宜小于 1.5m。

(2) 增加结构埋深,使结构底板埋入液化深度以下稳定土层。

(3) 采用加密性和注浆加固土层,应处理至液化深度的下界,且处理后土层标准贯入锤击数的实测值应不小于相应的临界值。

(4) 适当设置伸缩缝、施工缝、沉降缝,提高区间隧道、桥与车站的连接部位的抗震性能。

(5) 对于地层性质发生变化的区段,做好隧道、车站地基强度和变形性能过渡,使上、下部变形协调。

4. 结构构造措施

(1) 对于浅埋矩形框架结构的车站和隧道,宜采用现浇整体钢筋混凝土结构,避免采用装配式和部分装配式结构。特别注意加强侧墙板与顶板、梁板与柱节点的刚度、强度及变形塑性,加强中柱与顶板、中板钢筋连接;加强连续墙与顶板的连接,防止连接部位松脱,楼板崩塌;适当提高混凝土强度等级,或者使用钢纤维混凝土代替普通混凝土防止混凝土挤压破碎。

（2）高架桥区间和车站,必须特别注意桥墩柱剪切挤压破损,桥梁在支座处松动滑落,加强桥墩台与梁板连接,放置减震橡胶垫板等措施。

（3）对于盾构法施工的区间隧道,应采用错缝拼装,加深接头榫槽深度,增强纵向整体性。接缝间用高强度钢螺栓连接,保持结构的连续性。在环向和纵向接缝处设弹性密封胶垫,以适应地震中地层施加的一定的变形。车站与隧道连接段,隧道可能产生较大的不均匀沉降和剪切力,为此应有可靠的连接,最好设抗震缝。在地震产生液化、凸沉地段,隧道可能产生较大纵向弯曲,受拉一侧接缝张开超过密封垫膨胀率时,可能引起漏水或漏泥砂,并加速整体下沉,因此要按设计配置较大膨胀率的橡胶垫。

（4）严格执行《建筑地基基础设计规范》和《建筑抗震设计规范》中有关结构构件抗震的规范和要求。

二、战争灾害及防护

1. 概述

地铁作为城市客运交通的动脉,重要的城市市政设施,既是战时敌人袭击的目标,也战时我方防御的重点。地铁车站和区间隧道一般都埋置在岩土介质中,加上自身用钢筋混凝土支护衬砌,本身具有对爆炸冲击破坏的防御能力。地下铁道工程具有通风、给排水、通信、信号、自动报警和防灾的系统,如果与城市民防系统连通,经过改进,可以很好地为战时防空袭服务。

地铁工程对城市防空的重要作用早已为世界各国公认。第二次世界大战期间,莫斯科地铁系统在防德国空袭中发挥了重要作用。近年修建的新加坡地铁也设置了完善的防空袭系统。1964年我国开始修建的北京第一期地铁,作为等级人防工事建造。天津地铁1号线是在城区人防干道的基础上建造的。目前已完工及正修建的广州、深圳、南京地铁,都不同程度地考虑了人防的要求。

2. 建筑设计

地铁工程战时的防护功能应该与城市总体防御规划和城市建设相结合,统筹安排。为增加防护能力,地铁车站和隧道应尽量深埋,尽可能设置在岩石较为坚硬的土层中,一方面可以衰减核爆炸引起的早期核辐射,另一方面提高对爆炸和冲击动荷载的承受能力。但地铁埋置太深会造成使用不便,增加工程费用。地铁工程平时主要功能是满足城市的客运交通,战时既要满足人员疏散运输,又要满足人员掩蔽、救护功能,因此,地铁工程应该做好平战功能转换设计和施工准备。

（1）地铁车站作为一个独立的有防毒要求的民防掩体由三部分组成。第一部分为出入口消毒区;第二部分为主体人员掩蔽空间清洁区;第三部分为设备辅助用房的消毒区。车站站厅和站台层面积较大,战时可掩蔽人员众多,一般要划分防爆单元和防护单元。相邻防爆单元之间设置抗爆隔墙。每一个防护单元的防护设施和内部设备应自成系统,防火、防烟分区应与防护单元和抗爆单元结合划分,其中防爆隔墙要有密闭的措施。

（2）地铁车站视规模应至少设2~4个主要出入口,满足平时客流的进出,战时应做好快速封堵或预转换。

(3)地铁车站出入口部建筑应位于地面高层建筑的倒塌范围之外,宜采用单层轻型建筑。

(4)作为等级的地铁车站掩蔽部,主要出入口应按规定设置防毒通道、洗消间或简单洗消间,进风口和排风口宜在室外单独设置。

(5)有防毒要求的人员掩蔽部应设滤毒室,滤毒室和进风房宜分室布置。

(6)地铁车站的站厅、站台层平时用作休息室、会议室、站长办公室、乘务室等,在战时应转变为战时用房。开水间、盥洗室、饮水间、储水间、厕所等宜相对集中布置在排风口附近。

用于战时的柴油发电站的位置,应根据工程的用途和发电机组容量等条件确定,发电站宜与主体工程分开布置,并用通道连接。

(7)民防地下工程的装修设计应根据战时及平时的功能需要,按适用、经济、美观的原则确定,所用材料应具备防火、防潮、防毒、消音、倒塌后易于清除的性能。

3. 结构设计

1) 地铁工程设防等级

按照《人民防空工程战术技术要求》的规定,人防工程等级分为1、2、2B、3、4、4B、5、6,共8级。不同抗力等级的人防工程,抵抗武器破坏的效应,对通风洗消、供电照明、给水排水等要求不同。

2) 动荷载计算

(1)岩体中的坑道、地道式地铁工程中,对于Ⅰ~Ⅳ类围岩的作为4级或3级人防工程,应该依据卸载理念计算出不同毛洞跨度下可将地面冲击波超压卸载至零时顶部自然防护层厚度,并参照相关规范进行计算和处理荷载。

(2)土中的坑道式地铁工程,隧道埋深的最小安全防护层厚度,按照内摩擦角不同分别给出。其中最小安全防护厚度是土中坑道工程在核爆炸作用下,结构动载为零时毛洞顶土层的厚度。

(3)土中掘开式地铁工程,影响工程结构动荷载的因素很多,作用机理也复杂,人防工程规范采取单自由度等效体系的3系数(衰减系数、反射系数、动力系数)方法,对有关系数给出了计算公式和图表,设计时可参考有关文献。

(4)附建式地铁车站工程,既地铁车站上方建有多层或高层建筑物,在结构计算中,核爆炸地面空气冲击波超压波形,可取峰值压力处按切线简化的无升压时间的三角形波;土中压缩波波形可取简化为有升压时间平台形。

3) 结构动力计算

用等效静载法进行结构动力计算分三步进行:第一步将结构体系拆成顶板、外墙、底板等构件,分别按等效单自由度体系进行动力分析,按各构件的自振频率、核爆炸波形及升压时间,参考允许延性比查表或计算确定动力系数;第二步计算各构件的等效静载;第三步将拆开的各构件组合成整体结构,将等效静载、其它永久荷载和可变荷载组合构成新的结构计算模型,按结构力学方法求其效应。

4) 截面设计

民防工程在确定等效静荷载标准和永久荷载标准值后,其承载能力极限状态设计直接采用钢筋混凝土结构、砌体结构和钢木结构截面设计的公式进行截面选择和配筋设计。

5) 常规武器破坏作用防护

地铁战时一般用于低等级民防工事,通常不考虑常规武器一次直接命中的爆炸、震坍局部破坏和整体作用。高等级防护工程按防常规武器和整体破坏作用设计,可参考国防工程设计规范。

思考题

1. 地铁与轻轨工程的灾害主要有哪些?
2. 火灾对地铁工程有哪些危害?可采取哪些防护措施?
3. 地铁工程的水害有哪些形式?如何防护?
4. 常用地铁工程防水材料有哪些?各有什么特点?
5. 地铁与轻轨工程的抗震结构措施有哪些?

第八章 地铁与轻轨的运营及管理

第一节 地铁与轻轨交通运输工程管理体系

一、交通运输体系构建的基本原则

城市轨道交通运输体系不但要为旅客提供快捷出行条件,还要有利于运输的组织顺畅,同时应满足城市土地利用和城市发展的要求。因此,城市轨道交通运输体系必须满足以下基本原则:

（1）为旅客提供舒适、快速、安全、便捷的出行条件,必须坚持"以人为本"理念。

（2）为了充分发挥城市轨道运输系统整体效益,必须要保证城市轨道运输系统运行顺畅和有效的资源利用。

（3）为了合理开发与利用城市土地,并减少对城市地面交通的压力,必须要符合城市发展规律。

城市轨道交通运输是城市交通运输体系的一部分,对推动城市发展起到极其重要的作用,也对土地开发、城市形态等起引导作用。构建城市轨道交通运输体系必须符合城市实际情况,为城市对外和内部交通提供良好的运输服务,保证各项社会、经济活动正常进行,并减小铁路出行中旅客集散对城市地面交通的压力。同时,还应结合城市规划,通过合理开发和利用土地,持续推动城市发展。

二、城市轨道交通运输体系的基本架构

客运城轨交通运输体系是一项复杂的系统工程,涉及工程、车辆、供电、牵引、行车指挥、运营管理、通信信号等多方面,包括路网的构建、枢纽的衔接、运输组织、运载工具和管理体制等多项内容,如图 8-1 所示。

1. 城市轨道交通路网构建

城市轨道交通运输网络需要解决以下问题:首先要减少旅客换乘的次数和方便出行,降低旅客疲劳感;其次要减小对城市地面的交通系统冲击,使城市轨道交通承担更多城市对外交通客流集散任务。

2. 城市轨道交通换乘枢纽

城市轨道交通除构建路网以外,站点衔接也是极其重要的。借鉴国外城轨交通发展经验,通过建设综合交通枢纽,衔接地上交通,建成一体化换乘系统,这是现代都市交通运输体系的发展趋势。

综合交通枢纽中城市轨道交通换乘系统构建以减少旅客行走距离和旅客换乘舒适度为根

本出发点,有条件的情况下尽量同台换乘,条件不具备时尽可能以立体的方式衔接,上下层之间可采用自动扶梯为代步工具,减少旅客在换乘过程的急躁心态和体力消耗,增加舒适度。同时建立完善的出行服务系统,在较短的时间内可以获得换乘信息,减少换乘时间,提高运输效率。

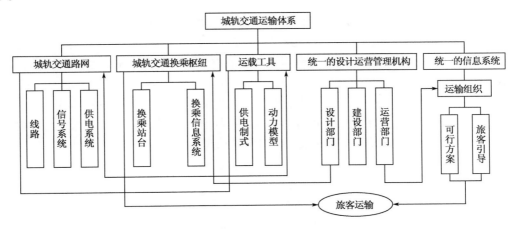

图 8-1　城轨交通运输体系示意图

3. 运载工具

通过开行共轨运输列车,除对线路的建设衔接外,对于运载工具的兼容性也有要求。城市轨道交通长期采用不同的动力模式、牵引供电制式,由于承担不同性质的客流输送任务,故采用不同的座位率。

4. 运营管理机构

城市轨道交通的建设与运营很难做到一体化,这要求在管理体制、管理模式上进行改革,整合或者成立专门部门来协调二者关系。统一规划、建设、运营、管理,通过行政手段来配置城市轨道交通资源,建设一套高效益的、低投入的、符合旅客要求的一体化城市轨道交通体系。

5. 统一信息交流平台

信息技术是目前交通领域发展中的重要一环,交通信息网络建设步伐在日益加快。城市轨道交通运输信息的软硬件建设还都在各自进行中,用户和经营者得不到最需要的信息,城轨交通方式各管理部门间也不能及时掌握对方信息,在列车开行中很难做到相互统一和互相协调。解决这些问题,必须整合成统一信息平台,或构建信息交流平台,使整个城市轨道运输信息共享,数据能共同使用,为运输组织协调提供依据,这样才能发挥城市轨道交通系统的优势,提高运行效率。

6. 运输组织

城市轨道交通运输体系,对于运输组织来说,通过列车运行图协调、列车开行组织和旅客的引导,来满足城市密集区对外交通的需求,来实现城市内的多点乘降,还可以减少旅客出行换乘次数和时间的消耗,改善了城市交通的质量,通过广播、电视、标牌、标识等动态和静态手

段使旅客在车站快速地集散,减少停留时间,保证运输过程畅通。

三、城市轨道交通运营管理机制

1. 城市轨道交通运营管理机制建立

城轨交通运营管理机制应该从调度指挥、运营管理协调机构设置等几方面实现。

(1)运营管理协调机构的设置。首先避免城市中各种城市轨道交通方式间恶性竞争,可以分工协作,使资源共享。城轨交通与地面公共交通之间,由于是传统的运输组织模式,各自承担不同客流任务,相互之间缺乏运营管理协调者,在旅客密集到发时段,城市轨道交通开行与之相适应的列车,可保证旅客列车的出行顺畅。此时运营管理协调机构应具备以下的特征:应由双方管理和业务部门共同组成,并由熟悉地面运输和熟悉城轨交通运营管理人员担当,还要具有一定决策权,在地面和城市轨道交通列车的开行方案和在列车运行图上能够起到良好协调作用,要保证列车开行符合客流规律,还应该对旅客换乘、进出站、购检票等几个环节及紧急情况下应急疏散等进行科学规划和组织。

(2)调度指挥协调。调度指挥是在列车运行安全、运输组织良好的前提和保障下,就相关的线路(换乘的相关线路)进行统一调度指挥,确保列车安全运行和到发时间良好接续,保证旅客运输的顺畅。

2. 城市轨道交通运营管理机制的特点

城市轨道交通运营管理机制和传统交通的运营管理机制相比有以下一些特点:

(1)加强地面交通和城市轨道交通运输系统之间的衔接和联系。城市轨道交通运营管理机制是建立对于城轨交通和地面交通系统进行科学统一规划、设计、建设和运营,各个阶段都应从城市整个运输系统的角度出发,加强地面交通和城市城轨交通运输系统之间衔接和联系。

(2)有利于更好为旅客提供便捷的出行条件。城市轨道交通运营管理机制是从旅客出行整个过程考虑建立的,从规划、设计、建设到运营各个阶段。在硬件设施和服务产品上,为了方便旅客的整个行程,城市轨道交通系统的建立,必须有利于为旅客提供乘降方便、时间节省、接续良好和舒适的出行条件。

(3)有利于资源合理配置和实现整体效益。城市轨道交通运营管理机制的建立,有利于优化城轨交通系统和地面交通系统的合理协调与分工,有利于资源合理配置,避免重复建设与恶性竞争,也有利于城轨交通运输系统的整体效益实现。

第二节　地铁与轻轨票务系统

一、城市轨道交通票务管理总原则

商品与服务的原则是由经济学属性决定的。城市轨道交通经济学属性是指城市轨道交通在其规划、建设和运营过程所具有或者表现的经济特征。城市轨道交通属于城市公共交通一部分，城市公共交通是由全体公民享用，在城市公共交通没有达到饱和状态而产生供不应求之前，每个公共交通使用者不会对其他使用者产生影响，任何使用者都应不以拒绝他人使用而使用，即具有一定非竞争性和非排他性。当城市公共交通供给不满足需求时，将导致拥挤和乘车困难，人们在公共交通使用上会受影响，排斥他人使用，因此人们对城市公共交通使用具有一定的竞争性和排他性特征。有偿乘坐公共交通是这种一定的排他性和竞争性经济学体现。城市公共交通提供产品是准公共产品，是属于公用事业，故城市公共交通具有准公共性。

城市轨道交通属于大运量捷运的公共交通，也具有常规公交所有的准公共产品特征。城市轨道交通其准公共产品经济属性决定了票务管理策略既要体现有偿乘坐原则，更要有其公共产品特征。乘客有偿乘坐表现在乘客买票乘车，并且票价与乘客享受的城轨交通的服务质量有直接关系。这种服务质量表现为舒适性、安全性和快速性。公共产品特征要求城轨交通运营者不能只追求提供公交服务所带来的经济利益，更要考虑城轨交通的社会效益。如果不考虑城市城轨交通的经济效益，则与市场经济发展方向背道而驰，票务管理应当兼顾运营企业的经济效益，并且微利即可。

票务管理对乘客意味着收费，从乘客的角度来说，票务管理代表着城轨交通的票价。城轨交通票价应以社会公益性为主要目标，主要目的为服务大众，其运营亏损应由政府直接或者间接的方式加以补贴。城轨交通票务管理应该以"公益优先、兼顾效益"为总原则之一。

城市城轨交通有自然垄断性、公用和公益性、投资专用性和沉淀性、网络性等准公共产品之外的特征。自然垄断性与公用公益性决定了城轨交通类似其它公用事业，长期以来通过采用政府投资建设、财政运营补贴的经营模式，缺乏有效竞争、责任机制和利润的刺激、导致城轨交通企业运作的效率低。服务质量低下、亏损严重和机构臃肿，没有动力去提高效率和使运营成本降低。为了改变这种现状，也为了减轻财政负担，国内外对公用事业政府规制和多元化投资运营进行积极地探索和研究，这些探索研究是为了克服传统城市轨道交通建设和运营模式中的缺陷。票务管理策略应立足于迅速地反映乘客出行需求变化，并提供优质的票务服务，因此"提高效率"是城市城轨交通票务管理总原则之一。

综上所述，城市轨道交通票务管理总原则为"提高效率、公益优先、兼顾效益"。

二、城市轨道交通运营阶段划分

随着城市轨道交通运营线路的增多、快速增加的运营里程、换乘枢纽逐渐形成、换乘的客流量持续增长，还有陆续投入使用网络共享设施设备、运营协调中心和清分中心等网络运营系统陆续开通运转，城市轨道交通运营管理实现了阶段性的转变。

按照城市轨道交通建设进度、企业效益运营、线网可达性、线网的负荷强度、客流量、平均运行速度和平均乘距等因素影响，可将城市轨道交通分成运营的初始期、发展期和成熟期三个阶段。在不同城轨交通发展阶段，城市轨道交通运营的市场条件、竞争能力、运营成本、目标政策和角色定位等方面有不同差异，出行者对城市轨道交通依赖性也大不一样，对应阶段的票务管理原则不尽相同，各阶段的影响因素特征如表8-1所示。

城轨交通运营阶段划分　　　　　　　表8-1

特征	参　　数	运营初始期	运营发展期	运营成熟期
空间特征	城市区域	高客流高密度的城市中心区域	客流中等、中密度的城市近郊区域	接驳外围的远郊区域和跨区域
	平均乘距(km)	7~10	10~16	大于16
	线网形态	一条线或者两条线构成城市客流的主要通道	在最初线网基本上继续完善,形成骨架网络	带有环线或切线状的放射型线网结构
服务特征	平均换乘系数(次)	1~1.2	1.2~1.4	1.4次以上
	线网可达性(min)	20~40	40~100	100以上
	线网的负荷强度(万人/日·千米)	小于1	介于1和2.5之间	大于2.5
	线网密度(km/km²)	小于0.5	介于0.5和1.5之间	大于1.5
	站点密度(车站数/km²)	小于1	介于1和2.5之间	大于2.5
	人均线网长度(km/万人)	大于3	介于2和3之间	小于2
	分担率(%)	小于30	介于30和50之间	大于50

三、分阶段票务管理原则及具体策略

在不同的城市轨道交通发展阶段,出行群众对城轨交通的依赖性大不一样,城轨交通运营市场竞争能力和经济条件不同,这需要在票务管理的总原则指导下,针对不同的发展阶段,制定分阶段的票务管理原则,在这些原则指导下,上升到具有可操作性票务管理策略。下面详细叙述。

1. 运营起始期

运营起始期是属于线路式运营阶段(图8-2)。从总体上看,这个阶段各城轨交通建设基本上只从线路自身考虑,发展处于较低水平,城轨交通的市场条件、竞争能力和运营成本处在较薄弱的地位,为了维持正常运营和追求适当利润是不太现实的。

(1)所处时期和发展阶段,如图8-2所示。

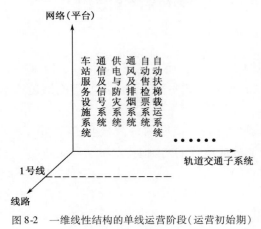

图8-2　一维线性结构的单线运营阶段(运营初始期)

(2)角色定位。本阶段城市轨道交通运营企业定位在市场跟随者,其特征是市场弱势竞争者或安于次要地位的地位。运营的初始期城轨交通系统处在市场挑战者之下,一般情况,此时城轨交通系统的经营资源不佳,需要与其它相似的公交方式保持在"和平共处"状态下才可获得尽可能多的收益。

(3)票务政策的市场目标和管理原则及策略。

①市场目标和票务管理原则。客流培植战略,源源不断的稳定客流是城市轨道交通实现社

会和经济效益的保证。城市轨道交通运营初期的根本立足点是最大限度地吸引客流,有效的票务政策充分刺激了城轨交通运输需求,并增加城轨交通市场份额。

②具体票务管理策略。当运力过剩的情况下,票务政策在稳定目标市场的基础上,采用较低的票价水平或者通过优于其它公共交通性价比的方式,努力争取新的出行者,提高出行者对城轨交通认识,促使出行者习惯乘坐城轨交通出行。还必须尽力降低运营成本并保证较高服务质量,防止其它交通方式的挑战。

(4)与常规公交系统的相互关系。对于单线运营阶段,城市轨道交通仅承担个别客运走廊的客运需求,与该走廊上常规公交存在合作与竞争关系,无法对整个城市客运交通系统造成重大影响。就轨道交通单线运营情况来看,当城市轨道交通运能大于客运走廊的客运需求时,通过其与小汽车、非机动车、常规公交和步行等地面交通方式衔接和接驳集散客流;当城轨交通运营能力小于客运走廊上客运需求时,各种地面交通方式要补充城轨交通运能上的不足,还要承担与城市轨道交通衔接的功能,形成分工协作的高效城市综合交通系统。

2. 运营发展期

运营发展期是属于网络化运营的发展阶段。与第一阶段比较而言,这个阶段城轨交通的建设发展水平有很大进步,随着城市轨道交通线网的覆盖率增加、服务水平的提升,城轨交通的影响力加强,与其它公共交通运输方式相比,更具有竞争力,客流量呈现急剧增长态势,运营的收入能维持正常运作,甚至略有结余。

(1)所处时期和发展阶段如图8-3所示。

(2)角色定位。市场挑战者指对于那些市场领先者来说,在行业中位于第二、第三及以后位次的企业。发展期的城市轨道交通系统居于市场领导者下,应以成为市场领导者作为指导方针,同时要拥有市场领导者的经营资源。

(3)票务政策的市场目标和管理原则及策略。

①市场目标及票务管理原则。稳定的客流、进一步扩大城轨交通的市场占有率、减少政府财政补贴、提升投资收益率和利润率是城市轨道交通运营发展期的票务政策市场目标。

②具体票务管理策略:

a. 价格折扣策略。对城市轨道交通出行者实行优惠,既可以体现城轨交通公用事业的属性,也可以吸引出行者选择城轨交通出行。价格折扣不但是适当的福利手段,还是一种有力的市场调节策略,可以增加城轨交通出行者忠诚度,还可进一步吸引客流。

b. 产品扩张策略。产品扩张主要表现在城轨交通运营企业的市场营销管理方面,对于提升企业的良好市场形象、提高城市轨道交通的亲和力和吸引力卓有成效。例如对一些城轨交通沿线公司企业出售储值卡,企业可作为福利向员工发放,还可以鼓励单位员工以城轨交通方式作为通勤。

图8-3 二维线性结构的网络化运营阶段(运营发展期)

c. 改善服务策略。城市轨道交通系统可以找到一些更好的服务方法来为广大出行者服务,或者加强轨道交通服务的方便舒适性和通达性,以增强城轨交通的客流吸引力。

(4) 与常规公交系统的相互关系。运营发展阶段,通常是交通网络骨架已经建成,但还受路网密度的限制,城市轨道交通只能在城市主要地区的局部发挥其主导优势。在线网未覆盖的地方,城轨交通影响力也还无法体现,只能对城市公共客运系统产生一定的影响。

3. 运营成熟期

运营成熟期是更深层次的网络化运营的发展阶段。伴随城轨交通建设的不断深入,城市轨道交通系统的技术含量不断提升,系统资源高度集约化利用,交通网络已经形成,客流已达到甚至超过了设计能力,此时城轨交通与其它交通方式比较而言,具有明显优势。

(1) 所处时期和发展阶段如图 8-4 所示。

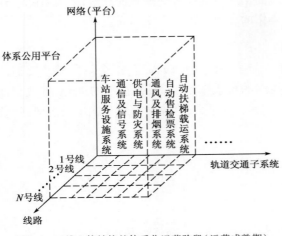

图 8-4 三维立体结构的体系化运营阶段(运营成熟期)

(2) 角色定位。在绝大多数行业中,有一个是被公认的市场领导者。居于交通运输市场领导者地位的是运营成熟期的城轨交通系统,其拥有城市公交系统最大市场占有率,并处于主导地位。

(3) 票务政策、市场目标和管理原则及策略。

① 市场目标及票务管理原则。在保持现有市场份额的基础上,进一步扩大城市轨道交通出行市场需求量,以实现运营企业利润的最大化,这是本阶段票务管理的原则和市场目标。

② 具体票务管理策略:

a. 扩大市场需求量。目前,处于运营成熟期的城市轨道交通系统,在战略上,首先是扩大总市场,增加总体城市轨道交通出行者的需求数量。通过以下两方面的内容来保证:

发展新的用户。可以通过发展新用户来进一步扩大市场的需求量。城市轨道交通相应服务要能够吸引新的使用者,发挥竞争潜力。

增加用户的使用量。扩大市场需求量的有效途径是增加城轨交通的出行者使用量。常用的方法有:增加使用城轨交通的出行频率;促使出行者在更多场合使用城市轨道交通的出行方式。

b. 采用动态票务政策。通过动态票价政策微调整高峰时段、高峰区域客流和高峰线路,适当地提高票价,可在增加票务运营收入的同时,尽可能地缓解交通拥挤,满足广大公众的出行需求。对顾客忠诚度高的广大通勤群体,相对出行刚度较大,可以通过提升票价来实现较高利润。

(4) 与常规公交系统的相互关系。到城轨交通运营成熟期,会形成稳定的城轨交通客流,此时城市轨道交通网络规模效应的快速性、大容量使得城轨交通成为出行者们的首选,承担的客运量与客运周转量比例也将显著提升,逐步成为城市客运交通系统的骨干。如纽约的城轨交通承担着公交系统客运量的59%～68%，承担客运周转量为83%～87%；巴黎的轨道交通在巴黎大区也承担67%的客运量和84%客运周转量。

综上所述，不同的运营阶段票务管理策略总结如表8-2所示。

表8-2 城轨交通不同发展阶段划分

运营阶段划分	运营初始期	运营发展期	运营成熟期
所处时期	运营处于亏损时期	运营盈亏平衡时期	占据市场优势时期
发展阶段	单线运营阶段	网络化运营阶段	体系化运营阶段
角色定位	市场跟随者	市场挑战者	市场领导者
基本策略	避免直接竞争	提升竞争能力	维持市场占有率最大
市场目标票务政策	以成本递减，培育客流为基本目标。在此期间充分发挥城轨交通公共产品的社会效益，进而实现运营企业自身的经济效益	采用积极的策略，争夺客运交通市场份额，采用票务优惠和灵活多变的产品开发方式，以吸引更多的出行者选择城轨交通	全方位的发展方式以维持和扩大城轨交通的市场占有率，并以强化支配力为目标，进行多元化经营模式，引导城市发展
与公交系统相互关系	与城轨交通走廊上的公共交通存在竞争关系，对整个城市的公交网络影响甚微	在城市局部区域中占据优势，对整个城市的公交网络会有一定的影响	城轨交通的规模效应凸显，承担的客运量决定城轨交通在城市客运交通当中的地位

思考题

1. 交通运输体系构建的基本原则有哪些？
2. 城市轨道交通运输体系的基本架构有哪些方面组成？
3. 城市轨道交通运输运营管理机制的特点有哪些？
4. 简述城市轨道交通票务管理总原则。
5. 城市轨道交通运营阶段划分如何及相应阶段的特点？
6. 简述票务政策的市场目标和管理原则及策略与常规公交系统的相互关系。
7. 具体票务管理策略有哪些？
8. 简述城轨交通发展阶段划分及各个阶段的特点。

参 考 文 献

[1] 毛保华,姜帆,刘迁,等.城市轨道交通[M].北京:科学出版社,2001.
[2] 张庆贺,朱合华,庄荣.地铁与轻轨[M].北京:人民交通出版社,2002.
[3] 周晓军,周佳媚.城市地下铁道与轻轨交通[M].成都:西南交通大学出版社,2008.
[4] 李伟章,徐幼铭,林瑜筠.城市轨道交通信号系统[M].北京:中国铁道出版社,2008.
[5] 王青林.城市轨道交通通信与信号系统[M].北京:人民交通出版社,2012.
[6] 施仲衡.地下铁道设计与施工[M].西安:陕西科学技术出版社,2006.
[7] 赵惠祥,谭复兴,叶霞飞.城市轨道交通土建工程[M].北京:中国铁道出版社,2003.
[8] 周顺华.城市轨道交通结构工程[M].上海:同济大学出版社,2004.
[9] 习心宏,李明华.城市轨道交通概论[M].北京:中国铁道出版社,2009.
[10] 朱永全,宋玉香.隧道工程[M].北京:中国铁道出版社,2010.
[11] 马荣国.城市公共交通系统发展问题研究[D].长安大学学位论文,2003.
[12] 吴晓强.我国公用事业民营化改革有关问题研究[D].厦门大学学位论文,2007.
[13] 梁豪燕.城市城轨交通投融资模式研究[D].北京交通大学学位论文,2007.